THE Biomechanics OF ROWING

赛艇生物力学

[英] 维拉利·克列什涅夫 著
曹春梅 等译
黎涌明 陈小平 审校

北京体育大学出版社

策划编辑：郭英俊
责任编辑：邓琳娜
责任校对：吕　哲
版式设计：谭德毅

北京市版权局著作权合同登记号：01-2021-6673

First Published in Great Britain in 2016 as The Biomechanics of Rowing by: The Crowood Press Ltd. The Stable Block, Crowood Lane, Ramsbury, Marlborough, Wiltshire, SN8 2HR.

图书在版编目（CIP）数据

赛艇生物力学 /（英）维拉利・克列什涅夫著；曹春梅等译. -- 北京：北京体育大学出版社, 2021.11
书名原文: The Biomachanics of Rowing
ISBN 978-7-5644-3308-6

Ⅰ. ①赛… Ⅱ. ①维… ②曹… Ⅲ. ①赛艇运动—运动生物力学—研究 Ⅳ. ①G861.414

中国版本图书馆CIP数据核字（2021）第219361号

赛艇生物力学　　[英] 维拉利・克列什涅夫　**著**
SAITING SHENGWU LIXUE　　曹春梅　**等译**　黎涌明　陈小平　**审校**

出版发行：北京体育大学出版社
地　　址：北京市海淀区农大南路1号院2号楼2层办公B-212
邮　　编：100084
网　　址：http://cbs.bsu.edu.cn
发 行 部：010-62989320
邮 购 部：北京体育大学出版社读者服务部 010-62989432
印　　刷：北京瑞禾彩色印刷有限公司
开　　本：710mm × 1000mm　1/16
成品尺寸：170mm × 240mm
印　　张：15
字　　数：266千字
版　　次：2021年11月第1版
印　　次：2021年11月第1次印刷
定　　价：158.00元

译者名单

（按姓氏笔画）

王开元　王晓路　李吉如

陈从明　资　薇　曹春梅

董　勉

To Chinese readers
of Biomechanics of Rowing

I've been working with Chinese rowers for more than decade, since April 2010, when I visited first time Guandong Rowing Centre. Then, I've been working with many other provinces and Chinese National team, and it was a positive experience. I always enjoyed a great interest of Chinese coaches and rowers to Rowing Biomechanics, their open mind and great respect to scientific evidence and knowledge. It was a mutual interest and I also learned a lot from them: a few studies were inspired by their questions and made on data collected during my visits to China. I do hope this book will help wider audience of Chinese rowers to understand better Rowing Biomechanics and significantly improve their rowing performance.

Dr. Valery Kleshnev

致读者

亲爱的中国赛艇生物力学读者

自2010年4月第一次参观广东赛艇中心以来，我已经与中国赛艇运动员合作了十余年。我不仅与中国国家赛艇队也与许多其他省队合作过，这些合作都是令人愉快的经历。我一直很欣赏中国教练和赛艇运动员，他们对赛艇生物力学有着浓厚的兴趣，他们思想开放，对科学和知识非常尊重。这些是我们的共同之处，我从他们身上学到了很多：他们的问题启发我进一步开展研究，而中国运动员的测试数据极大地丰富了我的研究。我希望这本书能帮助广大的中国赛艇运动员更好地理解赛艇生物力学，并显著提高他们的赛艇成绩。

维拉利·克列什涅夫（Valery Kleshnev）博士

维拉利·克列什涅夫，曾作为赛艇运动员在苏联国家队服役了10年，1975年获得世界青少年赛艇锦标赛金牌，1980年获得奥运会银牌，1982年获得世界锦标赛铜牌。1998年，他受聘于澳大利亚体育学院，并移居堪培拉。在这里，他与世界最优秀的赛艇教练员和运动员一起工作，其中包含多名奥运会冠军。2005年维拉利作为英国体育学院国家生物力学专业的带头人，移居英国，并帮助英国赛艇队在2008年北京奥运会上获得2枚金牌和4枚其他奖牌。2009年以来，他从事赛艇生物力学方面的研究与开发，现在与来自世界各国的赛艇运动员和教练合作，他服务的队伍在2012年伦敦奥运会上获得了4枚金牌和7枚其他奖牌。

译　序

赛艇是一个有着悠久历史的运动项目，有关这个项目出现的记载最早可追溯到公元前的古埃及和古希腊。从 1829 年在伦敦泰晤士河上举行首届牛津剑桥赛艇比赛，到 1892 年国际赛艇联合会成立，再到 1896 年赛艇成为首届现代奥林匹克运动会的比赛项目，赛艇公平、团队合作、包容、传承和绿色的理念已在 156 个国家和地区得以传播。近年来，伴随着我国经济社会快速发展，人们对健康、户外运动、青山绿水的需求日益增加，赛艇以其全身性运动和亲水的特点广受人们的喜爱。赛艇俱乐部在全国如雨后春笋般出现，陆上赛艇成为大众健身的热门选择，城市赛艇比赛成为实现“人们对美好生活向往”的体育载体，国际竞技场上中国赛艇健儿捷报频传。

在赛艇项目的发展过程中，赛艇科学研究起着至关重要的作用。有关赛艇划桨力的研究最早出现在 1893 年，从美国的弗雷德里克·哈格曼到德国的阿洛伊斯·马德尔和乌里希·哈特曼，从加拿大的沃尔克·诺尔特到俄罗斯的维拉利·克列什涅夫，赛艇在世界各国众多科研人员和教练员的共同努力下展现着力与速度之美。

在国际赛艇界，实现奥运奖牌选手向顶尖科学家华丽转身的人屈指可数，维拉利·克列什涅夫就是其中之一。作为苏联赛艇国家队运动员，克列什涅夫曾获得世界青年锦标赛的金牌（1975 年）、奥运会的银牌（1980 年）和世界锦标赛的铜牌（1982 年）。1984 年，他在苏联国立圣彼得堡大学获得生物力学专业博士学位。1986—2009 年，克列什涅夫先后在苏联/俄罗斯体科所、澳大利亚体科所（AIS）和英格兰体科所（EIS）从事赛艇生物力学的科学研究和科技服务。2009 年，他创立了 BioRow 赛艇研究与咨询公司（http://biorow.com），为全世界 20 多个国家和地区的赛艇运动员提供服务。2010 年，克列什涅夫受邀在广东赛艇队授课，开启了其在中国的科技服务。十年期间，他先后支持过中国赛艇队对伦敦、里约和东京奥运会的备战，以及广东、辽宁、河南、江苏等省份赛艇队的全运会备战。优秀运动员的训练经历，扎实的生物力学专业背景、三个国家级体科所的工作经历、30 多年的科学研究和科技服务积累、几千名赛艇运动员的测试数据共同成就了他“世界最著名赛艇生物力学科学家”的称号。

自 2001 年起，克列什涅夫每个月发布一期《赛艇生物力学通讯》，截至目前共发布了 231 期。这些通讯的内容几乎涵盖了赛艇生物力学的所有方面，从宏观的比赛成绩预测到微观的技术细节，且相关问题的分析与解释大都是基于其研发的 BioRow 实船测试系统的测试数据。这些通讯是认识赛艇项目的绝佳资料，对于没有赛艇训练经历的人来说更是如此。

赛艇是我从科学角度系统认识的第一个运动项目，这要感谢克列什涅夫的《赛艇生物力学通讯》。阅读这些通讯让我惊叹赛艇这项看似简单的运动项目是如此复杂，也惊叹赛艇如此复杂的生物力学过程能够被克列什涅夫抽丝剥茧般地呈现出来。从这些通讯中获得的赛艇生物力学知识曾经帮助我赢得了赛艇教练员宝贵的信任，也为我设计赛艇体能训练方案提供了有力的科学支撑。当然，这些知识也为我学习赛艇技术提供了最理性的指导。如今，每当坐在赛艇测功仪（划船机）上时，我都会细细体会克列什涅夫通讯中强调的一些技术要点，如蹬腿悬挂、膝关节过 90° 后的以髋关节为轴的倒体、蹬腿和倒体阶段的支点转换等。

2016 年，克列什涅夫在整理前期通讯的基础上出版了《赛艇生物力学》一书。如今，中文版《赛艇生物力学》也要面世了，本书共分为八章，分别为导言、测量、分析、赛艇技术、赛艇测功仪、器材和调艇、表现分析、其他跨学科问题。第 1 部分为全书的一个简要介绍；第 2 部分和第 3 部分为赛艇生物力学的方法学介绍；第 4 部分和第 5 部分为赛艇水上和陆上的技术介绍；第 6 部分为赛艇的器材介绍及实现器材效益最大化的原则；第 7 部分为赛艇时间、速度和桨频数据的分析；第 8 部分为赛艇生物力学与其他方面的补充问题。

运动是良医，但只有科学的运动才是真正的良医。科学的赛艇技术是避免运动损伤、发挥赛艇健身效益的重要保证，也是当今世界赛艇竞技较量中实现能量节省和争金夺牌的独门武器。赛艇健身爱好者和赛艇竞技运动员都能够从书中获益。中文版《赛艇生物力学》也将助力赛艇项目在“健康中国”和“体育强国”的建设中积极发挥作用。

翻译此书是希望维拉利·克列什涅夫 30 多年的研究成果能够让更多来自中国的赛艇爱好者和赛艇运动员受益。本书在翻译过程中得到了克列什涅夫的大力支持，北京体育大学出版社的专业编辑对本书的出版提供了支持。本书由曹春梅、资薇、李吉如、王开元、董勉、陈从明、王晓路共同翻译，由黎涌明和陈小平审校。翻译和审校本书对所有人来说都是一个挑战，我们在尊重英文原意的基础上最大限度地考虑了中文读者的语言习惯。由于水平有限，书中难免存在一些不当之处，恳请读者给予指正！

最后，感谢国家体育总局体育科学研究所对本书翻译和出版的资助，感谢中国赛艇协会科研与医务委员会的指导！

2021 年 11 月 11 日

目录

① 导言

这本书是为那些想要完善划船技术的赛艇运动员和教练员准备的，他们希望在自身体能条件下获得更快的划船速度，在比赛中取得最好的成绩。本书总结了我三十多年来与几千名赛艇运动员和教练员合作获得的赛艇生物力学资料，他们来自世界各地：从欧洲到澳大利亚，从中国到美国和古巴。这些运动员中有很多人最终成了奥运冠军和世锦赛冠军，我从他们身上获益颇多。这些赛艇生物力学知识并非凭空得来，是我通过大量测量和分析，不断地解决难题，以及对获胜运动员的高效技术进行详尽的研究而得到的。虽然灵感也很重要，但是我始终坚信知识最终来源于勤奋工作以及不断思考。

1986 年我结束了 14 年的赛艇运动生涯，开始了训练科学研究的职业道路。从那时起，我对赛艇生物力学和赛艇技术的理解发生了巨大的变化。赛艇生物力学的学习过程是十分艰难的。在最初的研究中，我的测量设备非常有限，不得不依赖当时那些强调“艇速平稳”重要性的专家的文献。如果当时有人问我“最佳的发力曲线应该是什么样的”，我只能这样回答，“各种不同的发力曲线都有可能取得优胜”。当时我确实不知道这个问题的正确答案，但现在我认识到我们当时的很多观念都是错误的。

我经常自问的一个问题是：“你确定所有的结论都是正确的吗？”我给出的答案是：“基于已有的证据和分析，这些结论应当是正确的。”然而，如果有人找到与我的理论相矛盾的新证据，或者有人发现我的分析过程存在错误，我一定会修改甚至重建我的理论。理论上的错误在所难免，但我会一直保持虚心学习的态度。

例如，我在几年前一度认为施加在桨柄和脚蹬板上的一对水平方向上的力会形成一个扭矩，这个扭矩可以将运动员和艇作为整体托举出水面，从而减少前进阻力。我的同事兼好友，来自加拿大的沃尔克·诺尔特（Volker Nolte）教授反对我的观点，他认为前进阻力由垂直方向的力决定，只需考虑垂直方向的加速度。但是我仍然希望这个托举力是真实存在的。经过一系列精心设计的实验之后，我发现诺尔特教授是正确的：水平方向的力并不能如我所设想的那样转化为垂直方向的托举力，但是我仍然难以解释部分实验数据。令人惊喜的是，来自加利福尼亚的托尔·安德森（Tor Anderson）解决了这个难题，他其实不是训练科学的研究人员，而是一名大师级赛艇运动员。他建议我和诺尔特教授把向心力考虑进去，这恰恰是我们两人之前都忽视的一个因素。

观念的改变，并不意味着之前的分析是错误的，只是由于新的实验方法引入了新的数据。例如，几年前一度流行的配速策略是起航时尽全力达到最大速度。现在我们发现越来越多的获胜者趋向于平均分配体力。

我从 2001 年开始每月撰写并发表《赛艇生物力学通讯》，本书所涵盖的大部分内容都源于此通讯。我最初开始这个项目只是为了保持我专业思维的活跃。但是后来这个项目不仅是我分享心得的平台，也成为一个讨论和验证的平台。我要感谢所有读者曾经为此做出的贡献，是他们的宝贵意见和建议帮助我修正了错误，并得到了新的启发，推进了赛艇生物力学的发展。但是，本书并不仅仅是《赛艇生物力学通讯》的简单合集。所有内容都经过了修正和梳理，随着时间推移而产生的前后矛盾之处也得到了相应的修正。

改进赛艇技术的常用方式是观察获胜运动员并模仿他们的技术，而不是思考为什么这些获胜运动员可以划得更快。当然，事情远远没有那么简单，有些运动员获胜不是因为他们的赛艇技术好，而是因为他们的体能更好，力量更大。高水平赛艇比赛获胜者所采用的技术各不相同，我们应该模仿哪种技术才好呢？谨记，模仿总是不如创新。

我建议使用一种不同的方式改进赛艇技术，这种方式虽然更困难，它需要额外的思考和努力，但可以帮助你取得更为一致且可靠的效果。本书可以让你理解“某项赛艇技术是如何起作用的”以及“它为什么会起作用”。这是一个基于力学原理的赛艇生物力学的完整体系，这个体系并不简单，有时也存在争议。你在改进某个指标的时候可能会牺牲其他指标。因此我的原则是要应用常识，所有的理论都需要通过赛艇实践的检验。

本书的读者也包括训练科学的研究人员，此书能帮助他们测量赛艇数据并给赛艇运动员和教练员提供建议。通常来说，运动生物力学比生理学、心理学和营养学专项性更强。不同运动项目之间（例如赛艇和游泳、皮划艇和田径）的技术差别很大，因此这些不同项目的分析模型、有效性标准以及测量方法和设备都是完全不同的。生物力学的测量设备需要定制，无法像其他训练科学研究人员所掌握的技能一样可以简单迁移使用。生物力学研究人员需要经年累月进行专业知识的积累，而无法像其他训练科学领域一样容易地进行跨运动项目研究。

生物力学模型十分复杂，它包含很多未知参数。如果盲目地遵循一个错误的模型，结果可能会适得其反。在此重申，应用常识并通过赛艇实践来检验理论是十分必要的。

由于技术复杂，赛艇成了一项非常独特的运动，其复杂性包括如下几个因素：

- 赛艇运动几乎动用了人体的全部肌肉；
- 赛艇需要运动员进行复杂的动作协调，包括三维空间内桨的转动、滑座的移动及艇的晃动；
- 多人赛艇的动作协调更为复杂，需要多人动作同步；
- 赛艇是唯一一项运动员需要背对前进方向的运动，这与人类天生的肌肉运动顺序是相反的。

这些因素使得赛艇成为一个技术要求很高的运动项目，这也是赛艇生物力学在改进技术、提高成绩中如此重要的原因。技术并不是提高赛艇成绩的唯一因素，好的生理能力也是必需的。成绩的取得是技术、生理能力以及心理共同作用的结果。测功仪和水上划桨的对比研究表明，在同样的生理条件下，高效的技术可以将成绩提高 3%~5%（2km 比赛成绩提高 10~15s），这在高水平赛艇比赛中已经是前 3 名和第 12 名的差距了。

另外，在测量和研究方面，赛艇是一个十分多产的运动项目。赛艇器材（如艇和桨）的很多地方都可以安装用于采集数据的传感器，运动员身上也可以安装传感器。赛艇生物力学具有悠久的历史，19 世纪末，人们就在桨栓上安装传感器以测量划船时的力[1, 2, 3]。从那时起，测量设备不断完善。进入 21 世纪以来，信息时代的到来使数据采集变得更加容易。但是，如果不能结合赛艇专业知识的话，单纯的数字和曲线也是没有意义的。

本书共包括 8 个部分：

（1）导言；

（2）测量（解释生物力学方法的技术和意义）；

（3）分析（赛艇生物力学背后的核心理论）；

（4）赛艇技术（生物力学知识的实践应用）；

（5）赛艇测功仪（介绍测功仪的特殊性）；

（6）器材和调艇；

（7）表现分析（介绍比赛和艇速分析）；

（8）其他跨学科问题（对赛艇生物力学与其他学科的交叉领域的简要叙述）。

本书致力于帮助赛艇运动员和教练员更好地理解赛艇技术中的生物力学原理，帮助他们用测量到的结果来解释观察到的现象，帮助他们改进赛艇技术并最大程度提高赛艇成绩。

赛艇表现构成图

跟其他任何运动项目一样，赛艇表现的决定因素纷繁众多。它需要强大的生理功率输出能力、高效的技术、坚忍的意志品质以及对运动员生活和训练的科学管理。赛艇生物力学的主要目的是优化技术，其主要研究问题包括：

- *为了形成最佳划船技术，可以对运动员技术的哪些构成因素进行分析？*
- *进行上述分析需要测量哪些生物力学变量？*

图 1.1 为赛艇运动员的技术与生物力学变量之间的关系图，其真正的关系远比图中所示复杂，因为赛艇技术中的各个变量是相互关联的，而且会受到其他生物力学变量的影响。

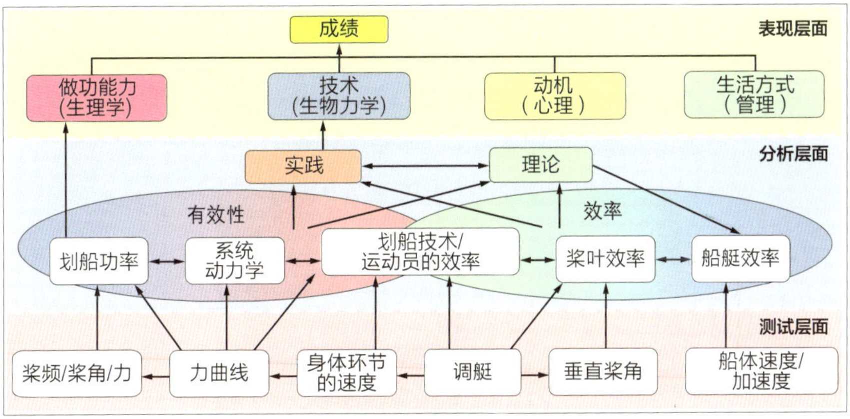

图 1.1　以生物力学因素为主的赛艇表现构成图

赛艇生物力学构成因素包括三个层级：测试层、分析层和表现层。在测试层，我们采集传感器信息，对其加以处理（校准、滤波、平均化等等），最后存储并输出到分析层。

在分析层，我们将各种变量汇总，计算衍生变量（例如通过力和角度计算功率）和数值（例如最大力和平均力），并生成有意义的信息。分析层包括两个不同领域：理论和实践。在理论领域，我们总结并发现一些通用知识，例如运动员的平均数值、相关性及标准规范。在实践领域，我们将采集的数据与标准规范进行比较，并对特定的运动员或队伍提出建议，这些建议将被输出到表现层。

在表现层我们试图根据分析层的信息纠正赛艇技术。在这个层级我们可以应用各种反馈方法：训练课后的加练和实时反馈，以及各种专项训练和调艇。在纠正一项赛艇技术后，我们需要测量分析其带来的变化，以检查该技术纠正的效果以及运动员的适应性。

测试层有三组与基本力学相关的变量：时间（桨频）、空间（划幅—划桨角度）及力（运动员产生的）。这三组变量共同产生了第四组变量：能量（划船功率），这个变量与赛艇平均速度以及赛艇表现高度相关。下面是对主要测量对象的简要说明：

- 发力曲线决定了运动员甚至整个系统所提供的总推进力。一条最佳的力量曲线必须是“前负荷”（即发力点靠前）饱满且没有任何驼峰。
- 身体环节的速度配合影响发力曲线并决定了赛艇技术风格，而赛艇技术风格是赛艇技术的关键因素。
- 调艇通过配比决定了桨和运动员的动力学特性。小配比可以使运动员有更快的动作，可能增加功率输出，但是会降低桨叶效率。
- 桨的操控技术可以通过对桨的垂直角度测量加以评估，这与调艇（例如桨叶角度和桨栓高度）和桨叶效率是相关的。
- 在划桨周期内艇的速度和加速度的变化模式是由整个系统的动力学特性决定的，这也是赛艇技术的一个很好的衡量指标。

为了评估上述测量数据，我们通常将它们与被称为“生物力学金标准”的目标数值和曲线进行对比。这个金标准是由两种方法并结合创造性和常识共同得到的：统计法和建模法。

- 统计法，用于处理测量结果与赛艇成绩的相关性。假设有一组运动员的技术存在某种特点，并且经常获胜；而另一组身体条件类似但技术显著不同的运动员的成绩经常很差，我们会认为第一组运动员的技术更好。
- 建模法，用于处理不同生物力学变量之间及它们与艇速和划桨效率的相关性。例如，根据世锦赛最好成绩的趋势，我们可以推导出一个关于艇速的预测模型或金标准，我们用这个模型或标准能够以99.9%的准确率预测下次奥运会的金牌成绩。然后我们根据不同赛艇项目的阻力系数进行调整，就可以计算出为了达到这个预测模型的成绩所需要的划船功率、桨频、划幅，以及需要施加的力的大小。

② 测量

2.1 方法

2.1.1 生物力学测试流程

测试方案是生物力学测试的一个重要组成部分，该测试方案必须对标准条件做出规定，从而使得不同运动员在不同时间参加比赛取得的成绩具有可比性。赛艇技术有两个主要影响因素：桨频和疲劳程度。因此，曾经使用的测试方案包括如下两部分：

- 递增桨频多级测试：例如，每级 250m 或 1min，5~6 组，每级桨频分别为 20、24、28、32、36str/min（桨 / 分），休息 3~5min 后再进行一个 30s 的最大划；
- 2km 全力或特定努力程度（如 95% 全力）划。

上述测试方法耗时较长（1~2h），运动员的负担也很重。为了改进这个问题，我们设计出一个同时包括上述两部分的组合测试方案。该测试方案是在 2km 的赛道上，在与比赛强度相同的情况下，不断变换桨频进行测试（表 2.1）。

表 2.1　生物力学测试的标准方案

阶段 N	段落 /m	距离 /m	桨频 /（str/min）	
			单人艇	多人艇
1	0~100	100	起航桨频	起航桨频
2	100~500	400	18	20
3	500~1000	500	22	24
4	1000~1250	250	26	28
5	1250~1500	250	30	32
6	1500~1750	250	32~34	34~36
7	1750~1900	150	35~36	38~40
8	1900~2000	100	最大桨频	最大桨频

这个测试方法得到了运动员和教练员的一致好评。该测试本身也是一次负荷安排很好的训练，前半部分是在有氧训练的强度下进行的，接着以

无氧强度顺利过渡到后半部分；最后500m用接近比赛强度的水平进行测试。该测试方案对新老运动员可以做出调整。例如，第五级N5和第七级N7可以用放松划代替，其对应的桨频也低。我们将该测试方案中每一级所采集的数据取平均后，作为采样数据使用。

2.1.2 数据处理

一个测试阶段的原始采样数据通常包含多个划桨周期，这些划桨周期内的生物力学变量的时长和大小各不相同 [图 2.1（a）]。如果我们对每个划桨周期都加以分析，就会产生大量模棱两可、难以理解的数据。为了解决这一问题，同时准确地用数据反映赛艇技术，我们开发出一种“平均化”的数据处理方法，这种方法将原始采样数据转换成一种特殊的数据格式，该格式可以代表一个典型的划桨周期[4]。

每个划桨周期的起始时刻被定义为：桨（双桨中的右桨）在回桨过程中跨越零度角（与艇垂直）的时刻。用这个时刻触发整艇运动员的划桨周期，先对采样数据中所有划桨取一个平均的周期时长，再根据这个平均时长做归一化处理。对每个生物力学变量（桨的角度、力等）都做上述处理，再取平均之后使每个变量形成一个50点数组的数据结构。

用数组中相邻的4个数据点进行二阶多项式拟合，从而得到不连续的数据数值（极端值、子阶段）。为了验证归一化处理的正确性，先采用两种不同方法分别计算出各生物力学变量（包括拉桨和回桨角度，力的最大值、功和功率）的数值，再将两者进行对比。第一种方法是，先对原始数据归一化处理得到一个典型划桨周期的数据，再根据这个典型划桨周期的数据计算出各个变量；第二种方法是使用原始数据计算出每一个划桨周期内的各个变量，再对各个变量取平均。两种计算方法得到的数值偏差范围在0.02%~0.85%，这是可以接受的。

通过对不同的采样数据的典型（平均）模式进行分析，从而对不同样本（不同的运动员、桨频、长期趋势等）进行可靠的比较，并使他们划桨技术的差异突显出来。图2.1（b）、2.1（c）展示了这种分析的过程。图2.1（b）中赛艇技术的独特性使最大力出现的时刻显著不同；在低桨频下，运动员在拉桨的后半程（第1指点）施加了更大的力，但在高桨频下，力的最大值发生在拉桨的前半程（第2指点）。通过对比起航阶段和冲刺阶段的数据（第 3 指点）可以获得抗疲劳相关的信息，在本案例中疲劳并没有造成太大影响。

图 2.1（c）给出了另一个不同桨频下发力曲线变化的实例：在拉桨的起始阶段（第 1 指点）力的梯度（力增加的速率）在不同桨频下保持一致，力的峰值位置在不同桨频下同样保持一致（第 2 指点）。但是，该运动员的发力曲线在桨频高于 30 的情况下出现了“驼峰现象”（第 3 指点），这是由入水时躯干过早发力造成的，并导致了在蹬腿最快的时刻躯干速度下降。驼峰形状出现在躯干二次发力的时刻，这种现象与该运动员姿态不佳，以及桨叶入水太深也有关。这样的“不连贯现象”和二次发力显著地降低了在比赛桨频下划桨的有效性，从而影响了划船表现。

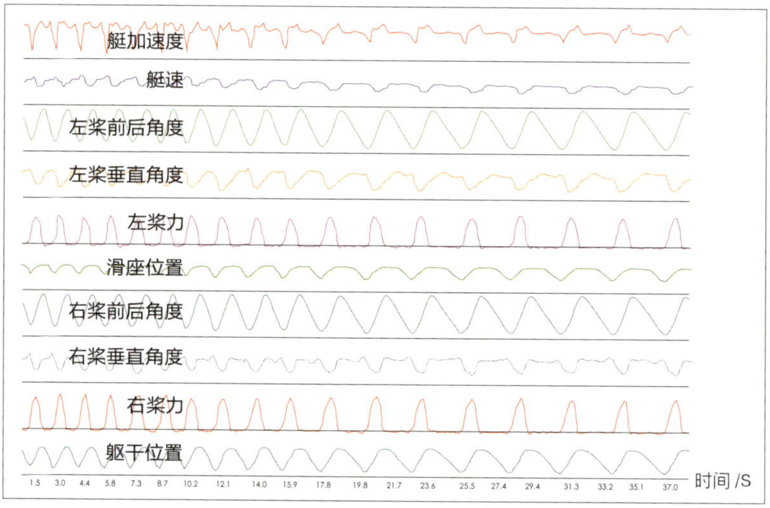

(a)

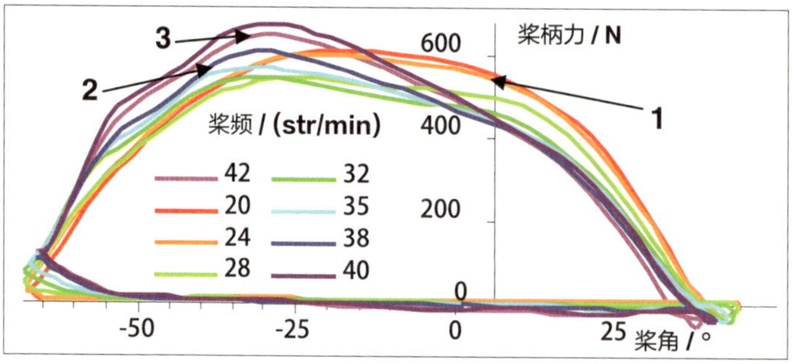

(b)

图 2.1 赛艇测试原始数据和不同桨频下平均力曲线实例

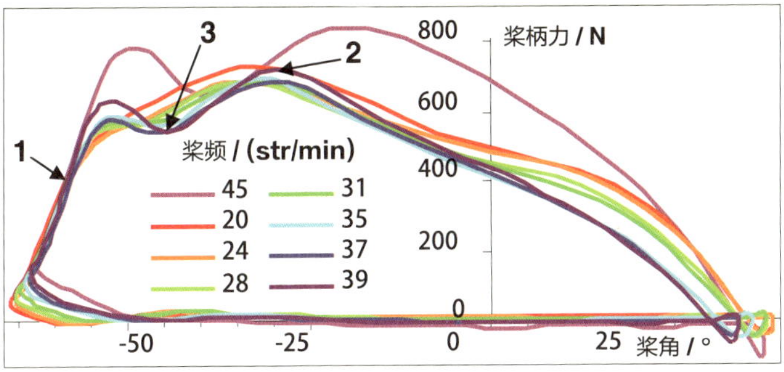

(c)

续图 2.1　赛艇测试原始数据和不同桨频下平均力曲线实例

我们假定在上述标准测试中的倒数第二级在桨频和疲劳这两方面非常接近比赛条件。因此，我们通常使用这一组数据进行分析以及与“目标”进行比较来评估每个运动员的赛艇技术。我们使用两种方法进行比较。在定量方法中，我们通过定义百分比偏差，将各个变量，包括桨的角度、力、桨叶的做功以及身体环节与其各自的主要标准进行比较。在定性方法中，我们将量化数值绘制成曲线，再将实际测量曲线与目标曲线（图 2.2）进行对比。

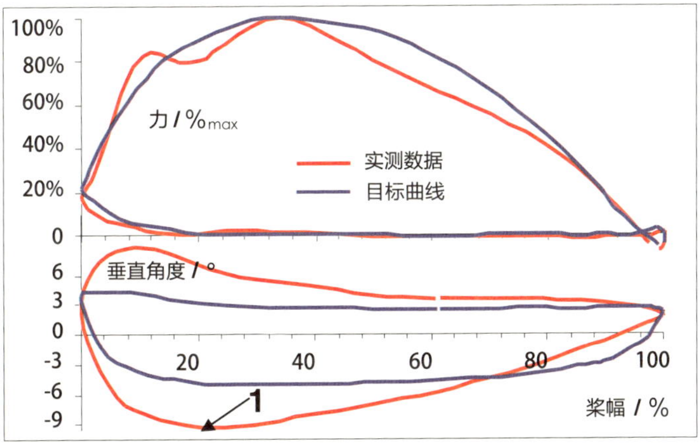

图 2.2　基于目标数据的划船技术评估样例

这种评估方法为运动员和教练员提供了清晰有效的反馈，有助于提高赛艇技术。

2.2 动作节奏

时间是一个绝对而普适的变量，它只有单一的维度和方向。因此我们可以将动作节奏力学变量与时间直接进行关联，从而进行清晰而有效的分析。与其他运动项目一样，赛艇项目的测量时间需要覆盖比赛全程。

2.2.1 桨频和艇速

桨频是赛艇以及其他周期性运动项目中最显而易见且常用的反映动作节奏的变量。教练员和运动员经常在训练和比赛中测量桨频，并用桨频来衡量训练和比赛强度。桨频 R 定义为单位时间 t 内的划桨次数 N：

$$R=N/t \quad (1)$$

其中，t 的单位是分钟——赛艇项目通常使用的时间单位，R 是每分钟的划桨次数，其单位是 str/min。

桨频、划幅和力是划船功率的三个组成部分，因此桨频是赛艇表现的决定因素之一。但是，通过无限增加桨频来提高赛艇表现是不现实的；桨频受制于力学条件（桨频提高导致能量惯性损失也相应提高）和运动员的神经肌肉能力 [更高的桨频需要更快的肌肉收缩（可能更低效）和更快的运动协调]。因此，找到能够实现最快艇速的最优桨频是很重要的。这个最优桨频对不同的运动员和艇的类型可能是不同的。图 2.3 给出了两条艇的实例：A 艇在桨频 32 的时候达到最大艇速，而 B 艇在桨频 40 以后仍然可以使艇速不断提高。

为了评估艇速和桨频直接的关联并找到最优桨频，我们引入了一种基于每桨有效做功（以下简称 EWPS）的方法。过去，曾经使用每桨距离（以下简称 DPS）衡量划桨效率。但是 DPS 总是随着桨频的提高而下降（即使最优秀的运动员也是如此），这是因为划桨周期的时长随着桨频提高而相应缩短。

因此，研究问题转换为——随着桨频提高，运动员需要保持哪些生物力学变量的恒定？主要目标被定为保持力 F、划幅 L 及机械效率 E 三者的

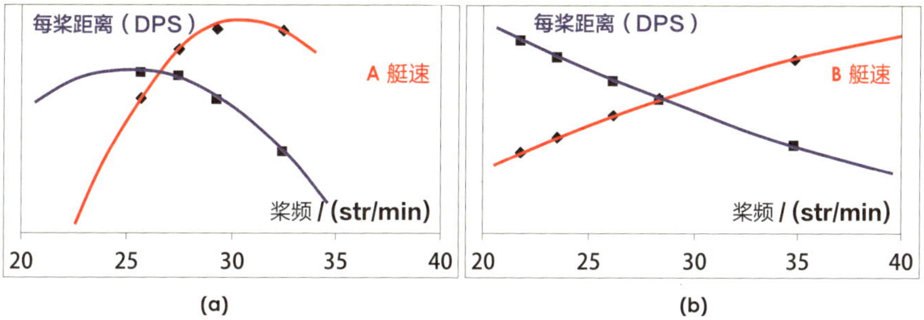

图 2.3　两条艇中桨频对艇速和每桨距离的影响

总效果不变，定义每桨有效做功 EWPS 为上述三个变量的积，并将其作为该方法的基础：

$$\mathrm{EWPS} \approx F \times L \times E \quad (2)$$

艇速 v 和划船功率 P 可以用下面的公式联系起来：

$$P=\mathrm{DF} \times v^3 \quad (3)$$

其中 DF 是与艇的类型、位移、天气条件及桨叶效率等因素有关的无量纲系数。因此，EWPS 可以由功率 P、划桨周期 T、艇速 v 及桨频 R 计算出来：

$$\mathrm{EWPS}=PT=P(60/R)=60\mathrm{DF}(v^3/R) \quad (4)$$

对于两组不同桨频 R_1 和 R_2 的数据来说，如果 EWPS 保持恒定并且 DF_1 和 DF_2 也一致，那么两组艇速 v_1 和 v_2 的比值应为：

$$v_1/v_2=(R_1/R_2)^{1/3} \quad (5)$$

这表示艇速与桨频的立方根成正比：在 EWPS 恒定的前提下，如果桨频提高一倍，艇速仅仅增加 26%（$2^{1/3}=1.26$）；为了使艇速提高一倍，桨频必须提高到原来的 8 倍。相应的，DPS 的表达式为：

$$\mathrm{DPS}_1/\mathrm{DPS}_2=(R_2/R_1)^{2/3} \quad (6)$$

这表示每桨距离与桨频的立方根平方成反比：如果桨频提高一倍，DPS 减少 37%（$0.5^{2/3}=0.63$）。

使用该方法的时候没有考虑阻力系数 DF，因为我们假设在所有采样数据中该系数保持不变。但是，该假设成立的条件是所有采样数据来自同一条艇、同样的运动员以及同样的天气条件，这也是该研究方法的局限所在。图 2.4（a）为艇速和每桨距离（DPS）与桨频的依存关系和拟合曲线。

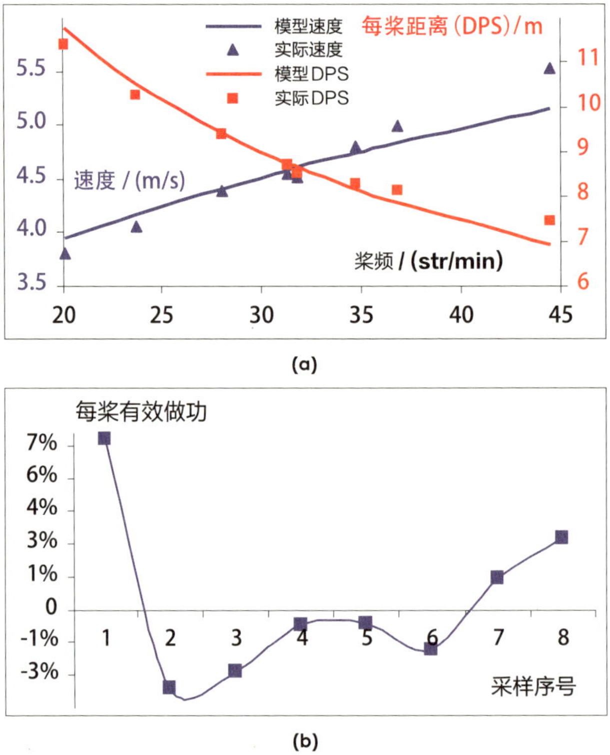

图 2.4　艇速和每桨距离（DPS）与桨频和每桨有效做功（EWPS）的依存关系

该方法最为实际的应用是为每个桨频相对应的艇速 v_m 给出了“预测值”或“模型值”：

$$v_m=v_0\,(R_m/R_0)^{1/3} \quad (7)$$

其中，v_0 通常是比赛或多级测试中所有采样数据的平均值。将每个样本的实际速度 v_i 与模型速度 v_m 对比并计算出偏差 D：

$$D=v_i/v_m-1 \quad (8)$$

如果 D 是正值，那么该样本的 EWPS 高于整个比赛或多级测试中的平均值 [图 2.4（b）]，反之亦然。该方法可以用于各种周期性水上运动（赛艇、游泳[5]、皮划艇等）的比赛分析以及力量和速度耐力评估，且无须复杂的器材（仅需要秒表或桨频表）。

在测功仪上阻力系数 DF 是恒定的（在 Concept2 测功仪上 DF=2.8）。该方法在应用过程中没有任何局限，可以直接用于设计测功仪训练中的标准 500m 成绩。在目标速度 v_0 和桨频 R_0 定义好以后，我们使用如下公式计算不同桨频下的标准 500m 成绩：

$$D=v_i/v_m-1 \quad (9)$$

该公式应用于计算桨频的标准划分。例如，在 36str/min 下，用测功仪测 2km 的目标时间是 6min。如果你在训练中能够在 18str/min 下，完成 500m 的距离所用时间为 1:53，这就意味着你的肌肉水平已经可以达到让你取得目标成绩的每桨做功指标。

2.2.2 划桨节奏

划桨节奏是指拉桨时长在整个划桨时长中的占比（50% 节奏意味着拉桨、回桨的时长比是 1:1）。我们发现划桨节奏与桨频高度相关（相关系数为 0.89）（图 2.5），这是因为拉桨时长不可能无限缩短。所以对于运动员来说，缩短回桨时长比缩短拉桨时长更容易做到，桨频提高主要靠缩短回桨时长来完成。但是，划桨节奏的变化仅有 79% 是由桨频变化引起的（图 2.5），另外 21% 是由其他因素决定的。

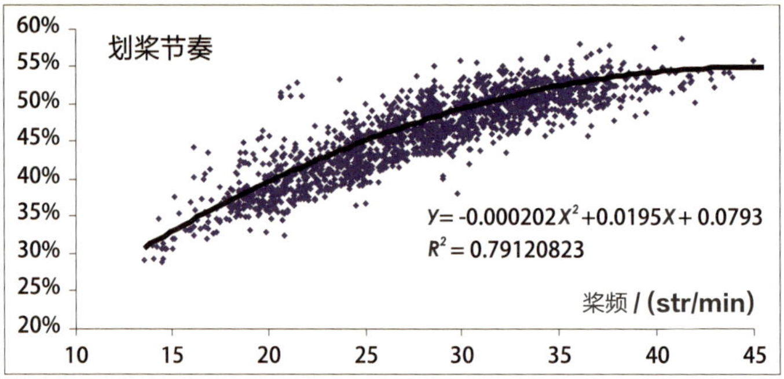

图 2.5　划桨节奏与桨频的关系

图 2.5 中的回归计算（样本数 2881）的残差的标准方差为 σ=2.5%，这意味着不同运动员在同样桨频下的划桨节奏的偏差范围在 ± 7.5%（ ± 3σ）。例如，在桨频为 32.5str/min 时，上图中的平均划桨节奏是 50%，而实际的划桨节奏值可能在 42.5%~57.5% 浮动。

2.2.3 案例分析：影响划桨节奏的因素

划桨节奏快好还是慢好？许多教练员认为慢节奏更为高效并且会要求他们的运动员减少拉桨时长，但是这种做法真的合理吗？我们分析了两组男子单人双桨在桨频为 32.5str/min 的条件下的生物力学指标（图 2.6）。运动员 1（红色）的划桨节奏为 49.5%，拉桨时长为 0.91s，运动员 2（蓝色）的划桨节奏为 52.5%，拉桨时长为 0.97s；运动员 2 比运动员 1 的节奏高 3%，拉桨时长多 0.06s。造成这种差异的原因非常简单：运动员 1 的划幅是 107.5°，而运动员 2 的划幅是 116°；运动员 2 比运动员 1 的划幅长 8.5°。尽管运动员 1 的最大出力和平均出力相比运动员 2 分别高 3.9% 和 2.6%，但两位运动员的平均拉桨速度都是 1.73m/s。因此，划幅的区别就可以充分解释两者划桨节奏以及拉桨时长的差异。

还有其他生物力学变量与划桨节奏和划幅相关吗？在回桨过程中，运动员 2 必须比运动员 1 更快地推动桨柄（图 2.6，第 1 指点），因为他需要比运动员 1 在更短的时间内完成更长的划幅，运动员 2 的平均桨柄速度比运动员 1 快 11.7%。这需要更快的滑座或蹬腿速度（第 2 指点）。在入水时，运动员 2 在桨柄变向之前很短的时间内完成滑座变向，比运动员 1 快很多（第 3 指点）。与之相反，运动员 1 在入水前就开始启动躯干（第 4 指点）。结果，运动员 2 的艇加速度相对运动员 1 具有更早、更深的负峰值（第 5

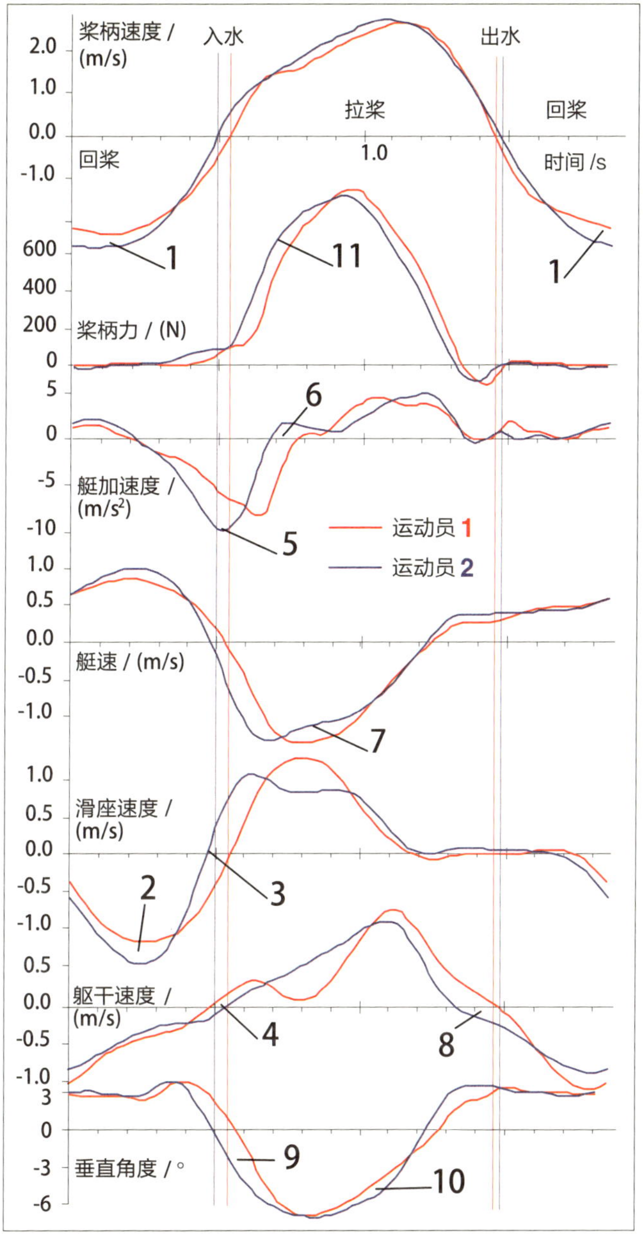

图 2.6　影响划桨节奏的生物力学变量

指点），以及更早、更高的第一正峰值（第 6 指点），因此运动员 2 的艇和脚蹬板比运动员 1 移动更快（第 7 指点），从而形成了一个使运动员 2 的身体加速更快的平台（“蹦床效应”）。

运动员 2 相对运动员 1 的其他技术优势包括：

- 出水时躯干复位更高效（第 8 指点）；
- 入水（第 9 指点）和出水（第 10 指点）的桨叶动作更好；
- 力达到 70% 最大力的速度更快（第 11 指点）；
- 艇速的变化小 1.5%（2km 节省 0.5s）；
- 更长的划幅导致划船功率高 3.3%。

基于以上原因，运动员 2 的艇速（2km 成绩 6:34）比运动员 1（2km 成绩 6:57）快 5.9%，成绩也更好（运动员 2 是世锦赛奖牌获得者，运动员 1 仅进入决赛）。结论：由于划桨节奏和拉桨时长与桨频、划幅和艇速相关，这两个变量不能随意变化。划幅是影响划桨节奏的主要因素。接下来我们会进一步研究其他影响划幅的因素（如发力曲线的形状和桨叶入水深度等）。

2.3 角度

2.3.1 水平桨角和拉桨距离

水平桨角（桨的水平角度）是赛艇生物力学中最重要的变量之一，它决定了桨在水平平面内的运动幅度。水平桨角的零度角被定义为桨垂直于艇轴线的位置 [图 2.7（a）]。入水角度被定义为负角度的最小值，出水角度被定义为正角度的最大值，总角度被定义为出水角度与入水角度的差。将回桨过程中水平桨角达到零度角的时刻作为划桨周期的起始时刻。

桨的角度可以在桨杆或桨栓处测量，这两种方法得到的结果有稍许差异 [图 2.7（b）]。在桨栓处测量的总角度比在桨杆处测量的结果大 4°~5°，这个差异主要体现在拉桨出水角度上，造成这种差异的原因有如下两个（图 2.8）：

① 桨杆的弯曲。在拉桨过程中的前半段，拉力增加，桨杆弯曲逐渐增大，因此桨杆的角速度比桨栓稍大。在拉桨过程中的后半段，桨杆回弹，因此桨杆的角速度比桨栓小。这就是两种测量方法得到的入水角度存在微小差异的原因，而两者的出水角度并无区别，因为出水时的力很小。

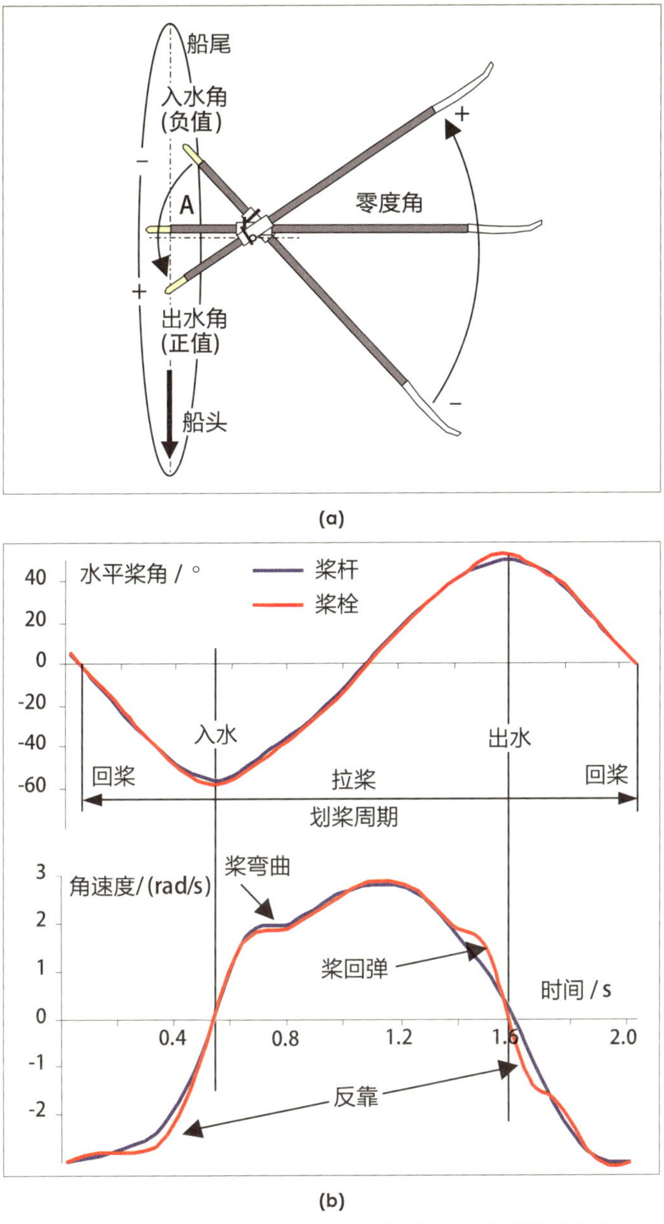

图 2.7　水平桨角 (A) 的定义，桨杆及桨栓处角度的测量位置对比

② 桨护皮在桨栓中的移动是出水角度测量差异的主要原因。它取决于桨栓、桨护皮、桨盘三者的形状大小及桨在水平、垂直两个方向的运动。因为此时桨叶已经出水，并不提供推力，所以桨护皮在桨栓中的移动并不会影响划桨效率。

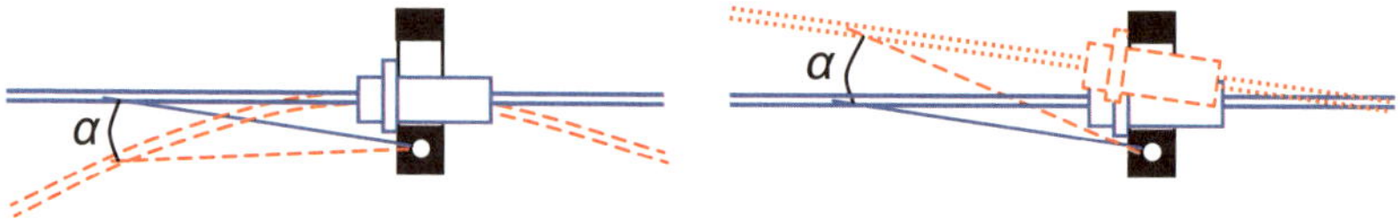

图 2.8　桨栓处和桨杆处测量桨角的差异

测量桨的角度的方法（无论在桨杆处还是桨栓处）通常与测量力的方法相关联，主要由以下几个因素决定。

- 如果测量的主要目的是运动员的几何运动轨迹和动能，在桨杆处测量角度和力是最好的选择。这种方法的主要优势在于可以准确地得到桨柄位置和运动员的输出功率。
- 如果需要测量艇的动能和推力，在桨栓处测量角度和力更为有效，因为这样可以得到桨栓柱上的力的分量。但是因为不知道桨杆的实际杠杆配比，因此无法准确地计算运动员做功的大小。

将拉桨行程定义为桨柄中点运动轨迹的弧度 L_{arc}，它与水平桨角 A 和实际内柄距 L_{in-a} 的关系是：

$$L_{arc}=AL_{in-a}\pi/180 \qquad (10)$$

实际内柄距 L_{in-a} 是桨栓柱（桨旋转的中心）到桨柄中点的距离，它与通常测量的内柄距 L_{in}（从桨盘到桨柄顶端）的关系是：

$$L_{in-a}=L_{in}+W_{g/2}-W_{h/2} \qquad (11)$$

其中，$W_{g/2}$ 是桨栓宽度的一半，标准桨栓宽度的一半是 2cm；$W_{h/2}$ 是桨柄长度的一半，标准双桨桨柄长度的一半是 6cm，标准单桨桨柄长度的一半是 15cm。保持这个标准非常重要，因为该标准使得双桨和单桨的数据可比较，也可以用来校准桨柄力以及计算每桨做功和划桨功率。

最大拉桨幅度通常发生在桨频 24str/min 左右（图 2.9）。在更低的桨频下拉桨行程会短 2~3cm，这可能是由于更低的惯性力有助于入水时对肌肉和韧带更好地拉伸。在高桨频下拉桨幅度的缩短是显著的，特别是在大艇项目上（四双和八单）。大艇项目在桨频 40str/min 的拉桨幅度比桨频 24str/min 的拉桨幅度要短 10~11cm；小艇项目中相应的差距仅有 6~7cm。表 2.2 为不同类别运动员的目标桨角和拉桨弧长。

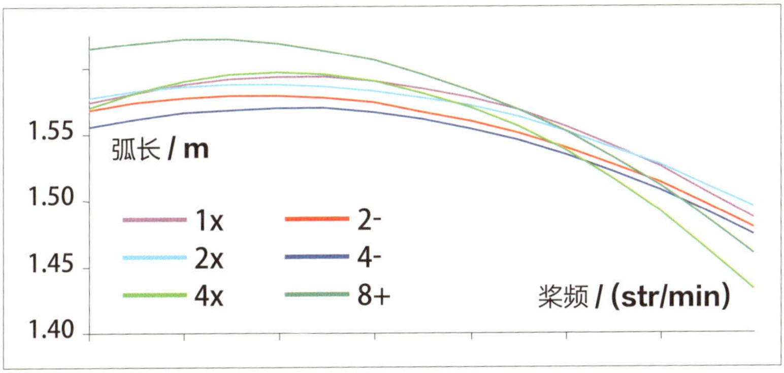

图 2.9　不同桨频下的拉桨幅度

注：x 表示双桨，- 表示单桨，+ 表示单桨有舵。

表 2.2　不同类别运动员的目标桨角和拉桨弧长

类别	入水 / °	出水 / °	总角度 / °	弧长 /m
男子公开级双桨	−70	44	114	1.67
男子轻量级双桨	−66	44	110	1.61
男子公开级单桨	−59	33	92	1.64
男子轻量级单桨	−58	32	90	1.60
女子公开级双桨	−66	44	110	1.61
女子轻量级双桨	−63	43	106	1.55
女子公开级单桨	−58	32	90	1.60

2.3.2 桨的垂直角度

桨的垂直角度是一个重要的变量，可用于评估桨叶在水下做功的大小。图 2.10（a）给出了垂直桨角（Vertical Angle，以下简称 VA）测量的参照系。出于实际原因，垂直零桨角被定义为桨叶中心点在水平面的时刻。正角度表示桨叶在水平面之上，负角度表示桨叶在水平面之下。

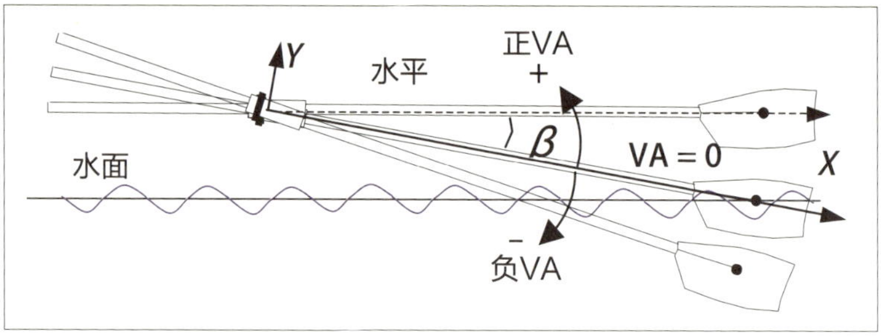

(a)

(b)

图 2.10　垂直桨角的定义和使用 BioRowTel 系统测量二维角度的传感器

我们可以根据上述参照系下测量到的水平桨角和垂直桨角的数据绘制出桨叶相对于水平面的运行轨迹，并将其用于运动员桨叶动作技术的评估（图 2.11）。

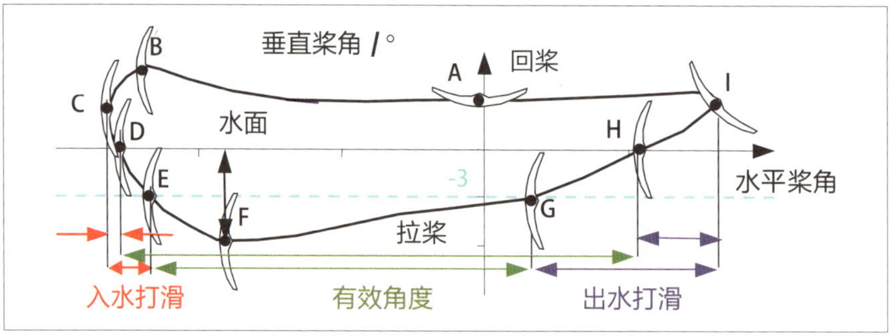

图 2.11　桨叶相对于水面的运动轨迹和桨叶做功标准的定义

在划桨周期的起始时刻（A），垂直桨角（VA）平均值为 2.4° ± 0.8°（均值 ± 标准差），单桨、双桨没有显著区别。在入水之前，桨叶抬升为转桨提供空间，VA 在 B 点达到最大值：单桨 4.9° ± 1.2°，双桨 4.1° ± 1.2°。在

B 点之后，桨叶在垂直方向开始下降，在水平方向朝船头方向前进 2°~4°，在 C 点之后水平运动方向发生改变，该水平角度为入水角度。VA 在 C 点的数值接近 3°，这意味着桨叶的下沿在水平面位置。

入水打滑有两种定义：

- 从入水时刻 C 点到桨叶中心点跨越水平面的时刻 D 点。我们发现 D 点的位置已经足够提供推力，克服阻力并使艇和运动员整体向前方运动。
- 从入水时刻 C 点到整个桨叶进入水中并提供完整推力的时刻 E 点。VA 在 E 点的数值取决于桨叶宽度和外柄距。为了保证兼容所有尺寸的桨，我们把这个标准设置为 −3°。

在 F 点，桨叶达到 VA 最小值（最深）：双桨 −7.2° ± 1.3°，单桨 −5.7° ± 1.2°。与之类似，出水打滑也有两种定义：从 G 点 VA 值为 −3° 开始，或者从 H 点 VA 值为 0° 开始，直至到达出水角度的 I 点。

表 2.3 给出了入水打滑和出水打滑的数值，以及其所对应的有效水平角度（在上述两种定义下桨叶在水下运动的水平角度）。

表 2.3　单、双桨垂直桨角标准的平均值（n=6600）

艇型	相对 VA 为 0° 的入水打滑 /°	相对 VA 为 −3° 的入水打滑 /°	相对 VA 为 0° 的出水打滑 /°	相对 VA 为 −3° 的出水打滑 /°	VA 为 0° 的有效角度 /%	VA 为 −3° 的有效角度 /%
单桨	4.8	13.1	3.4	14.3	90.1	68.4
± SD	2.9	5.1	3.2	7.2	4.6	8.1
双桨	4.1	10.0	6.5	18.5	89.7	73.1
± SD	2.0	3.1	3.9	6.5	3.8	6.7

我们发现在上述两个不同的定义下，有效角度均与桨叶推力效率有一定相关性（VA 值为 0° 的定义下相关系数为 0.45，VA 值为 −3° 的定义下相关系数为 0.38）。对桨的垂直桨角的测量有助于提高桨叶推动效率和艇速。

2.3.3 艇的旋转运动

艇有三个方向的轴：纵向 X 轴、横向 Y 轴及垂向 Z 轴（图 2.12）。我们把围绕这三个轴的旋转运动称为摇摆、颠簸和偏航。

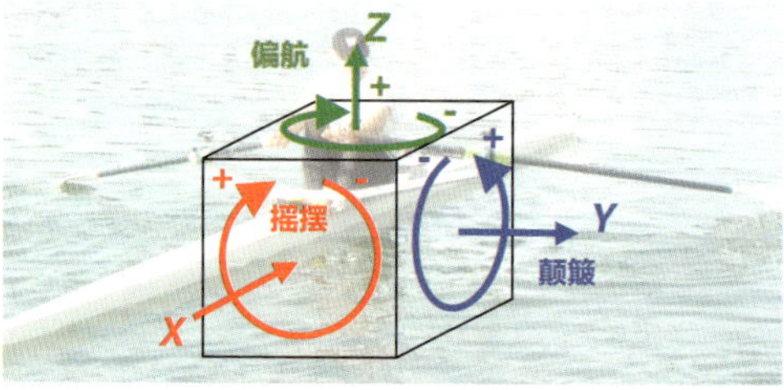

图 2.12　艇的旋转定义

- 摇摆是围绕纵向 X 轴（前后方向）的旋转运动。定义摇摆的正方向为左舷向上，右舷向下。
- 颠簸是围绕横向 Y 轴（左右方向）的旋转运动。定义颠簸的正方向为船头向上，船尾向下。
- 偏航是围绕垂向 Z 轴（上下方向）的旋转运动。定义偏航的正方向为船头偏向右舷方向。

现代电子技术可以使用微小的三维陀螺仪[6]测量出艇围绕上述三个轴旋转的角速度。对应的旋转角度可以通过对角速度积分进行计算。三维陀螺仪可以帮助定义出艇相对于水平面的位置。

图 2.13 是对艇的旋转角度的说明。入水时，摇摆角度接近 0°，桨叶入水时艇保持了平衡。拉桨过程中摇摆角度逐渐变为 −1°（右桨栓和左舷下降），这是由于拉桨时左右桨柄分离造成的。出水时，艇的摇摆角度超过 +1°（左桨栓和右舷下降），这是由于该运动员将两个桨柄保持在同一高度但两个桨栓的高度并不相同。在回桨过程中，艇的摇摆重复了上述周期。

在入水之后不久，艇的颠簸达到最大正值 +1°（船尾下降），这与运动员的身体重心从滑座向脚蹬板移动有关。在拉桨过程中，艇的颠簸保持在 0° 左右（艇是平衡的）。在出水时，艇的颠簸达到负值，接近 −1°（船头下降），这是由于运动员躯干返回增加了对滑座向下的压力和对脚蹬板向上的拉力。

在回桨结束时，艇的偏航接近 0°，在入水时，艇的偏航达到正值约 +0.3°，这是由于该双桨运动员左右手发力不对称导致的；在拉桨过程中，

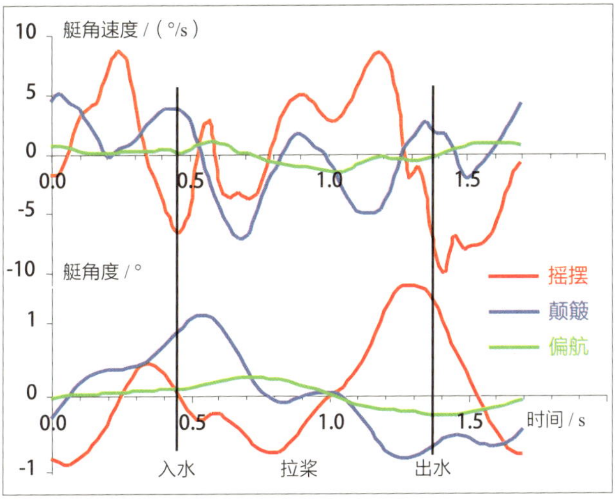

图 2.13　艇旋转的角速度和由其计算得到的角度（男子单人双桨，35str/min）

该运动员的右手比左手拉力更大。在此之后，该运动员的左手的拉力加大，艇开始向另一侧偏航，最小偏航值在出水时达到 −0.3°。在回桨过程中，由于舵的稳定作用，偏航值减小至 0°。

艇的摇摆幅度在单人艇中最大（表 2.4），在大艇项目中显著减小，在最稳定的八人单桨有舵项目中，艇的摇摆接近 0°。有趣的是，单桨和双桨的摇摆没有明显区别。

表 2.4　不同艇型的摇摆 / 颠簸 / 偏航平均幅度（最大值与最小值之差）

艇型	样本数	摇摆/°	± *SD*	颠簸/°	± *SD*	偏航/°	± *SD*
单人双桨	492	2.70	1.45	1.39	0.27	0.65	0.26
双人单桨	185	1.42	0.81	1.29	0.16	0.58	0.16
双人双桨	317	1.42	1.03	1.24	0.16	0.42	0.21
四人单桨	137	0.53	0.64	1.01	0.15	0.45	0.15
四人双桨	60	0.54	0.60	0.88	0.08	0.11	0.03
八人单桨有舵	35	0.14	0.08	0.81	0.43	0.05	0.01

令人意外的是，不同艇型的颠簸幅度变化很小：八人单桨有舵的颠簸仅比单人艇小 41% 左右。随着桨频增加，其惯性力随之增大，艇的颠簸

也显著增大。

艇的偏航幅度与艇的大小成反比，八人单桨有舵偏航接近 0°。双人单桨的偏航比双人双桨稍大，而四人单桨的偏航比四人双桨大很多，这是调艇的非对称性导致的。

艇的所有旋转运动都应该减少：颠簸和偏航会增大阻力；摇摆会减小功率输出并导致受伤。

2.3.4 桨的旋转运动

桨的旋转运动相对于艇的坐标系来说有三个自由度：在水平面内的旋转（水平桨角），在垂直平面内的旋转（垂直桨角），以及以桨自身为轴的旋转——转桨和平桨。与艇的旋转类似，桨的旋转可以由三维陀螺仪和加速度传感器测量（图 2.14）。将参考方向设置成与艇的旋转运动分析一致，将轴的方向定义成与传感器的设计一致。

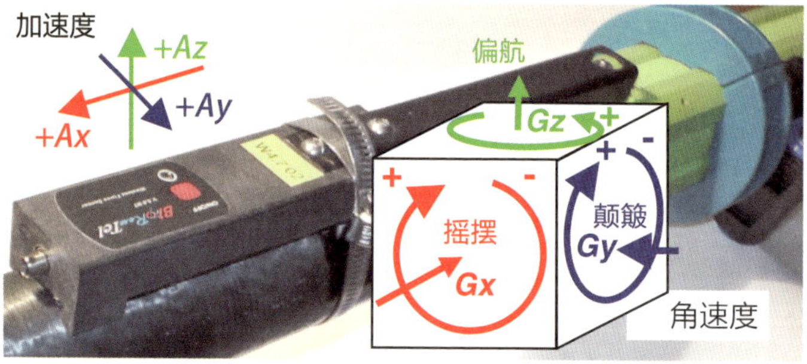

图 2.14　测量桨的三维旋转、三维加速度和桨力的无线传感器

由于艇的坐标系是非惯性系，传感器的测量数据不仅反映了桨的运动，也反映了艇的加速和旋转，因此对该传感器数据的解释非常复杂。在拉桨过程中，传感器的位置平行紧贴桨的下表面，因此 A_y 和 G_y（颠簸）与桨的垂直运动相关，A_Z 和 G_Z（偏航）与桨的水平运动相关。在回桨过程中，桨旋转了 90°（平桨），因此 A_y 和 G_y 变为测量水平方向，A_Z 和 G_Z 变为测量垂直方向。另外，传感器与桨一起在水平面内旋转超过 100°。在入水时，传感器的 X 轴与艇的中轴线夹角为 30°，因此 A_X 测量的是艇的加速度。在拉桨过程中，传感器的 X 轴与艇的中轴线接近垂直，因此 A_X 接近于零。

最容易理解和有信息量的测量数据是桨的旋转 G_X，它与转桨和平桨相关。图 2.15（a）（第 2 指点）显示了转桨过程总时长为 0.35s，并在入水时完成，此时桨改变方向，而桨叶仍然在空中。该双桨运动员的平桨过程开始于桨叶的中心跨越水平面（第 3 指点），其过程比转桨过程快，总时长为 0.25s。

男子单人艇桨的旋转在不同桨频下保持不变：在低桨频下，以水平桨角衡量，转桨发生在入水前 15°。在高桨频下，转桨过程的时长几乎不变，但是由于桨的水平运动速度加快，转桨过程发生的时刻在入水前 40° [图 2.15（b）]，平桨过程相对出水的距离与桨频无关。

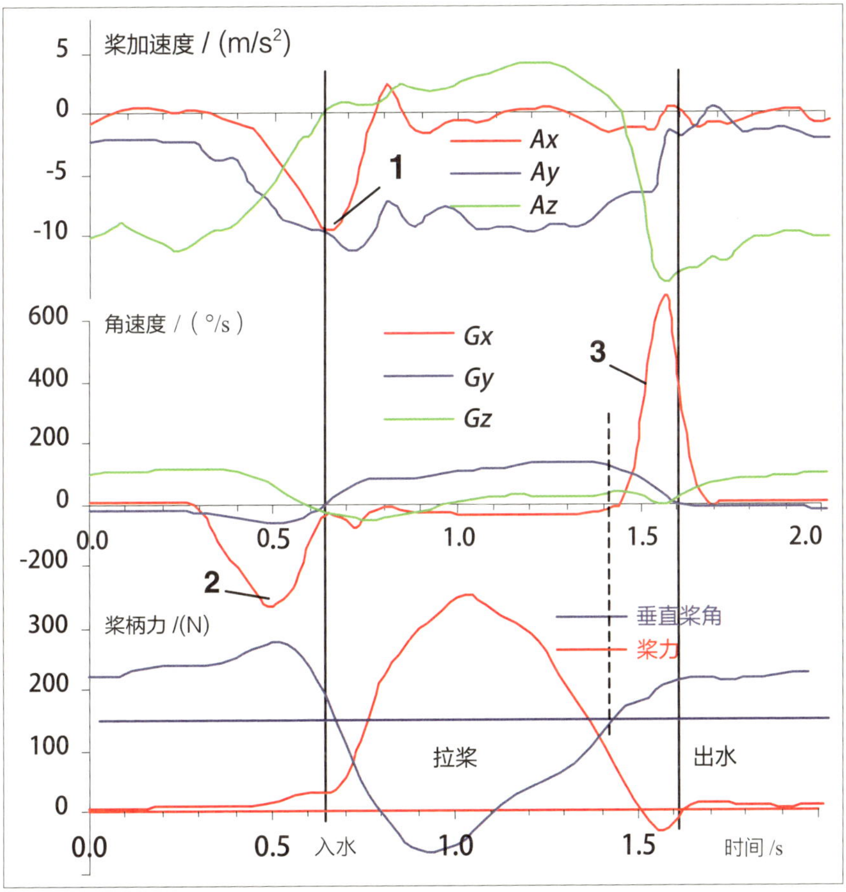

(a)

图 2.15　桨加速度、角速度、桨柄力、垂直桨角及相应的转桨速度和桨角（男子单人艇，30str/min）

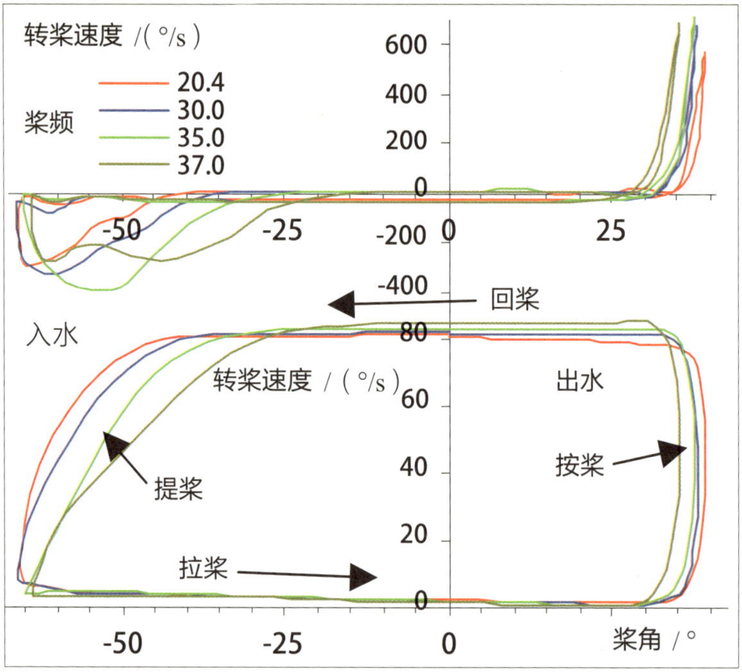

(b)

续图 2.15　桨加速度就、角速度、桨柄力、垂直桨角及相应的转桨速度和桨角（男子单人艇，30str/min）

桨的旋转数据与水平桨角和垂直桨角共同构建出桨相对于水平面的运动轨迹（图 2.16）。

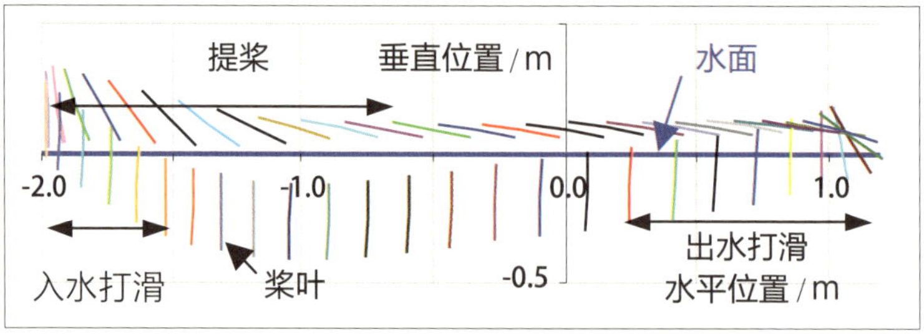

图 2.16　桨相对于水面运动重建（男子单人艇，37str/min）

运动员的桨叶在回桨过程中几乎有一半的幅度保持着半转桨，这显著地增加了由空气阻力带来的损耗，要建立一个数学模型来汇总复杂的数据并对其他测量数据做出解释则需要我们更多的努力。

2.4 速度和加速度

2.4.1 赛艇的速度和加速度

有两种方式可以定义一个物体运动的快慢，即速率和速度。速率指物体运动的迅速性，只有大小，没有方向，因此它是标量。速度指物体的位置随时间的变化率，因此它是矢量，既有大小（速率），也有方向。各个时刻的瞬时速度等于速率。类似的，连续直线运动的平均速度等于平均速率。但是，曲线运动和重复性运动的情况会更复杂。平均速率等于速度的瞬时值的平均，或者等于物体经过的路程除以时间。平均速度等于物体的位移除以时间。曲线运动中的位移总是比路程短，因此平均速度比平均速率小。重复性运动中，物体总是回到起点，即便该物体运动的路程可能很长，平均速率很高，但位移是零，因此平均速度也是零。

桨的运动是解释速度和速率的区别的一个例子（图 2.17）。从入水到出水，桨柄的路程是 1.71m（桨柄中心点运动的弧线，水平角度 114°，内柄距 0.88m），但是两点的位移仅有 1.44m，比路程短 16%。与之类似，拉桨过程中的平均速率（1.90m/s，拉桨过程耗时 0.9s）和平均速度（1.60m/s）也有差别。如果考虑整个划桨周期，因为桨柄总是回到艇的同一位置，所以它的平均速度是零。但是，桨柄在整个划桨周期内的平均速率不是零（在这个案例中桨频为 36str/min 时，平均速率是 2.05m/s）。

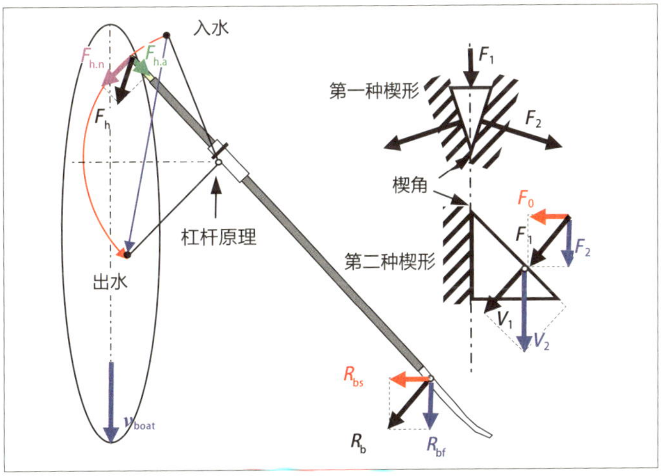

图 2.17　桨柄运动中速度和速率的区别

赛艇表现是由艇的平均速度而不是平均速率决定的：艇必须用最短的时间从起航点 A 到终点 B。因此我们只关心两点间最快的位移，而不考虑艇经过的路程。所以，有效的掌舵是构成赛艇表现的一部分，应当给艇提供最笔直的路线，这在弯曲河流的争先赛中会是一项复杂的任务。

运动员输出的功率是决定艇的速率和速度的主要因素。速度而非速率，是功率的一个组成部分，因为运动相对发力的方向是至关重要的。因此，功率 P 是两个矢量：力矢量 F 和速度矢量 V 的内积：$P=FV=Fv\cos\alpha$，其中 α 是两个矢量方向的夹角。当力的方向与速度方向垂直时，$\cos 90°=0$，功率是零。例如，作用在桨柄的力在桨轴方向的分力 $F_{h.a}$（图 2.17）不产生功率，因为它与桨柄的速度方向是垂直的。作用在桨柄的力仅有在垂直桨轴方向的分力 $F_{h.n}$ 做功。

速率和速度可以通过简单的杠杆原理，比如桨，进行方向和大小的转换。输入（桨柄）速度 v_{in} 和输出（桨叶）速度 v_{out} 的比值与相应的力的比值及其定义的杠杆配比 G 成反比：$v_{out}/v_{in}=F_{in}/F_{out}=G$。

当力以与速度呈某个特定角度施加到物体上时，会产生类似的效果。这种楔子原理可以通过两种方式转换速度和力（图 2.17）：方式（1），当力 F_1 的方向在轴向平面内与楔子尖端一致时，它会放大侧向力 F_2；方式（2），当侧向力 F_1 作用于楔子斜边，在楔子运动方向的分量 F_2 相对较小，但是在同方向的速度矢量 V_2 却会等比例放大。桨叶的反作用力的分量 R_{bs} 垂直于艇速方向，曾经一度被认为是能量损失，这曾是赛艇生物力学领域多年以来的一个“误解”：作用于大的入水角度和出水角度的力是低效率的。实际上，侧向力垂直于艇速 v_{boat} 的方向时，产生的功率为零，因此能量损失也为零。使用大的入水角度类似第二种楔子机构的原理，它可以使杠杆配比变大。这意味着推力 R_{bf} 比总的桨叶的反作用力 R_b 小，但是艇速 v_{boat} 却等比例地比推进器——桨叶的速度快。因此推进功率是相同的，能量损失仅由摩擦力产生，在桨叶上的损失是很小的。自然界还存在着类似的例子：

- 滑冰运动员向侧边蹬出冰刀，但是他向前方运动的速度远比跑步运动员快，尽管跑步运动员是直线向后蹬地的。
- 帆船在侧风的时候比顺风时行驶得更快。
- 射箭项目中，运动员向侧边拉动弓弦，但是箭却更快地向前方射出。

桨的总配比在拉桨过程中是变化的，等效于杠杆原理和楔形原理的总效果，这需要让每一位运动员进行优化。大配比有助于在入水时更快地发力，但是可能会降低桨柄速度和桨频，反之亦然。

2.4.2 艇的速度

显然，艇的速度是赛艇生物力学中最为重要的变量，因为它决定了比赛成绩和划船表现。但是，艇的速度只是结果，它取决于其他许多变量：划船功率、技术效率、天气情况，等等。因此，仅仅是建议“使用更快的艇速”并没有什么实际作用，但是我们可以将艇的速度作为一个标准，一个衡量赛艇技术各方面的指标。

一个古老而广为人知的观点是在划桨周期内艇速的变化是能量损失的主要原因，因此高效地划桨必须要减少艇速的变化[7]。这种观点的理由如下：来自阻力的能量损失（阻力功率 P_d）与艇速 v 的三次方成正比，即 $P_d=DFv^3$，其中 DF 是阻力系数。P_d 的最小值应该在艇速恒定时取得。例如单人艇中，v=5m/s，DF=3，我们可以计算出阻力功率 P_d=375W。但是，如果艇速在划桨周期的前半程内是 4m/s，而在划桨周期的后半程内是 6m/s，那么平均阻力功率应为 P_d=（192+648）/2=420W，这就需要额外 12% 的能量。如果划桨功率保持在 375W 且具有上述速度变化模式，那么平均的艇速就只有 4.82m/s，降低了 3.7%。

赛艇中艇速的变化有两个致因：

① 推力的周期性特点。桨叶只能在拉桨过程中——约为整个划桨周期的一半——产生推力。因此，人艇系统在拉桨过程中加速，在回桨过程中减速。

② 运动员身体的大幅度移动，运动员的重量比艇大很多（4~6 倍）。

在不同桨频下，上述两个因素对艇速造成的影响是不同的。在低桨频下（低于 24str/min），推力的周期性是主要因素，因为回桨过程耗时长，运动员可以缓慢地回到入水位置并轻松地拉脚蹬板。艇速的最大值出现在出水时（第 1 指点），在此之后艇速在回桨过程中逐渐减小。在高桨频下（高于 24str/min），运动员的移动是主要因素：回桨过程耗时显著缩短，所以运动员必须更快地移动并用力地拉脚蹬板。这个力使艇加速，在入水前使艇达到最大速度（第 2 指点），此时滑座的速度达到最大，运动员正由拉脚蹬板转为蹬脚蹬板。

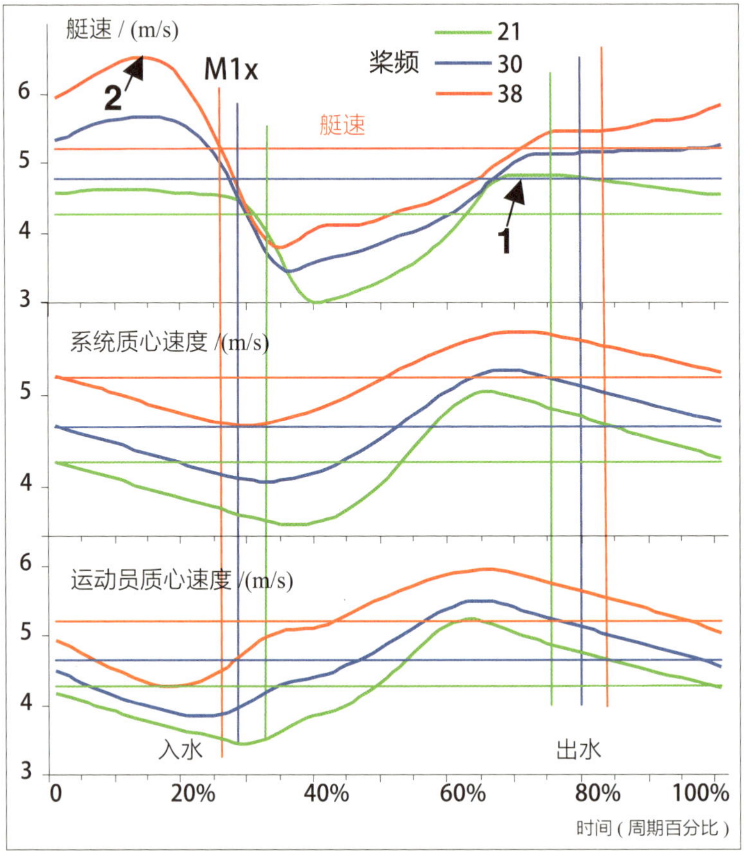

图 2.18　不同桨频下艇、系统质心和运动员质心速度的变化

艇速的变异系数 C_v 的定义是标准差除以均值，在这个例子中，平均艇速为 $v_{av}/C_v=\sigma/v_{av}$。我们发现艇速的方差与能量损失 E_l 和速度损失 v_l 呈如下函数关系（确定系数 $R^2=0.996$）：$E_l=2.5C_v^2$，$v_l=-0.9C_v^2$。

我们分析了大量的测量数据（样本数 $n=5448$）后，发现这组数据所对应的 C_v、E_l 和 v_l 比上面例子中的数值要低：C_v 低 10%~18%，E_l 低 2.7%~9.0%，v_l 低 0.9%~3.0%。

为了研究上面两个因素的影响，我们推导出运动员质心的速度 v_{row} 及人艇桨系统的速度 v_{sys}（图 2.18），以及它们随桨频和艇型改变的变化趋势（图 2.19）。我们发现小艇的速度波动更大，且受桨频影响：艇速随桨频的增加而增大，但是运动员和系统的速度移动随着桨频的增加而减小。

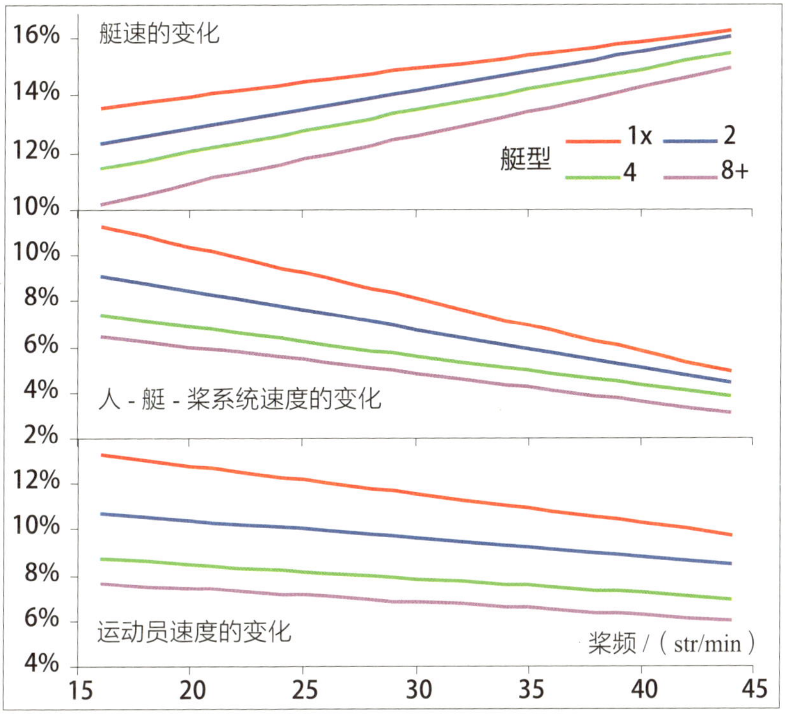

图 2.19　艇、系统和运动员的速度随桨频增加的变化

注：1× 为单人双桨，8 + 为八人单桨有舵。

在低桨频下，60%~80%（取决于不同项目）的艇速变化是由系统速度变化产生的，这与推力的周期性有关。在高桨频下，70%~80% 的艇速波动与运动员的移动有关：运动员质心速度的变化。

在过去许多年里，非同步划桨被认为可以减少上述两个因素的影响并提高划桨效率，使运动员划得更快。交替式拉桨可以使推力恒定，使运动员向相反方向移动，抵消他们的影响。有人尝试将这种设想付诸实践，但是实际效果并不理想 [8]。这是由于这种方式相应增加了惯性能量的损失。非同步划桨时，运动员不需要像同步划桨时那样移动质量小的艇，而要移动质量大的身体，还需要克服队友的反向运动带来的船体加速，这使得其效率甚至比在荡桨池或测功仪上划桨还要低。尽管由于艇速减小可以节省6%~8% 的能量，但是运动员不得不额外花费 10%~12% 的能量去克服惯性力。换言之，v_{boat} 减小了，但是 v_{row} 增大了，这在高桨频下是非常低效的，因此非同步划桨比普通划桨要慢（图 2.20）。

(a)

(b)

图 2.20　伦敦赛艇俱乐部八人艇的非同步划桨，1929（a）；1979 年世界杯苏联女子四单有舵艇为非同步划桨而设计（b），但最终都选择了同步划桨，因为同步划桨更快

在赛艇技术里，通过实现更加均匀的艇速来划得更快的想法催生了许多付出，如“入水时不要制止艇的移动”“在蹬脚蹬板前拉桨”等。

需要采取什么技术来降低由于艇速变化带来的速度损失呢？上述两个因素需要相反的解决方案：增加推进力的时间需要更长的拉桨过程和更

高的划桨节奏（拉桨时长和整个划桨时长的比值）。与之相反，如果让运动员的移动更平稳，就要增加回桨时间，降低划桨节奏[9]。由于我们对高桨频的情况更感兴趣，高桨频下运动员的移动是主要因素，因此采用第二种方案是合理的。测量数据证明了这个想法：桨频高于 30str/min 时，桨频 R_h 与用桨频归一化后的速度的方差 C_{vr} 的变化高度相关（相关系数 r=0.63，C_{vr}=0.248R_h+0.019，为消除桨频的影响，需用桨频归一化艇速后再计算 C_{vr}）。因此，拉桨过程时间越短和回桨过程时间越长，艇速的效率就越高。

并非所有减少拉桨时间的方法都有效，例如减小拉桨幅度会降低功率和速率。总的来说，应强调在回桨过程而非拉桨过程中艇速的恒定。这是由于艇速在回桨过程中更快，阻力也更大。下面是一些需要注意的事项：

- 避免在回桨过程中猛拉脚蹬板。尽量平均分配对脚蹬板的拉力以实现艇速的最平稳和能量损失的最小化[10]。
- 根据天气条件使用最优的配比：逆风时缩短外柄距。避免过大的配比，因为过大的配比会使拉桨过程变慢，但为了保持桨频，需要缩短回桨时间。更短的回桨时间需要使用更大的力来拉脚蹬板，这使得艇更快加速，并增加了艇速的变化。
- 不要在拉桨过程中将桨叶过深地没入水中，这会“破坏发力曲线”并使拉桨时间更长。
- 入水后应当迅速发力并形成“前段饱满”的拉桨，这是使艇在拉桨过程中尽早加速以及使艇速更加平稳的唯一办法。

对上述办法的效果进行定量评估是很困难的，这需要特殊的实验和复杂的建模。该领域的一些研究[11]认为这些办法的效果并不理想：使用优化的回桨技术在 2km 比赛中仅可以使成绩提高几秒。

2.4.3 艇的加速度

艇的加速度很容易测量，它是一种定义赛艇技术多个方面的有效检验工具。下面列出艇的加速度的标准定义以及对赛艇技术评估的说明［图 2.21（a）］。

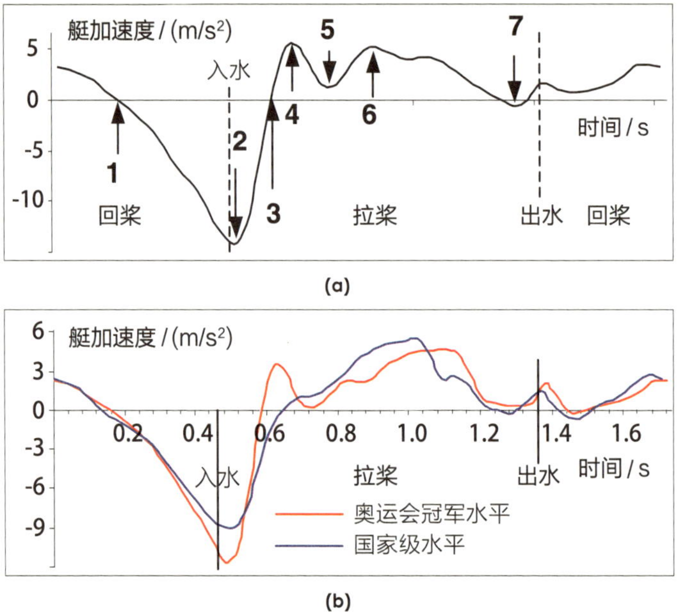

图 2.21 划桨周期中艇加速度的典型特征和不同运动水平的两条艇的艇加速度比较

① "入水前零点"对应艇的加速度在回桨过程中变为负值的时刻。此时，运动员对脚蹬板的作用力由拉力变为蹬力，这正好是滑座在回桨过程中达到最大速度的时刻，在此之后直到入水前滑座开始减速。桨频越高，运动员水平越高，该时刻发生得越迟，越接近入水，因此该时刻对应的桨的角度和相对入水的时间与桨频是负相关的（相关系数 r=−0.35，表 2.5）。

表 2.5 艇加速度相关变量的统计值

	变量	均值（n=5248）	± SD	相关系数（艇加速度 vs 桨频）
从入水开始的全桨角位置百分点	入水前零点	33.5	8.9	−0.35
	负峰值	1.6	1.7	0.06
	入水后零点	12.1	3.7	0.12
	第一峰值	16.8	6.6	0.18
	拉桨驼峰	24.4	7.2	0.28

续表

	变量	均值（n=5248）	±SD	相关系数（艇加速度 vs 桨频）
从入水开始的全桨角位置百分点	第二峰值	57.0	15.6	−0.07
	出水驼峰	82.0	24.1	−0.16
从入水开始全周期位置百分点	入水前零点	−19.4	5.2	0.37
	负峰值	2.9	1.9	0.11
	入水后零点	9.7	2.0	0.37
	第一峰值	11.9	3.0	0.40
	拉桨驼峰	15.8	3.4	0.60
	第二峰值	27.6	5.9	0.37
	出水驼峰	37.9	9.8	0.22
绝对值 /（m/s^2）	负峰值	−7.42	2.57	−0.82
	第一峰值	1.65	1.19	0.41
	拉桨驼峰	0.5	0.88	0.01
	第二峰值	3.88	1.19	0.23
	结束驼峰	0.82	1.55	0.28

② “负峰值”通常紧接在入水之后（桨改变运动方向），而在桨叶完全入水之前发生。它的幅度与桨频高度相关（相关系数 r=−0.82，表 2.5）。最优秀的运动员表现出更深但更窄的负峰值[图 2.21（b）]，这是由于他们有着更为明显的“蹬脚蹬板式入水”。因此，试图减少生物力学领域中所谓的“抑制艇速”是徒劳的。八人单桨有舵负峰值的幅度稍低一些，这是由于更大的艇重加上舵手的体重相对于运动员体重的比例加大了。

③ “入水后零点”出现在由于桨栓 / 桨柄受力比脚蹬板受力增加得快而使艇的加速度变为正值的时刻。桨频越高，运动员水平越高，该时刻发生的时间就越早（相关系数 r=0.37）。

④ “第一峰值”的产生是由于桨栓 / 桨柄受力迅速增加（“前段饱满”的拉桨），并且决定了“艇的初始加速度”的子阶段以及“蹦床效应”[12]。桨频为 20str/min 时，30% 的运动员没有出现第一峰值；桨频为 36str/min 时，6% 的运动员没有出现第一峰值，因此它的幅

度与桨频存在相关性（相关系数 r=0.41）。最优秀的运动员通常具有一个更高的第一峰值，它可以接近甚至超过第二峰值。我们发现第一峰值在不同赛艇项目中没有明显区别。

⑤“拉桨驼峰”对应为“运动员主要加速阶段”施加在脚蹬板上力的增加，这是脚跟置于脚蹬板上使脚蹬板上的力相对于髋关节的力臂缩短造成的。最优秀的运动员会使拉桨驼峰的值保持在接近零的位置。该变量是负值，通常与发力曲线的驼峰有关。发力曲线的驼峰通常是由下面几个原因引起的：

- 腰部姿态不良造成腿部和躯干动作的不连贯；
- 入水时躯干打开造成的躯干二次发力，并导致躯干速度曲线出现驼峰；
- 桨叶入水过深，使得桨柄受力的垂直力臂相对脚蹬板受力的力臂更长；
- 入水时发力增加过快——“贪多嚼不烂”。

⑥“第二峰值”出现在腿部速度和脚蹬板受力开始下降的时刻，此时相对更高的桨栓 / 桨柄受力通过躯干和手臂的快速运动得以保持。这导致了运动员质心减速并将其动能转换为艇的动能。第二峰值的大小与桨频呈弱正相关（相关系数 r=0.23）。

⑦“出水驼峰”对应为拉桨阶段向回桨阶段的转换及桨出水。对最优秀的运动员来说，这个数值不会降到零以下，这是由手臂主动拉（“拉桨出水”）和桨叶利索出水实现的。

艇加速的模式是一个结果变量，它是一个反映赛艇技术的指标。因此，关注艇的加速度并不会有好的效果，我们应该更加关注运动员的移动及其质心的加速度。

2.5 力

力是生物力学中最重要的变量之一，因为它是我们身边真实世界里所有运动的原因。要开始运动，生物体必须运用肌肉产生力来克服外力：惯性、重力以及摩擦力。力是矢量，既有大小，也有方向。力 F 可以造成质量为 m 的物体的速度发生改变，即产生了加速度 a，根据牛顿第二定律：

$$F=ma \quad (12)$$

力的单位是牛顿，这意味着 1N 的力可以在 1s 内将 1kg 的物体的速度改变 1m/s。

在赛艇运动中，可以在多个位置进行力的测量：桨柄和桨叶，桨栓和桨栓柱，脚蹬板和滑座。这些力大部分都是人－艇－桨整体系统中的内力。虽然它们对赛艇技术分析非常重要，但仅有桨叶的受力属于外力，它可以在水中推动整个系统向前运动。

2.5.1 桨、桨栓和桨栓柱的力的测量

在赛艇中，桨起到杠杆的作用，因此桨柄、桨叶、桨栓和桨栓柱的受力是相关的。对桨叶受力的直接测量是十分困难的，因为受力点不确定并且力的大小在拉桨过程中不断变化。最实际的方法是在桨柄或者桨栓和桨栓柱处进行测量（图 2.22）[13, 14, 15]。这些方法具有如下七个特点。

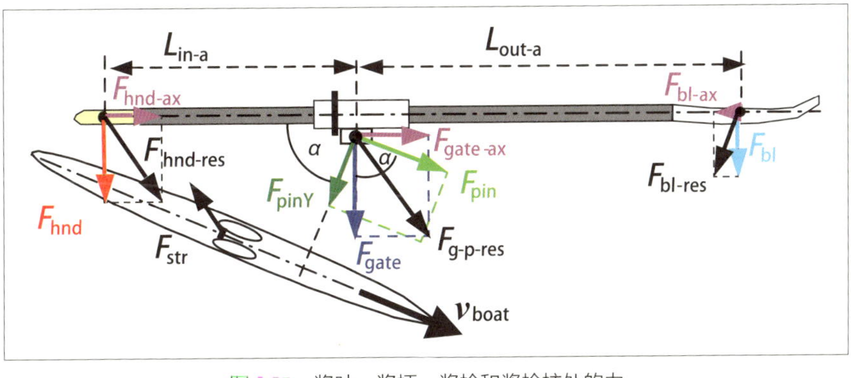

图 2.22　桨叶、桨柄、桨栓和桨栓柱处的力

第一，对桨柄受力 F_{hnd} 与桨垂直方向分力的测量可以通过在桨杆上安装拉力计或者传感器实现。传感器测量的实际上是桨的形变，它与力矩 M 也就是 F_{hnd} 的力矩成正比，其大小可以通过在已知位置的力的测量进行校准。运动员的输出功率可以通过如下公式计算：

$$P=m\times\omega=F_{hnd}\times L_{in\text{-}a}\times\omega \quad (13)$$

其中，$L_{in\text{-}a}$ 是桨的实际内柄力臂，ω 是桨的角速度，其通过对水平桨角测量得到。在这个例子中，功率的计算不受运动员发力位置的影响，这通常是难以确定的，而且在单桨项目中差异显著。因此，这是测量运动员输出功率最准确的方法，其估计误差在 1% 之内。这种方法的实际问题在于需要对每一根桨进行校准，而这个问题可以通过现代科技解决。

运动员作用于桨柄的合力 $F_{hnd\text{-}res}$ 往往并非与桨轴方向垂直。因此，我们将其分解为垂直方向力 F_{hnd} 与轴向力 $F_{hnd\text{-}ax}$。后者的测量非常困难，但是它对桨不做功。$F_{hnd\text{-}ax}$ 通过桨杆静态传导到桨栓并对桨栓产生轴向力 $F_{gate\text{-}ax}$，其大小是 $F_{hnd\text{-}ax}$ 与桨叶轴向力 $F_{bl\text{-}ax}$ 的矢量和。轴向力 $F_{gate\text{-}ax}$ 通过桨栓、桨栓柱、桨架传导到艇上并最终与脚蹬板受的轴向力 F_{foot} 达到静态平衡。因此，运动员应尽可能以垂直方向拉动桨柄，在桨轴方向稍微用力保持桨盘和桨栓的接触即可。

桨叶受力的力矩 F_{bl} 可以采用与计算桨柄受力的力矩同样的方法得到，用其计算运动员功率的准确性与上述方法相当。

第二，桨栓与桨一起旋转，垂直分力 F_{gate} 和轴向分力 $F_{gate\text{-}ax}$ 可以通过改装的桨栓在桨的参考系中进行测量。运动员的输出功率可以用公式（13）计算，但是其中的 F_{hnd} 需要用如下公式计算：

$$F_{hnd}=F_{gate}\times[L_{out\text{-}a}/(L_{in\text{-}a}+L_{out\text{-}a})] \quad (14)$$

其中，$L_{out\text{-}a}$ 是从桨栓柱到桨叶受力中心的实际外柄力臂。我们无法知道确切的 $L_{in\text{-}a}$ 和 $L_{out\text{-}a}$，因为划桨时实际的受力点是不确定的。我们只能假定受力点在桨柄和桨叶的中心点。使用该方法对运动员输出功率的计算的估计误差最高可达 5%。F_{gate} 和 $F_{gate\text{-}ax}$ 的合力传导到桨栓柱为 $F_{g\text{-}p\text{-}res}$。

第三，桨栓柱相对于艇是固定的，其传感器测量的是在艇的参考系下的力。通常传感器测量的是 $F_{g\text{-}p\text{-}res}$ 与船体方向平行的分力 F_{pin}。运动员的输出功率可用公式（12）和公式（13）计算，但桨栓力只能由公式（15）获得：

$$F_{gate}=F_{pin}\cos\alpha \quad (15)$$

实际上采用此方法仅能测量到运动员的一部分发力（例如，当入水的角度为 60°，cos 60°=0.5，该测量方法仅能测量到一半发力）。另外，测量数据还受轴向力 $F_{gate\text{-}ax}$ 影响。由于这个原因，在回桨过程中桨栓柱受的力能明显测到而且是变化的（图 2.23）。使用此方法在运动员功率计算中产生的估计误差在双桨项目中为 10%，在单桨项目中可高达 20%。为了提高测量的准确性，我们可以采用二维传感器，它也可以测量垂直于船体方向的分力 $F_{pin\text{-}Y}$。在这种情况下，测量的准确性取决于传感器的准确度，我们先得到合力 $F_{g\text{-}p\text{-}res}$，再通过已知的桨栓角度 α 得到 F_{gate}。

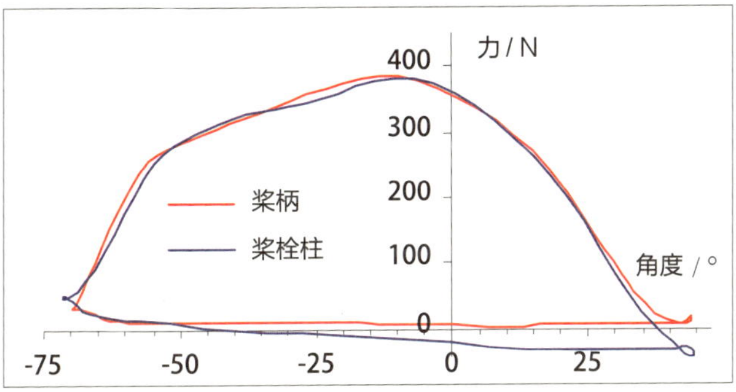

(a) 双桨

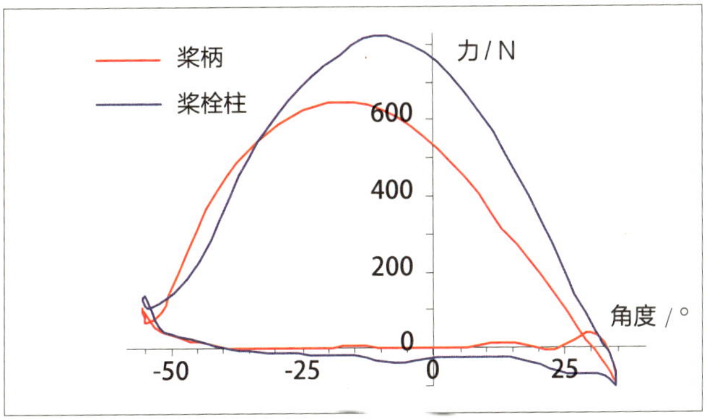

(b) 单桨

图 2.23　桨柄和桨栓柱处发力曲线的比较

如果研究目的是使船体的受力平衡，那么数据准确性的情况则会相反。通常，我们会先测量脚蹬板受力 F_{foot}，再通过下面公式计算推力 F_{prop}：

$$F_{prop}=F_{pin}-F_{foot} \quad (16)$$

如果测量了桨柄受力 F_{hnd}，就可以通过 F_{hnd} 和 $L_{out\text{-}a}$ 以及 $L_{in\text{-}a}$ 和 $L_{out\text{-}a}$ 先计算出 F_{gate}，再通过水平桨角 α 得到桨栓柱受力 F_{pin}。在这种情况下，桨栓柱受力 F_{pin} 的直接测量是最为准确的方法，通过测量桨柄受力 F_{hnd} 再计算出 F_{pin} 的方法在单桨项目中可以造成高达 20% 的误差。

2.5.2 发力曲线

进行力的测量时，通常将测量数据绘制在以时间或桨的角度作为 X 轴的坐标系中，绘制的图形结果被称为发力曲线。X 轴的变量类型的选择取决于分析目的（图 2.24）。基于时间的发力曲线有助于分析全艇运动员的发力一致性 [图 2.24（a）]。基于角度的发力曲线在比较不同桨频下的发力时更为有效 [图 2.24（b）]。

发力曲线是赛艇技术中一项非常重要的通用指标，例如，脱节和双峰 [图 2.24（b）] 反映出腿部和躯干的大肌群缺乏协调性，这与系统的动力学表现与有效性有关。

发力曲线峰值出现的位置（入水、拉桨、出水）能最有效地反映赛艇技术。三种常用的发力曲线模型：F1（后段饱满型）缓慢地从 0 线性增加到 5N，F2（前段饱满型）直接跳跃到 5N 然后逐渐递减，F3 一直稳定保持在 3N。如果这三种力都作用在 1kg 质量的物体上，可以得到该物体的加速度、速度及功率（图 2.25）。

在以上三种情况下，总的力和功率以及物体最终速度都是一致的。但是，前段饱满的发力曲线 F2 使速度增加得更快，因此经过的总路程以及平均速度要高 46%。另外，后段饱满的 F1 相对 F2 的曲线来说，需要双倍的峰值功率。在赛艇中，峰值功率出现时间晚会使躯干和上肢负载过大，而这些身体部分都不及下肢强壮。因此，前段饱满的发力曲线是最有效的：在付出同样努力的情况下，它可以提供更高的平均速度和更平均的功率分配。

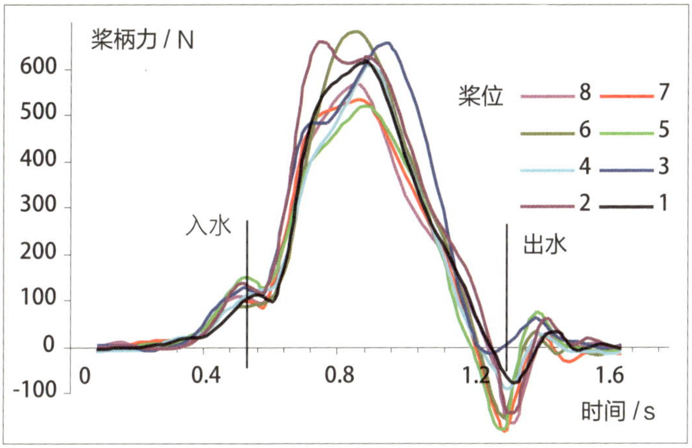

(a)

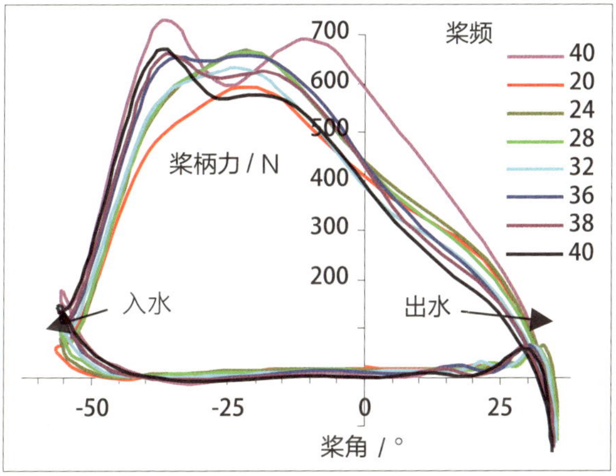

(b)

图 2.24　两种力曲线的典型表示方法：（a）力时间曲线；（b）力桨角曲线

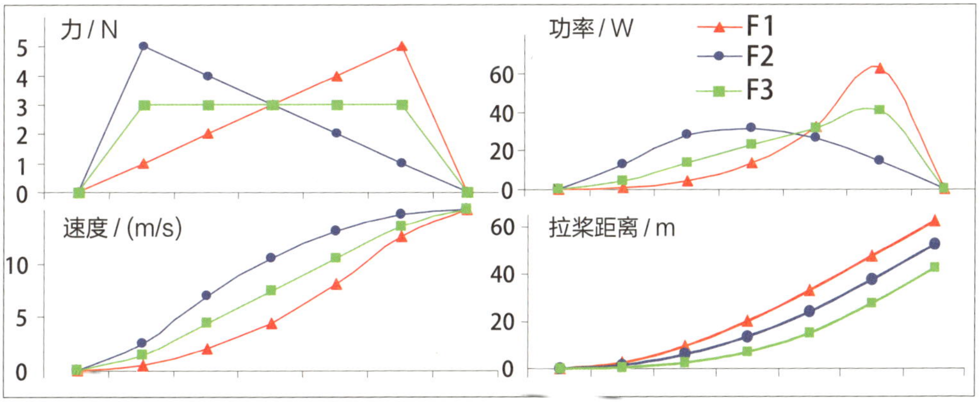

图 2.25　发力曲线模型

以下几个标准可以用来评估发力曲线（图 2.26）。最明显的标准是最大发力 F_{max}，它是发力曲线的最高点。平均发力 F_{aver} 等于与发力曲线内面积相同的矩形的高度。平均发力与最大发力的比值（$R_{am}=F_{aver}/F_{max}$）反映了“宽”或者“窄”的发力曲线：

- 在完美的长方形中，R_{am}=100%；
- 在完美的三角形中，R_{am}=50%。

测试发现该比值在赛艇中处于 38%~64%，均值 50.49，标准差 4.5。

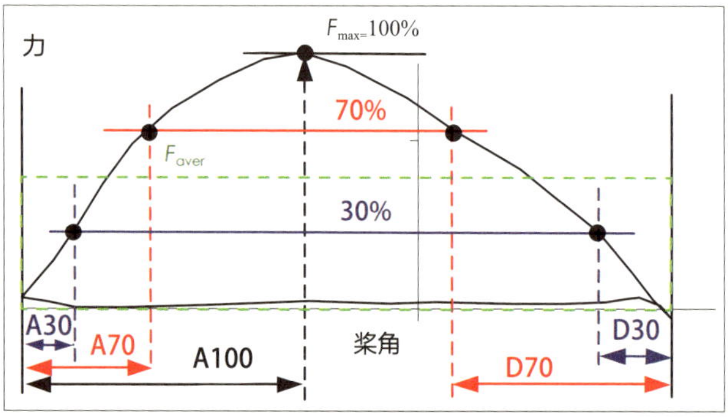

图 2.26　发力曲线的评估

传统上，业内使用术语“入水打滑”来定义入水时力增加的快慢，以及“出水打滑”来定义出水后力的保持情况。实际上，这两个参数与桨叶在水中的滑行具有极低的相关性（对于垂直入水），因此，最好使用“发力梯度”这一术语。上述两个参数可以很大，但是如果桨叶在水中的路径很浅并且移动很快，发力梯度就会很陡峭。在高桨频下，通常需要更小的角度达到最大力的 30%（相关系数 r=−0.44），但是需要更大的角度将桨叶没入水中（垂直方向的入水打滑增加了，相关系数 r=0.20）。

使用最大发力的 30% 和 70% 来计算发力梯度。入水梯度的定义为从入水直到发力达到标准（A30 和 A70）这段时间内桨所经过的角度。出水梯度的定义为从发力降低到标准（D70 和 D30）直到出水这段时间内桨所经过的角度。标准 A100 反映了力的峰值所在的位置，可以用来定义发力曲线类型。

A30 标准的目的是描述桨叶入水的快慢。A30 与桨叶效率存在相关性（相关系数 r=−0.34）。R_{am} 也与桨叶效率略微相关（相关系数 r=0.32），这意味着发力增加越迅速，发力曲线越接近矩形，桨叶在水中的打滑就越短。

与之相反，A70 与桨叶效率相关性很低（相关系数 r=−0.13），但是 A70 和 D70 与腿部最大速度具有相关性（相关系数分别为 −0.28 和 −0.38），也就是说，更快的腿部发力可以产生更陡峭的发力梯度。因为腿部的速度与运动员质心的加速度有关，所以可以推测 A70 与赛艇技术的有效性相关。A30 与 A70 之间的差别可以通过力增加的原理解释：达到最大出力的 30% 可以通过运动员使用臂部和肩部的小肌肉群快速拉桨实现，但是达到最大出力的 70% 就需要腿部和躯干的大肌肉群来完成对运动员质量的加速。

发力梯度的数值与桨频有关：A30 和 A70 在高桨频下变得更短（相关系数分别为 −30 和 −43），但是 D70 和 D30 变得稍长（相关系数分别为 0.21 和 0.18）。这反映出不同桨频下发力曲线的变化。表 2.6 给出了上述标准在双桨项目和单桨项目中，在训练和比赛桨频下的平均值。

表 2.6 训练（低于 30str/min）和比赛（高于 30 str/min）桨频下发力曲线标准的平均值

标准	A30		A70		D70		D30	
桨频	训练	比赛	训练	比赛	训练	比赛	训练	比赛
单桨 / °	6.7	5.2	16.7	13.6	30.3	34.0	11.5	12.8
± *SD*	1.9	1.6	3.8	3.1	7.6	7.3	3.1	3.5
双桨 / °	5.8	3.8	17.2	13.4	35.6	38.2	14.5	15.7
± *SD*	2.0	1.5	4.8	4.6	7.0	6.6	3.3	3.3

2.5.3 脚蹬板受力

对脚蹬板受力的测量和分析并不容易，因为它的方向和受力质心在整个拉桨过程中始终在变化：在入水时，运动员用脚趾蹬脚蹬板，且在方向上更趋向于垂直；在拉桨过程的后半程，脚蹬板受力变得更趋于水平，受力点处于脚中间的位置（图 2.27）。

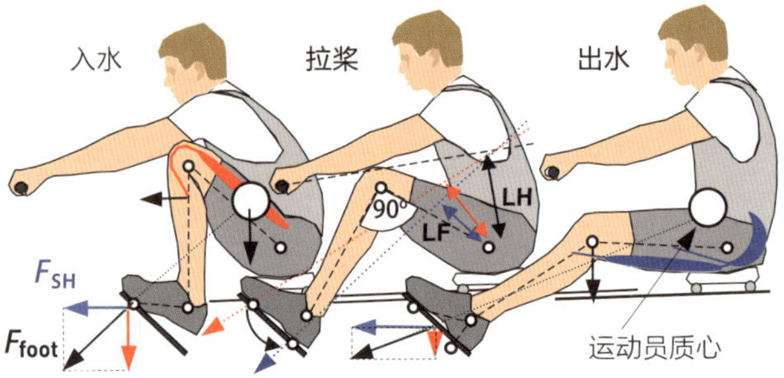

图 2.27　拉桨过程中脚蹬板力的生物力学

脚蹬板的受力 F_{SH} 可以分解为两个分力，在赛艇生物力学中扮演着不同的角色：水平分力 F_{foot} 参与运动员和艇的整体推动，垂直分力 F_{SV} 提供对运动员体重的支撑，我们将在滑座受力章节进行讨论。因此，仅仅测量脚蹬板受力 F_{foot} 的大小是不够的，我们还应该得到它的方向，也就是需要分别测量水平和垂直方向的分力。

在入水时，运动员必须用脚趾发力，因为这样可以减小桨柄对运动员反作用力的垂直方向力臂，增加运动员重力的水平方向力臂，从而提高桨柄受力。如果桨柄的反作用力的力矩超过重力的力矩，运动员会被自己提升起来以至于脱离滑座无法继续划桨。在入水时，运动员重力的水平方向力臂最短，所以我们应当尽量最大化这个水平力臂，同时减小桨柄和脚蹬板之间的垂直方向力臂。另外，使用脚趾发力可以减小到膝关节的力臂，从而使股四头肌的使用更高效，膝关节打开更快。

在拉桨过程中，运动员的膝关节打开角度超过 90°，且脚跟接触脚蹬板的位置是一个非常关键的位置，从这个位置开始，发力的生物力学特性发生了显著的变化：

- 在这个位置之前，运动员使用脚趾蹬脚蹬板，股四头肌收缩打开膝关节，同时应该避免打开躯干，因为使用大腿后侧的肌肉（腘绳肌和臀大肌）会下推膝关节并使其弯曲。
- 在这个位置之后，运动员的脚跟接触脚蹬板，脚蹬板受力中心下降，运动员可以开始使用躯干，注重使用腘绳肌和臀大肌的收缩下推膝关节，从而使膝关节打开。使用脚跟发力更为有效，因为会减小脚蹬板受力到髋关节的力臂（图 2.28）。

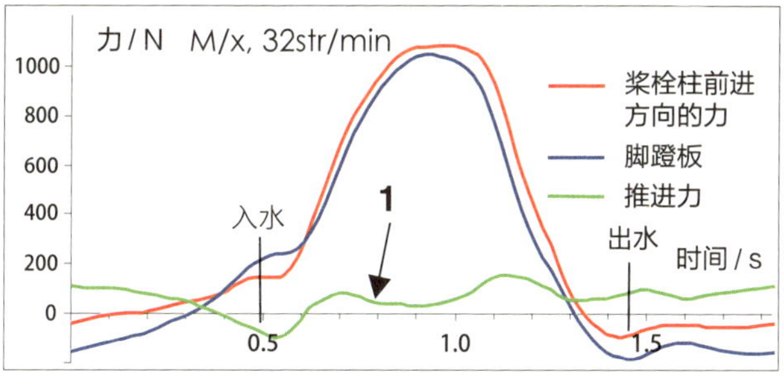

(a)

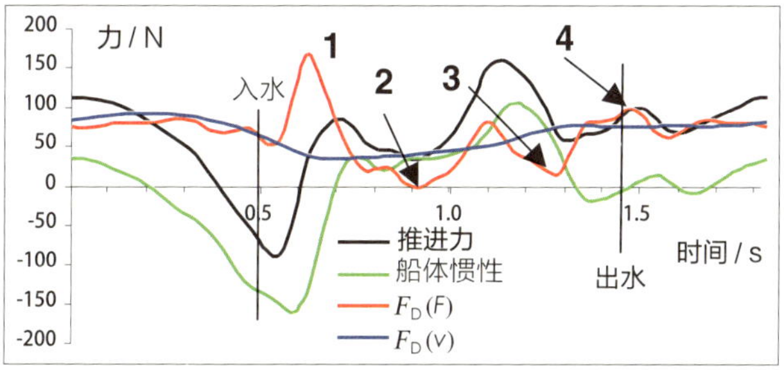

(b)

图 2.28　BioRowTel 系统测量得到的脚蹬板力和桨栓柱力和船推进力分析

在这个变化过程中，脚蹬板受力到髋关节的力臂 LF 变短，桨柄受力的力臂 LH 保持不变。在肌肉力矩恒定的条件下，脚蹬板受力会增加而桨柄受力不变[16]。这会降低推进力和艇的加速度 [图 2.28（a）]，但是会提高运动员质心的加速度。平稳的移动发力点并与躯干运动相协调取决于运动员的技巧，这对高效的划桨技术至关重要。

脚蹬板受力的水平分力 F_{SH} 是船体平衡的一部分：

$$F_{PF}-F_{SH}=m_b a_b-F_D \quad (17)$$

其中，$F_{PF}=F_P \cos A$ 是桨栓柱受力的前向分力，A 是桨栓角度，m_b 是有效船体质量，a_b 是艇的加速度，F_D 是阻力。在这个公式里，F_{SH} 对艇的推进起反作用，因为它与艇的速度方向相反，与阻力扮演的作用相同；脚蹬板受力越大，艇的加速度就越小。通常，运动员和教练员会错误地试图减小对脚蹬板的作用力而增大对桨柄的作用力，对桨柄的作用力的方向是“正确”的方向，其通过桨架传导为对桨栓柱的作用力 F_{PF} 并使艇加速向前。

但是，这种观念仅仅对船体本身是正确的，因为船体的质量仅占运动员和艇的总质量的 15%。如果我们考虑整个系统中最重的部分——运动员的质量 m_R，力的平衡公式应为：

$$F_{SH}-F_H=m_R a_R \quad (18)$$

其中，F_H 是桨柄受力，a_R 是运动员质心的加速度。这意味着脚蹬板对运动员的反作用力使运动员的质量加速向前，但是桨柄对运动员的反作用力反而将运动员向后拉。因此，在拉桨过程中增大对脚蹬板水平方向的作用力是有效的划船技术中重要的一环，许多成功的教练员都把这项技术作为运动员努力的主要目标。

在拉桨过程中，桨栓和桨栓柱的受力以及脚蹬板水平方向的受力具有相似的大小和模式。它们之间的差就是艇的推进力，其用于克服相对较小的阻力 F_D 以及艇的惯性 $m_b a_b$[公式（16）]。

艇的惯性力可以通过测量艇的加速度及有效艇重得到 [图 2.28（b）]，因此对船体的阻力 F_D（F）可以通过公式（1）计算。为了对比，我们同时根据艇速 v_b 和阻力系数 DF 计算出 F_D（v）：

$$F_D(v)=\mathrm{DF}\times v_b^2 \quad (19)$$

通过两种计算方式得出的划桨周期内的平均阻力是非常接近的：F_D（v）= 68.2N，F_D（F）=66.9N。两者的曲线在回桨过程中非常接近，但是在拉桨过程中存在很大差异。F_D（F）在入水后的第一峰值发生在滑座速度最高的时刻，这是因为滑座轮子的摩擦力增加了阻力。更低的第四峰值与滑座垂直方向受力的最高点有关，它将艇下压从而增大阻力。负峰值 2 和负峰值 3 的原因尚不清楚。一个可能的原因是运动员的小腿碰到了船体，我们没有测量这种现象，但是它确实影响到了力的平衡。

为了加深理解，我们将赛艇和皮艇的推进力学原理进行对比（图 2.29）。

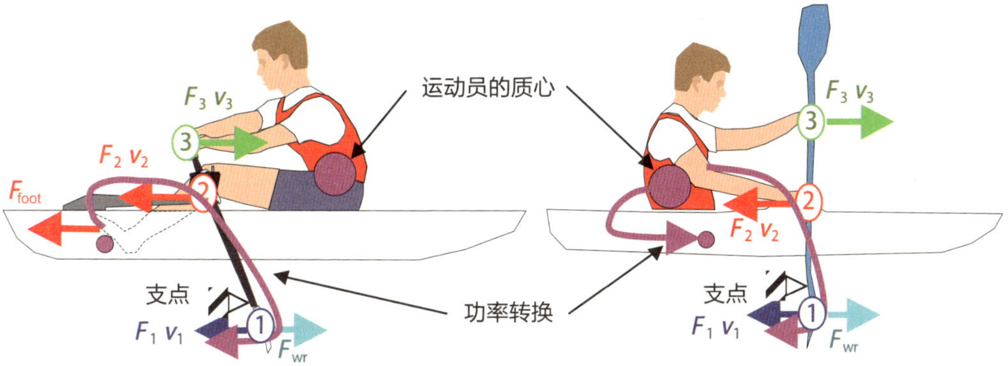

图 2.29　赛艇（左）和皮艇（右）推进原理

在两个项目中，桨都可以被视为以桨叶（具体位置取决于桨叶在水中的滑移）作为支点的第二类杠杆。如果我们考虑桨的受力，整个桨上有三个受力点：

① 桨叶对水的作用力 F_1，其方向向后，水对桨叶产生反作用力 F_{wr} 推动整个系统前进；

② 中段受力 F_2（由皮艇运动员下方手或者赛艇中桨栓施加），其方向与 F_1 相同；

③ 末端受力 F_3（由皮艇运动员上方手或者赛艇中桨柄施加），其方向与前两个力相反。

运动员不是直接施加中段受力 F_2（桨栓柱受力 F_{pf}），而是通过脚蹬板、船体、桨架和桨栓柱进行传导。实际上，脚蹬板和桨叶受力在同一方向做功，而桨柄受力在“错误”的方向。运动员向脚蹬板的输出功率被传导到桨叶，其中的一部分用于克服艇的惯性。

2.5.4 滑座受力及垂直平面内的动态分析

对滑座在垂直方向受力的认识在教练员和科学家之间存在非常大的争议。一部分人认为运动员被抬升的现象会减少艇的吃水深度并减小阻力，因此有利于成绩提高；另一部分人认为这种现象只是将运动员的体重从滑座转移到脚蹬板，而且它增加了艇的上下颠簸，因此应该避免（图 2.30）。

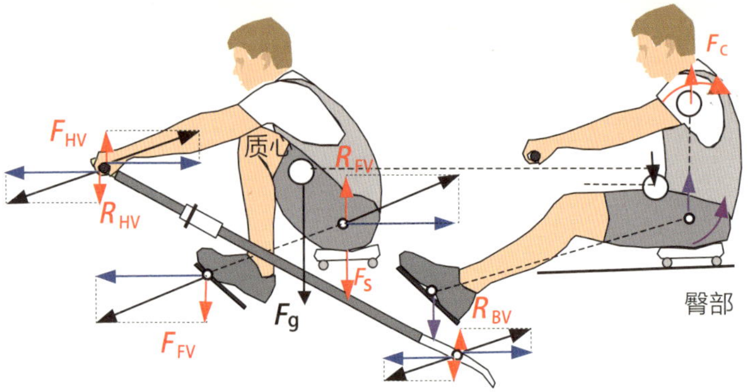

图 2.30　滑座垂直力的原理

共有 6 个影响滑座的垂直方向受力的因素。前 3 个属于内部因素，仅影响运动员的体重在滑座和脚蹬板之间的分布。它们并不影响艇在垂直方向的运动及吃水深度，但是会影响到船体的颠簸并增加水浪产生的阻力。

① 当运动员的质心线在滑座和脚蹬板之间移动时，运动员的静态体重从滑座转移到脚蹬板而导致运动员被抬升。在入水时，运动员的体重约 30% 作用于脚蹬板，70% 作用于滑座，这可以通过在滑座上安装体重秤轻易验证。

② 腿部导致的抬升。髋关节 H 位于脚蹬板受力点 S 之上，因此膝关节打开的发力线并不是水平的。它产生了脚蹬板受力的垂直分力 F_{FV} 以及向上的反作用力 R_{FV}，该反作用力将运动员从滑座上拉起。

③ 臀部力矩导致的抬升。当臀大肌发力（即使腿处于伸直状态），其产生的以髋关节为轴的力矩 τ_{hip} 导致了脚蹬板受力的垂直分力 F_{FV} 增加，并减小了滑座受力 F_S。

因素 4 和因素 5 使船体产生了垂直方向的颠簸，但是不影响整个划桨周期内的平均吃水深度。

④ 运动员体重的垂直加速度。在划桨周期内，运动员的身体状态和垂直方向身体环节的位置均发生改变，这些都产生了垂直加速度。另外，由于滑座的倾斜度，前端比后端高 1~2cm，运动员的质心高度也稍微发生了变化。在拉桨过程中，腿部的质心的垂直位置下降，但是滑座位置升高，在回桨过程中正好相反。因此，垂直方向的惯性力在划桨周期内是平衡的，它们的合力应该不会很大。

⑤ 躯干转动的向心力 F_C，其方向从髋关节旋转的轴心指向上。其在拉桨过程中和回桨过程中作用相同，但是必须与入水和出水时躯干的加速度平衡，因此它仅影响船体垂直方向的颠簸，与平均吃水深度无关。

⑥ 桨叶入水提升是唯一的外力，它影响整个系统的平均吃水深度。桨叶受力的方向接近水平，并与桨叶入水有关，它产生了垂直方向力 F_{BV} 及其反作用力 R_{BV}，该反作用力将整个系统向上抬升。当运动员稍微向上拉桨柄，桨柄受力会产生一个垂直分力 F_{HV} 及其反作用力 R_{HV}，这增加了滑座受力 F_S 和脚蹬板垂直受力 F_{SV}，但是与桨栓受力平衡，因此这些仍然是内力。

我们进行了一系列实验来验证垂直平面的力的平衡（图 2.31）。在水面上，我们测量滑座受力、脚蹬板垂直和水平方向的受力 [图 2.31（a）（b）] 及标准测量内容（桨的角度、桨柄受力等等）。我们将一台 Concept2 测功仪安装在滑轨上，并使用三个传感器测量测功仪和运动员的总重力 [图 2.31（d）]。我们用划桨时测量到的垂直力的数据与静态重量相减可以得到提升力。在移动的荡桨池中 [图 2.31（c）]，我们在运动员所在的框架和滑车之间安装两个传感器测量垂直方向的力，它们测量的结果是整个系统的重力减去浮力。

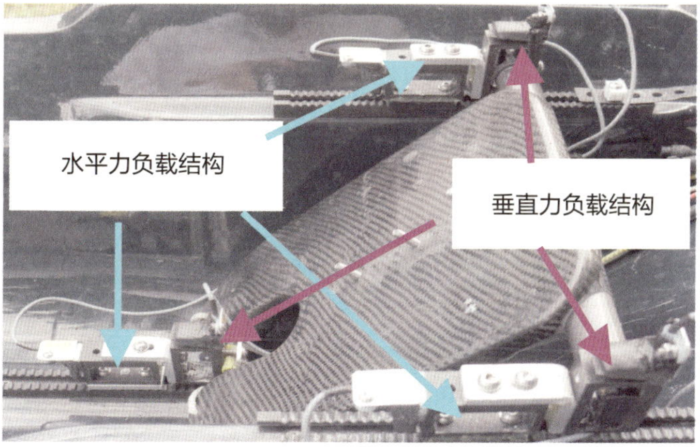

(a)

图 2.31　在脚蹬板位置测量水的垂直作用力以及在滑座、荡桨池和测功仪上测量垂直作用力

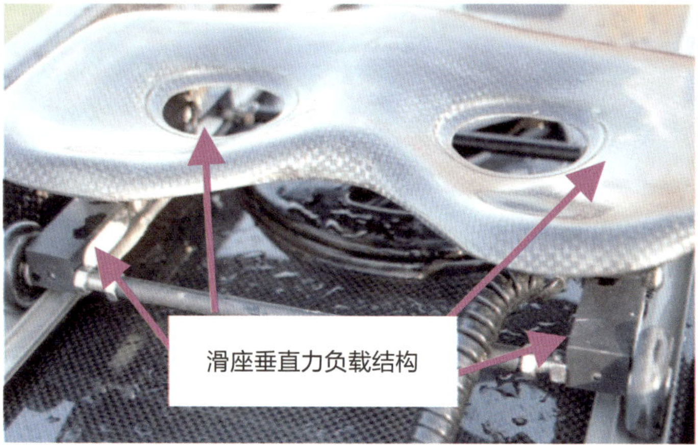

(b)

(c)

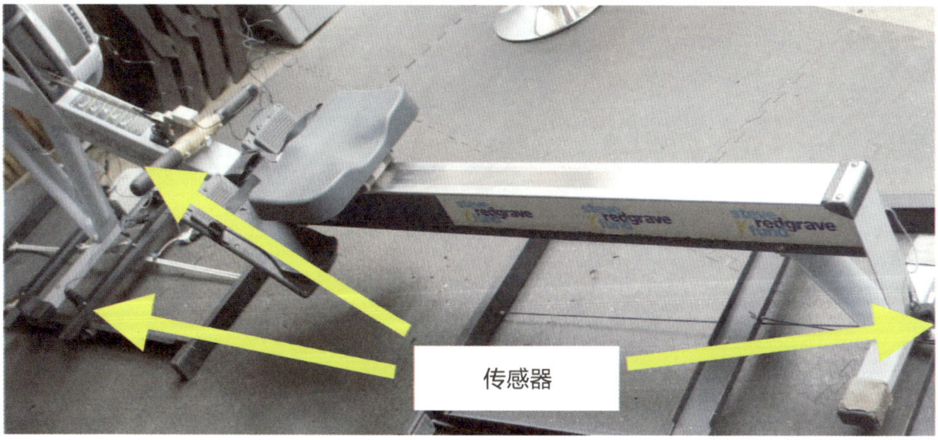

(d)

续图 2.31　在脚蹬板位置测量水的垂直作用力以及在滑座、荡桨池和测功仪上测量垂直作用力在水面上，我们比较滑座受力 F_S 和脚蹬板垂直受力 F_{SV} 的合力与运动员的重力 F_g [图 2.32（d）]，据此我们可以计算艇对运动员的抬升力 F_{SUS}：

$$F_{SUS}=F_g-(F_S+F_{SV}) \quad (20)$$

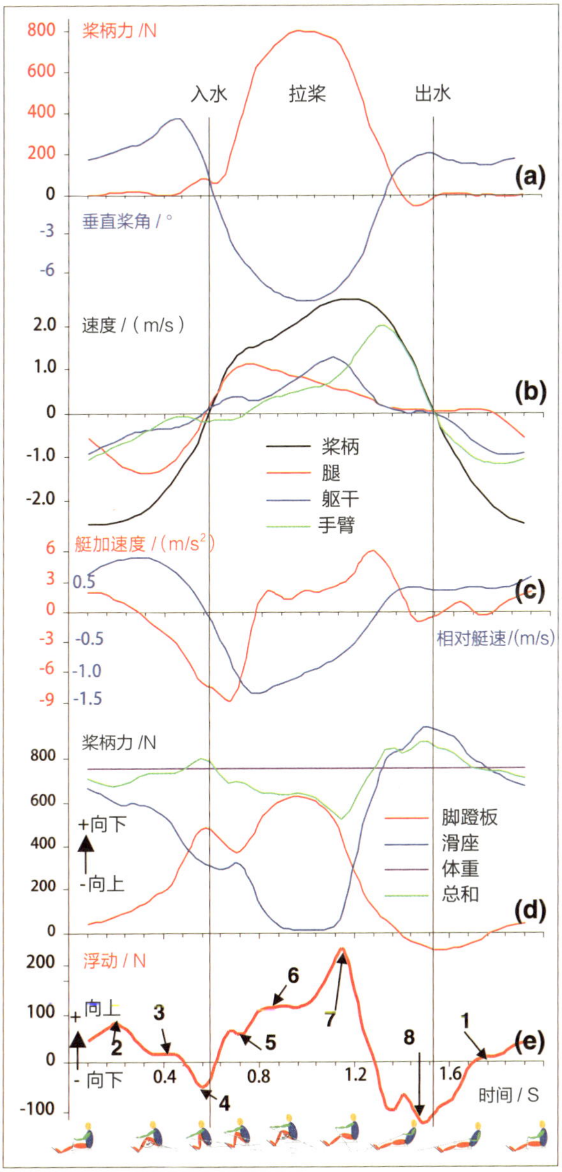

图 2.32　水上垂直力分析（男子单人艇，32str/min）

注：相对艇速为绝对艇速减平均艇速的值。

该抬升力在回桨阶段开始时接近于零（第 1 指点），当运动员的质量置于滑座，脚蹬板的垂直受力为零。在回桨阶段中段（第 2 指点），运动员的质量向脚蹬板转移，抬升力有一个高达 90N 的短峰值，这是因为运动员沿滑轨下滑，其质心具有向下的加速度。在开始拉桨前（第 3 指点），抬升力再次接近于零，但是此时力的平衡处于动态变化中：由于运动员的质量从滑座向脚蹬板转移，脚蹬板的垂直受力迅速增加。

在入水时（第 4 指点），运动员体重的 63% 位于脚蹬板，仅有 37% 位于滑座，因此抬升力是负的（−50N），这是因为手臂和桨柄的向上加速。在入水后不久（第 5 指点），抬升力变正，但是运动员的质量在这个阶段又向滑座转移，其抬升力会有一个驼峰，这与运动员沿滑座向上的加速度以及将运动员下压的桨柄垂直方向分力的增加有关。

在拉桨过程开始时，运动员的几乎所有质量都被从滑座上抬起（滑座受力仅为 20N，占总体的 2%），但是约 83% 的体重转移到了脚蹬板（第 6 指点），因此，运动员体重的 15% 被抬升，从而使运动员和艇整体更轻。另外有 50N，约为桨柄受力的 4%（入水角度 4°），它将运动员向下拉，所以实际抬升力的值为运动员体重的 19%~20%。

在拉桨过程中段（第 7 指点），运动员几乎所有体重都被从滑座上抬起，脚蹬板受力急剧下降，所以抬升力有一个高达 230N 的陡峭尖峰，约为运动员体重的 30% 或整个系统质量的 25%。这可能是由于向心力 F_C 的作用：

$$F_C=m_t v_t^2/r \quad (21)$$

其中，m_t 是躯干及头部的质量，v_t 是瞬时线速度，r 是以髋关节为中心的转动惯量半径。数据的近似值为，m_t=25kg，v_t=1.25m/s，r=0.4m（约为躯干加头部高度的一半），F_C 在垂直方向约为 100N，与拉桨过程中的波动幅度相同。

在出水时（第 8 指点），F_{SV} 略微为负数，但是 F_S 很高（F_g 的 125%），所以 F_{SUS} 是负数，为 −100N，这与躯干的垂直加速度有关。

我们在测功仪上采集了三组代表不同划桨技术的数据样本：①只有腿部发力；②只有躯干发力；③全程发力使向心力的效果更明显。与预期相同，在所有样本中，划桨周期内的平均抬升力为零。只有躯干发力的样本中，抬升力最为显著，峰值为 350N，这发生在躯干速度最大时，恰好是向心力的效果。

我们又在荡桨池中采集了三组类似的数据样本，其结果与在测功仪上采集的数据样本相近：只用躯干发力的样本中，抬升力最大，在躯干速度最大时抬升力达到峰值 250N。划桨周期内的平均抬升力为正值（30~40N），相当于 9%~13% 的平均桨柄受力，这是桨叶角度在 6° 时的垂直力（sin6°=0.105）。具体结论如下。

① 垂直方向的桨叶受力是能够抬升运动员和艇整体的唯一外力，但是它相对较小。

② 躯干旋转的向心力是导致艇垂直方向颠簸的最重要因素。拉桨过程中躯干运动位移过长或过迟以及回桨过快会显著增加对滑座的压力（高达运动员体重的 150%），从而增加了艇的颠簸和兴波阻力。

③ 脚蹬板更多的水平受力可以减少艇的颠簸从而减小阻力。这种效果可以通过正确的身体环节运动序列以及脚蹬板更高更陡的位置来改进（尽管后者会减少拉桨的行程）。

④ 在入水时，60% 的运动员体重会转移到脚蹬板，仅剩 40% 留在滑座。快速和早的腿部运动可以使拉桨过程中的体重抬升更平稳，从而减少船体的颠簸。

2.5.5 水平面内的动态分析

当运动员在艇上拉动桨柄的时候，其发力通常不会恰好与桨垂直。这是水上与测功仪上的不同之处，在测功仪上力永远垂直于桨柄。在单桨项目中，入水时，桨与外侧前臂的夹角约为 70°，与内侧夹角约为 60°[图 2.33（a）]，因此合力的方向与桨的夹角应为 66°~68°（外侧手臂发力更大）。在双桨项目中，桨与前臂之间的夹角更小；在入水时，该夹角约为 60°[图 2.33（b）]。

桨柄受力 F_h 可以分解为两个分力：一个法向（垂直）分力 $F_{h.n}$ 和一个轴向分力 $F_{h.a}$。在拉桨夹角为 60° 时，法向力 $F_{h.n}=F_h\times\sin 60° =F_h\times0.867$，而轴向力 $F_{h.a}=F_h\times \cos 60° =F_h\times0.5$。

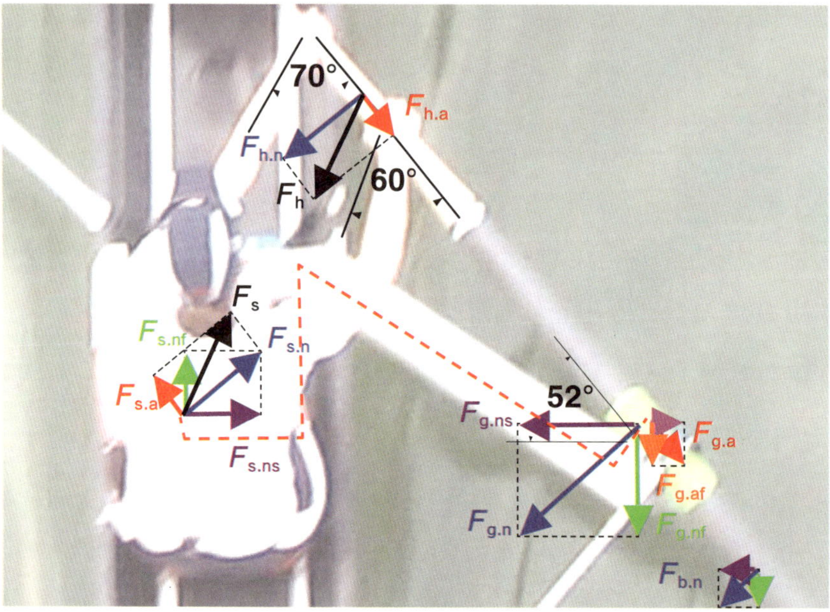

（a）单桨

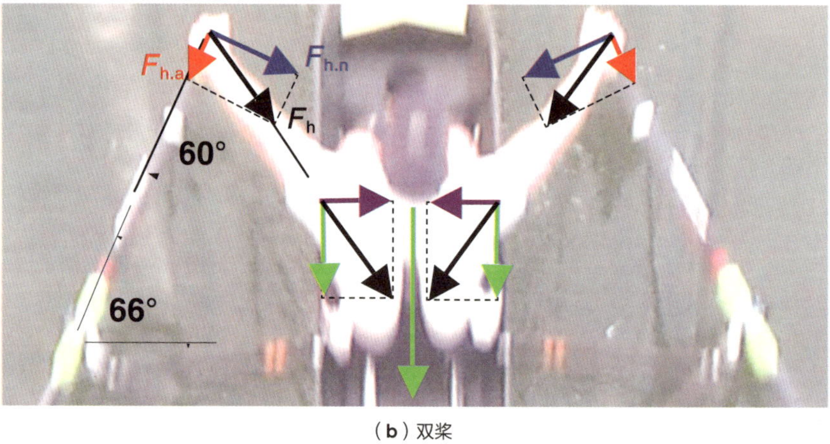

（b）双桨

图 2.33　水平面内力的分析

当然轴向分力 $F_{h.a}$ 通过桨传导到桨栓，它产生相同的轴向桨栓受力 $F_{g.a}$（忽略桨叶产生的微小轴向流体力学阻力）。忽略惯性力，为了产生轴向桨柄力，运动员需要在脚蹬板上施加大小相同而方向相反的力。由于脚蹬板通过桨架与桨栓和桨栓柱连接在一起，这些力互相抵消，也就是说，它们都是内力，而轴向桨柄力不对推动运动员和艇这个系统做贡献。它并不产生功率或造成能量损失，因为桨在此方向相对艇没有运动，但是它增加了配比；合力变大（A=60° 时增加 13.3%），但是会应用在一个等比例降低的速度上。

法向力 $F_{h.n}$ 也会传导到桨栓上，它与桨叶受到的水的法向反作用力 $F_{b.n}$ 叠加在一起。因此，法向桨栓受力 $F_{g.n}$ 要高于桨柄受力：

$$F_{g.n}=F_{h.n}+F_{b.n}=F_{h.n}L_{out.a}/(L_{out.a}+L_{in.a}) \quad (22)$$

其中，$L_{in.a}$ 是实际内柄距，$L_{out.a}$ 是实际外柄距。桨栓法向受力可以分解为前向分力 $F_{g.nf}$ 和侧向分力 $F_{g.ns}$。在另一侧，桨柄受力产生的反作用力 F_S 通过运动员的身体作用于系统。它的轴向分力 $F_{s.a}$ 在桨栓处得到平衡，但是法向分力 $F_{s.n}$ 可以分解为前向分力 $F_{s.nf}$ 和侧向分力 $F_{s.ns}$。由于前向桨栓力 $F_{g.nf}$ 比桨柄反作用力 $F_{s.nf}$ 大，两者之差产生一个推进力，其从桨叶开始传导并使整个系统向前加速。仅有法向分力 $F_{h.n}$ 使桨围绕桨栓柱转动并产生该方向的速度。力和速度的乘积是桨柄功率，其通过桨这个杠杆传导，由桨叶作用于水，并消耗在推动整个系统以及桨叶在水中的滑移上。仅有法向桨柄力可以推动整个系统。运动员应当力图让法向的桨柄力最大并且保持一个最小的轴向桨柄力刚好使得桨在桨栓内即可。

在双桨项目中，两个桨柄受力的侧向分力在运动员身体上互相抵消 [图 2.33（b）]。因此，合力没有侧向分力，并且其方向与艇的轴向平行。这可能是在人数相同的项目里，双桨项目比单桨项目力更大、划得更快的原因。在划桨过程开始时，双臂靠在一起，也就是说，通过胸肌收缩形成以肩部为轴的向内力矩有助于提高双桨成绩。这个力矩在桨柄产生与手臂垂直方向的切向力 $F_{h.t}$。

图 2.34 给出了在轻量级男子单人项目中，在桨频为 33str/min 的条件下使用二维改装的桨栓测量得到的法向和轴向的力 [6]，以及切向力 $F_{h.t}$ 的数据。切向力使得拉桨角度笔直，完全消除了轴向力 $F_{h.a}$，这与测量到的轴向力非常接近。

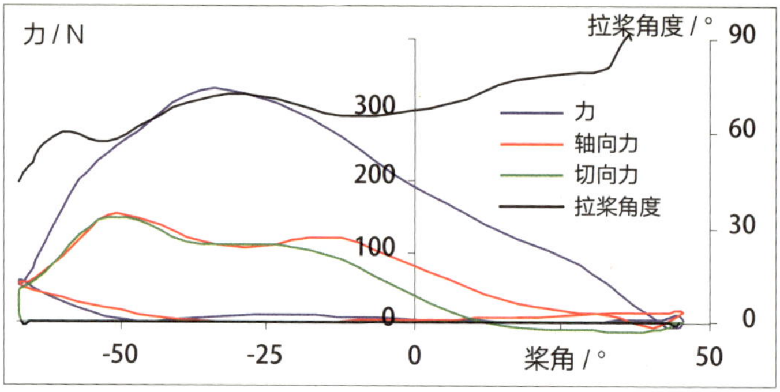

图 2.34　桨栓处法向力和轴向力的测量及其衍生的推进角度

如何通过调艇使得拉桨更直从而降低轴向桨柄力呢？双桨运动员具有更长的手臂和更宽的肩膀可以使拉桨角度 a 更尖锐并且增加划桨的角度 b，两者都会增加动态配比。因此，臂展（肩宽加臂长）应该在调艇时考虑在内。在单桨项目中，臂展没有类似效果。

内柄距越短，桨柄的位置就越靠外，这使得拉桨更直，动态配比更小。但是，这会使划桨的角度变大，并且使动态杠杆比例更大，这抵消了拉桨角度的效果。

更宽的桨栓距（图 2.35）可以使拉桨更直，并减小划桨角度。这使得桨栓距的作用非常明显；在单桨和双桨项目中，更宽的桨栓距均会使动态配比显著减小。这就是为什么外柄距与桨栓距的比值在过去被当作杠杆配比的衡量指标。但是，这只在入水时有用。在拉桨过程中段和出水时，桨栓距对桨和拉桨角度没有影响，对动态配比也没有影响。因此，桨的杠

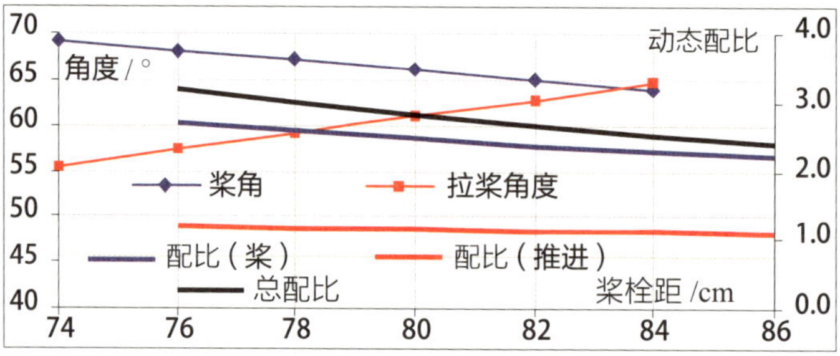

图 2.35　桨栓距对动态配比的影响

杆配比 G 的唯一直接合理的衡量指标是实际外柄距 L_{out} 和实际内柄距 L_{in} 的比值：

$$G=L_{out}/L_{in} \quad (23)$$

所有其他的调艇变量，例如桨栓距和脚蹬板位置（影响划桨角度）都可以被认为是间接因素，它们在拉桨过程中不同的阶段对配比产生影响，因此被称为动态配比。

2.6 能量指标

2.6.1 赛艇功率的定义

运动员输出的功率 P 是最重要的变量，它与艇速 v 直接相关：

$$P=\mathrm{DF}v^3 \quad (24)$$

其中，DF 是阻力系数。功率是一个标量，只有大小，没有方向。功率 P 是单位时间 t 内能量转换的速率。在力学中，能量通常等同于功 W，其定义是力 F 与其作用方向上位移 L 的乘积：

$$P=W/t=FL/t=Fv \quad (25)$$

其中，v 是物体移动速度。根据能量守恒定律，能量不能被创造或消灭。能量只能从一种形式转换到另一种形式；它的总量保持恒定。在赛艇中，运动员的代谢能量转换成机械做功(一部分也转换为运动员身体发热耗散)，再转换成艇和运动员整体移动的动能，最终转换成阻力造成的热损耗。与之相反，力的大小可以通过桨的简单杠杆原理来改变。

教练员和运动员经常会将用力和功率这两个术语混淆，并经常使用功率曲线这一术语来表达发力曲线这一含义。另外，他们所讲的大力划是一种低桨频下尽全力划桨的训练方式，通常同时使用水阻。实际上由于桨频低，这种训练的功率并不是很高。赛艇中的发力曲线和功率曲线看上去有所不同 [图 2.36（a）（c）]：发力曲线形状上更接近长方形，其到达顶峰的时间较早（第 1 指点）；功率曲线的形状更接近三角形，其到达顶峰的时间较晚（第 2 指点）。由于桨柄速度 [图 2.36（b）] 从入水到出水几乎翻倍，使用同样大小的力（第 3 指点），在入水时的功率（第 4 指点）比在出水时的功率（第 5 指点）低，也就是说入水比出水耗费更少的能量。

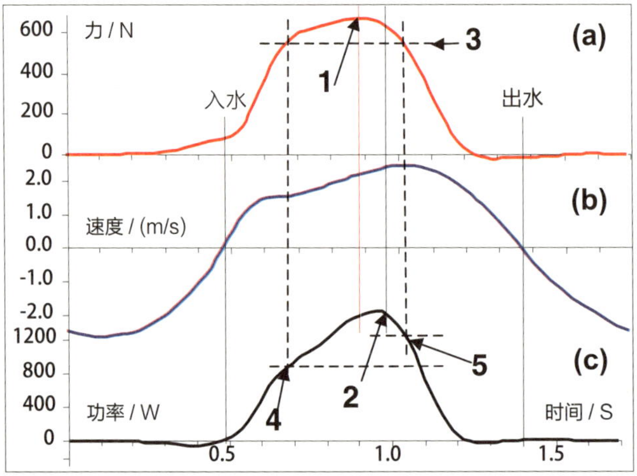

图 2.36　桨柄的力、速度和功率（男子单人艇，36str/min）

赛艇中的功率计算方法相当复杂，但是它又十分重要，因为运动员的输出功率是决定其赛艇成绩的主要指标，也是划桨效率计算的重要一环。有三种方法计算赛艇的功率。

① 传统的功率计算方法 [图 2.37（a）] 假设运动员只对桨柄做功。桨相当于一个以桨栓柱为支点的杠杆装置。在这种情况下，功率 P_{pin} 等于力矩 τ 与角速度 ω 的乘积，或者等于作用于桨柄的力 F_h 与桨柄线速度 v_h 的乘积：

$$P_{pin}=\tau\omega=(\tau/r_{in})(\omega R_{in})=F_h v_h \quad (26)$$

其中，R_{in} 是内柄距。为了计算更准确，R_{in} 应为从桨栓柱（增加桨栓一半宽度，2cm）到桨柄中心点（双桨减 6cm，单桨减 15cm）的距离。

② 推进—耗散功率。实际上，桨栓柱和艇一起在做不规则变速运动。因此，艇并不是牛顿力学中的惯性参考系。如果以地球（或水面）为参考系，我们会发现支点实际上在接近桨叶的位置[图 2.37(b)]。此处存在两种功率：推进功率 P_{prop} 作用在支点内柄一侧，以及耗散功率 P_{waste} 作用在桨叶一侧。推进功率等于力矢量 F_{prop} 与运动员和艇的系统的质心的移动速度 v_{CM} 上的内积：

$$P_{prop}=F_{prop}v_{CM} \quad (27)$$

这个方法不是很实用，因为系统质心的移动速度不能准确而轻易得到。桨叶受力的中心位置取决于桨叶处的流体力学，艇速和桨的角度也非常难计算。

③ 运动员功率。实际上，运动员是赛艇中唯一的机械能来源。运动员仅在两点发力做功[图 2.37（c）]：桨柄和脚蹬板。在这种情况下，我们假定杠杆的支点在运动员的质心。运动员的功率 P_{rower} 可以通过对桨柄和对脚蹬板做功分别计算再求和，这两者每一个都等于其力与速度矢量的内积：

$$P_{rower}=P_{handle}+P_{foot}=F_{handle}V_{handle}+F_{foot}V_{foot} \quad (28)$$

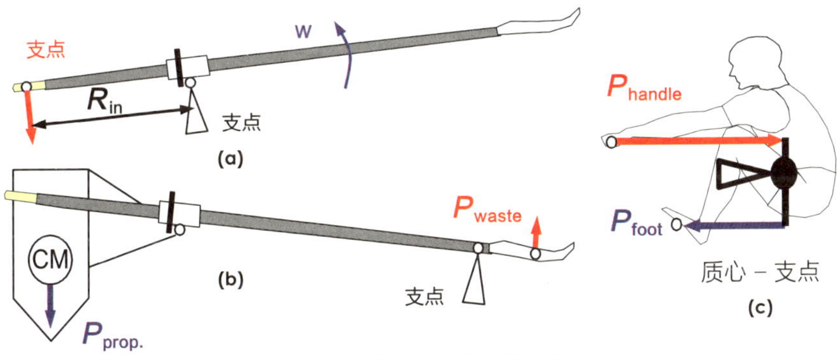

图 2.37　划船功率的三种定义

我们发现了传统功率曲线和推进–耗散功率曲线之间良好的对应关系（图 2.38）。平均划船功率为 P_{pin}=462.9W，P_{pw}=465.5W，P_{rower}=494.4W。前两者和第三种计算方法的结果相差较大是由于惯性，会耗散在艇与运动员的相对运动中。在这个例子里，惯性损失为运动员功率的 6.4%。桨叶推进效率等于推进功率与总功率的比值，在这个例子里是 80.4%。

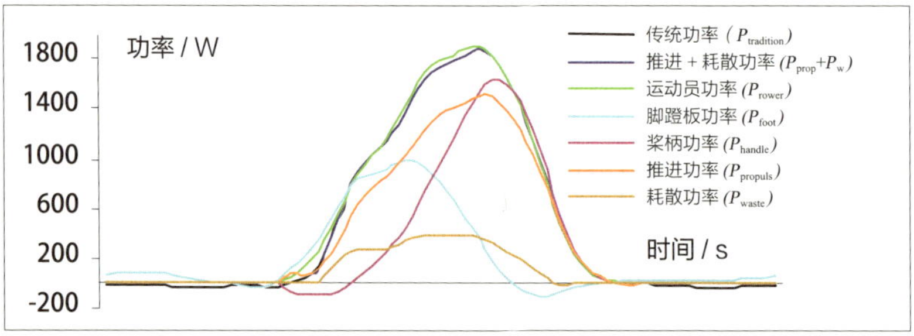

图 2.38　三种方法测量得到的赛艇功率及其组成：推进功率、耗散功率、桨柄功率、脚蹬板功率（男子单人艇，32str/min）

2.6.2 功率传导

通过下面两个训练的例子，我们可以更好地理解功率传导：

- 在深蹲的时候，双脚并不移动，所以双脚的速度和通过双脚的功率传导均为零，因为功率是力和速度的乘积。能量传导到运动员的身体以及其肩膀上的重物。
- 在用腿推的时候，身体固定，所以身体的动能无法增加。功率通过双脚和脚蹬板传导到重物。

在水上或者动态测功仪上运动时，运动员的上身和双脚都是移动的，功率通过脚蹬板 / 船体及运动员 / 桨柄传导。在图 2.38 的例子中，桨柄与脚蹬板的功率比约为 60% : 40%。这个比值取决于发力曲线的形状：在“前段饱满”的发力曲线中，脚蹬板的功率占比会增加。

与之相反，在固定式测功仪和荡桨池中，脚蹬板是固定的，功率只能通过运动员的身体传导到桨柄。

运动员如何控制桨柄受力和脚蹬板受力的比例呢？这个问题暗示了如何得到身体环节功率和划船风格。

运动员的髋部并不固定，它与滑座和艇一起运动。因此，由躯干产生的功率会先通过其两端（肩部和髋部），再通过桨柄或脚蹬板传导出去（图 2.39）。躯干转动的支点可以是一个虚拟支点 T_C。类似的，桨转动的支点也是桨上的一个虚拟支点 B_C，其具体位置取决于艇速与桨叶在水中滑移的速度比。躯干上支点的位置 T_C 由杠杆 R_1 和 R_2 决定，这与桨柄受力 F_h 和脚蹬板受力 F_{foot} 的比值有关（忽略手臂和腿部的惯性）：

$$R_1/R_2=F_2/F_1=F_{foot}/F_h=F_g/F_h=k \quad (29)$$

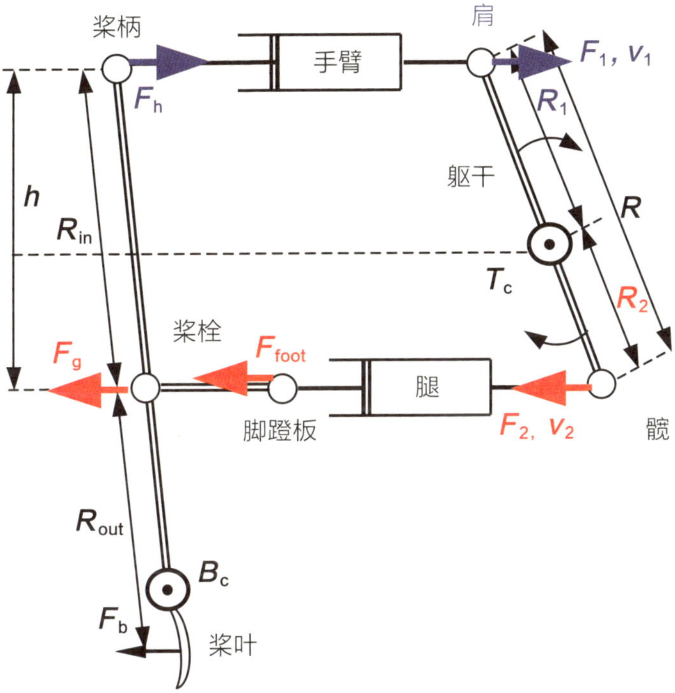

图 2.39　功率传递的简化模型（修改自 Dal Monte A., Komor A.1988）

系数 k 由桨的实际长度 $L_{oar}=R_{in}+R_{out}$ 与实际外柄距 R_{out} 的比值决定：

$$k=(R_{in}+R_{out})/R_{out}\approx 1.44 \quad (30)$$

如果 R_1/R_2 的比值用百分比表示，那么在艇上，该百分比约为 144%。在测功仪上，如果我们再次忽略惯性力，R_1/R_2=50/50。脚蹬板与桨柄的高度的比值 h 保持同样的比例，所以在 h=22cm 时的 9% 的差距决定了在测功仪上躯干的支点位置比艇上躯干的支点位置高 2cm。

躯干功率 P_t 可以通过对桨柄力和脚蹬板力（F_H 和 F_{foot}）以及髋部和肩部的线速度 v_t 得到。由躯干产生的力我们将其估计为桨柄力和脚蹬板力的平均值，加权权重如上所述，因此：

$$P_t \approx v_t (0.59F_H + 0.41F_{foot}) \quad (31)$$

这个分析的实际引申意义如下：在艇上，躯干不仅应该通过桨柄发力，还应该通过脚蹬板发力。通过脚蹬板传导的功率不仅仅由腿部产生，还可以由躯干产生。

2.6.3 每桨做功

每桨做功（WPS）是一个重要的生物力学变量，但尚未得到教练员和运动员的广泛应用。每桨做功的定义是瞬时力 F 和线性位移 ΔL，或者力矩 M 和角位移 $\Delta\emptyset$ 的乘积在拉桨过程中的积分（和）：

$$\text{WPS} = \int F\Delta L = \int M\Delta\emptyset \quad (32)$$

赛艇成绩的主要决定因素是划船功率 P，它是单位时间 t（s）内的每桨做功，或者每桨做功与桨频 R（str/min）的乘积：

$$P = \text{WPS}/t = \text{WPS}R/60 \quad (33)$$

因此，每桨做功包含了功率的两个主要部分：力和距离，但是不包括第三个——桨频。每桨做功与桨频无关，它是一个在不同训练和比赛强度的桨频下衡量技术有效性的有用指标：从长距离稳定划到短距离冲刺。

如果我们将桨柄力作为 Y 轴，拉桨幅度作为 X 轴，绘制在一个图表里，那么每桨做功等于发力曲线下的面积。在图 2.40 中，领桨运动员和跟桨运动员的每桨做功相同，但是其发力曲线和拉桨幅度不同：领桨运动员与跟桨运动员相比，拉力峰值更高，但是幅度更短。

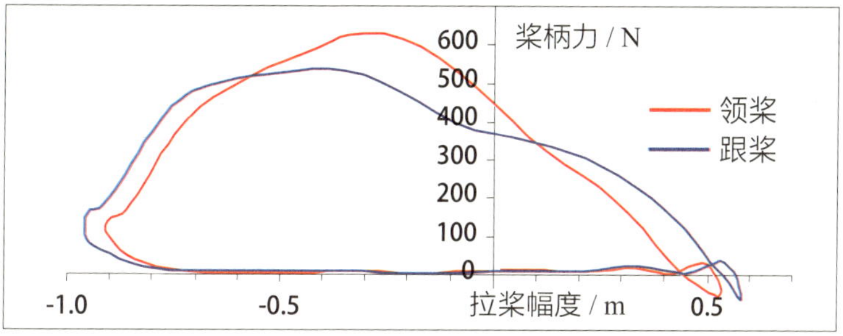

图 2.40　每桨做功相等的双单发力曲线样例

要保持每桨做功恒定，缩短拉桨幅度 1%，就需要等比例将平均力增大 1%。在拉桨幅度为 1.6m 和平均力为 350N（14 个奥运艇型的平均目标值）的情况下，幅度减少 1.6cm（双桨 1.1°，单桨 0.9°），平均力和最大力分别需要增加 3.5N 和 6.5N（发力曲线形状不变）。这个数值随着艇型和发力曲线的形状不同而改变（从女子轻量级的 5.5N 到男子公开级的 8.5N）；在狭窄的发力曲线里，差距可达 10N。另外，在更短的拉桨幅度下，发力曲线可能变得更狭窄（相关系数为 0.42），因为更短的入水角度使得动态配比更小，从而需要入水时更快地运动，所以也就更难使发力迅速增加。非常粗略地估计：为了保持每桨功率恒定，拉桨幅度减少 1° 需要使力的最大值增加高达 1kg（10N），反之亦然。选择最优拉桨幅度与力的比值还需要考虑另外两个因素：

① 划桨节奏。更小的拉桨幅度会缩短拉桨时长，并降低划桨节奏。反之亦然，更慢的划桨节奏会增加回桨时长，但能缩短拉桨时长。因此足够长的拉桨幅度很重要，但是它又不能过长，否则运动员就不得不仓促回桨。

② 耐力因素。在长距离情况下，保持高发力比长拉桨幅度更困难，尽管在冲刺时运动员通常会缩短拉桨幅度并提高发力。

我们使用专门的方法来比较不同桨频下的每桨做功[17]，它只需要速率和桨频两个输入变量（表 2.7）。

表 2.7　奥运艇型达到预期艇速所需的做功目标
（本表给出了 Concept2 测功仪在不同桨频下需要达到的做功目标）

艇	目标		每桨做功 /J	测功仪不同桨频下 500m 用时 /min					
型号	时间 / min	桨频 / （str/min）		20	24	28	32	36	40
M1x	06:32.5	37	892	1:46	1:39	1:34	1:30	1:27	1:24
M2x	06:02.1	39	846	1:47	1:41	1:36	1:32	1:28	1:25
M4x	05:33.2	40	825	1:48	1:42	1:37	1:33	1:29	1:26
M2−	06:08.0	38	789	1:50	1:43	1:38	1:34	1:30	1:27
LM2x	06:07.2	36	783	1:50	1:44	1:39	1:34	1:31	1:28
M4−	05:37.0	40	750	1:52	1:45	1:40	1:36	1:32	1:29
M8+	05:18.6	41	765	1:53	1:46	1:41	1:36	1:33	1:30
LM4−	05:42.0	40	705	1:54	1:47	1:42	1:38	1:34	1:31
W1x	07:11.5	35	686	1:55	1:48	1:43	1:39	1:35	1:31
W2−	06:52.9	36	667	1:56	1:49	1:44	1:39	1:36	1:32
W2x	06:39.5	37	649	1:57	1:50	1:45	1:40	1:37	1:33
W4x	06:08.5	38	632	1:58	1:51	1:46	1:41	1:37	1:34
W8+	05:53.1	39	615	1:59	1:52	1:47	1:42	1:38	1:35
LW2x	06:47.0	36	550	2:04	1:57	1:51	1:46	1:42	1:38

对于不同的目标速率，我们可以使用上表中对应的 500m 成绩的百分比，但是每桨做功值应该与目标速度的三次方成正比：例如速率低 10% 对应每桨做功低 27%（$0.9^3 \approx 0.73$）。这个表格有助于为不同距离和强度的运动找到拉桨幅度和力的最佳组合。

2.6.4 推力和动能

如果力 F 在时间 t 内作用在质量为 m 的自由物体上，它产生的冲量（I）或动量改变为：

$$I=Ft=m\Delta v \quad (34)$$

其中，v 是物体最终的速度。另外，力 F 与速度 v 作用产生功率 P，并使物体动能增加：

$$E_k=0.5mv^2=W=Pt\approx FL \quad (35)$$

在赛艇中，质量不同的两个物体会互相干涉，其中运动员的质量比艇大 5~8 倍。但实际上，这个差距要小很多，因为运动员身体的一部分（双脚、部分小腿和大腿）固定在艇上与艇一起运动。我们估计运动员的有效运动质量大约占总质量的 88%，剩余的 12% 应当加到有效艇重上面，这样使得两者的质量比在 1∶3~1∶4。

在拉桨过程中，运动员质心的速度（图 2.41，第 1 指点）比艇速增加得快，它主要在回桨过程中增加，且在入水前达到最大值（第 2 指点）。由于运动员更重，它积累的动能（dE_r=478J）是艇的动能（dE_b=69J）的 6.9 倍。之后，

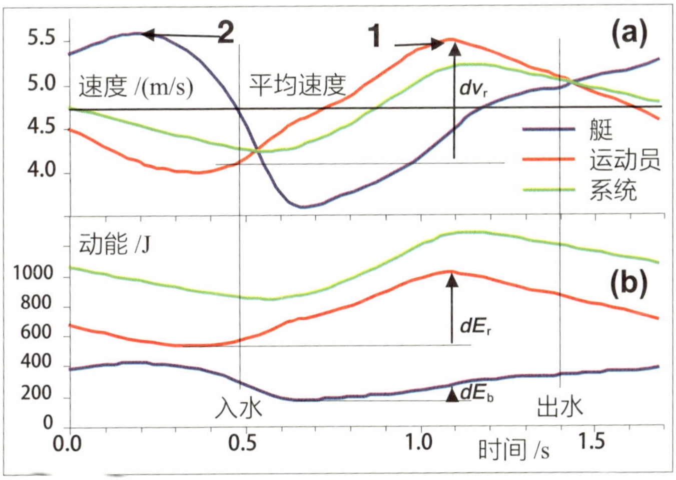

图 2.41　艇、运动员和系统质心的速度及三个质量的动能

在出水和回桨时，冲量和动能从运动员转移到艇并用于克服阻力。因此，运动员身体积累的冲量和动能是平均艇速和赛艇成绩的主要决定因素。实际上，这个结论并不新颖。伟大的教练员，现代赛艇风格的缔造者史蒂夫·费尔贝恩（Steve Fairbairn）很久之前就说过："先学会如何使用自己的体重，你就可以知道如何移动艇。"[18]

仅有脚蹬板的反作用力可以将运动员向前推，而桨柄的反作用力将运动员向后拉。因此，我们必须强调拉桨时的脚蹬板受力，而桨柄受力仅仅通过桨—桨栓—桨架—脚蹬板提供。显然，桨叶必须没入水中才能提供支持。

2.6.5 运动员到艇的功率传导

我们在多年的测试中发现，特别是在双人单桨、四人单桨和八人单桨有舵中，船尾的领桨运动员通常比船头的跟桨运动员产出更多的力和功率。虽然教练员通常将最强的运动员安排在领桨位，但是这仍然不能解释高达30% 的功率差距。下面的实验数据可以解释这个现象。

世界顶级四人单桨运动员分别通过 Concept2 测功仪和水上划桨进行了同样的 5min × 6 的多级测试人单桨，我们采集了功率 P 和心率 HR 数据。因为两个测试中的心率数据略有差别，我们使用二阶多项式拟合（拟合度大于 0.99）每一个运动员在测功仪上采集到的功率和心率数据：

$$P=a\mathrm{HR}^2+b\mathrm{HR}+c \quad (36)$$

我们使用上述公式，为每一个运动员使用其单独的系数来计算出功率值，其参数为水上划桨的心率值。我们再将这些计算出的功率值与水上测量的功率值对比得到两者的比值。简单来说，我们为每个运动员计算其测功仪和水上划桨的功率比。领桨运动员的比值是 85.8%，3 号位是 79.3%，2 号位是 82.2%，1 号位是 77.7%，所以中间位置运动员的功率比测功仪少 3%~6%，而对于 1 号位来说，这个差距达到了 8%。

为了找到这个现象的原因，我们分析了桨柄受力 [图 2.42（a）]、滑座速度和艇速 [图 2.42（b）] 的测量数据。我们将每个运动员的滑座速度（相对于艇）叠加到艇速上，从而得到每个运动员相对地球坐标系的速度 [图 2.42

（c）]，再做微分得到加速度 [图 2.42（d）]。我们假设这些滑座的速度、加速度与其对应的运动员的质心的速度与加速度非常接近。

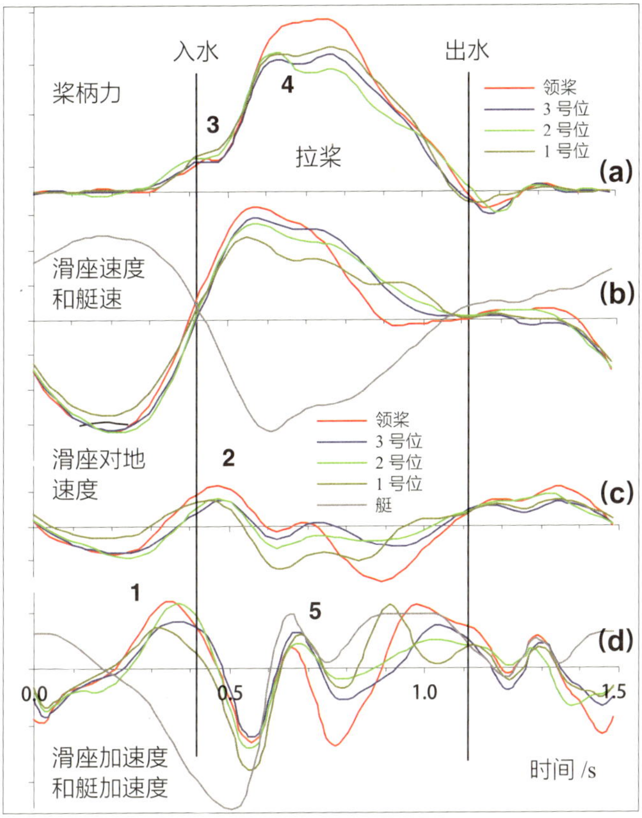

图 2.42　男轻四人单桨在桨频 40str/min 时的生物力学数据

在入水时，领桨运动员比他的队友更早加速他的滑座 / 质心（第 1 指点）并且取得更快的速度（第 2 指点）。由于桨叶刚刚开始入水，力还很小（第 3 指点），领桨运动员可以很容易做到。当桨叶深入水中，力增加到最大值（第 4 指点），轮到其他运动员加速他们的质量（第 5 指点）。因此他们不得不比速度已经很高的领桨运动员更用力地蹬脚蹬板。这个额外的力通过脚蹬板—船体—桨架—桨栓柱传导并作用于领桨运动员的桨栓，因此他的桨柄 / 桨叶受力的测量值会变大。换句话说，一个运动员可以将他的功率通过脚蹬板、船体和桨架传导到另一个运动员的桨栓和桨上。

注意，仅是质心的加速度，而不是运动员在艇上的位置，在这个效果中起作用。1 号位加速他们的质心通常比其他运动员晚，可能是因为他们的注意力更多放在桨柄的同步，而稍微忽视了通过脚蹬板发力。另外，领桨运动员效率更高的原因可能是他们能更好地利用腿部的大肌肉发力，能更快地进行单关节动作，这被称为用体重划船。

我们有证据表明，在测功仪上运动也存在类似的现象。当多台测功仪通过滑轨连接在一起的时候，“尾部”的运动员通常表现出比平时更好的成绩。这个现象可以用一个简单的模型解释：两台测功仪通过滑轨连接在一起（图 2.43），一个运动员坐在其中一台测功仪上，但是另一台测功仪的滑座上放置一个箱子，其质量与运动员相同。箱子与测功仪的桨柄连接在一起。当运动员开始拉桨蹬脚蹬板的时候，力 F_{foot} 使两台测功仪同时向后移动。它在箱子上产生了反作用惯性力，并拉动桨柄，增加箱子与测功仪之间的距离 L，并使飞轮旋转。因此，箱子也产生了一些测功仪成绩，这是由于运动员的力或功率通过测功仪传导过去了。

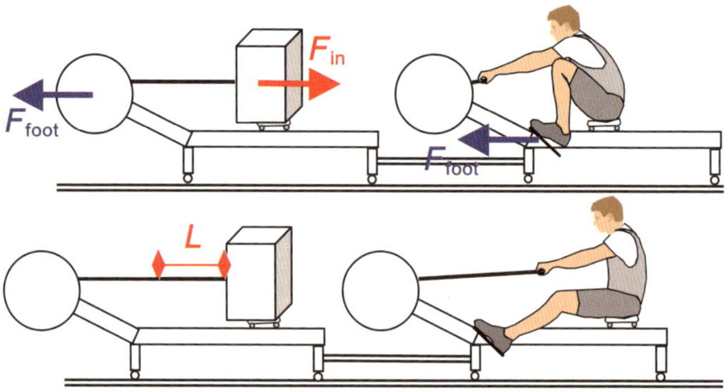

图 2.43　运动员间的功率传递

这种效果对成绩有不利影响，是否应该避免呢？未必。从 1 号位传导到领桨的桨叶功率有助于双人单桨和四人单桨的艇保持直行。对于 1 号位来说，唯一的问题是更小的力和更低的功率。因此，为了准确地测量运动员的数据，我们应当使用在脚蹬板处测量功率的方法。

③ 分析

3.1 赛艇效率

效率 E 的标准定义是：输出功率 P_{out} 与输入功率 P_{in} 的比值：

$$E=P_{out}/P_{in} \quad (37)$$

赛艇的效率有三种，它们通过能量传递链（图 3.1）相互联系。运动员将代谢能量转换成机械能，并将此机械能转化为桨叶推进力；桨叶将推进动力转化为桨艇系统的动能；动能可用于克服阻力，但由于艇速的变化造成了一些额外的损失。因此，这三个组成部分可以称为运动员效率 E_{row}、桨叶效率 E_{bl} 和艇效率 E_{boat}。

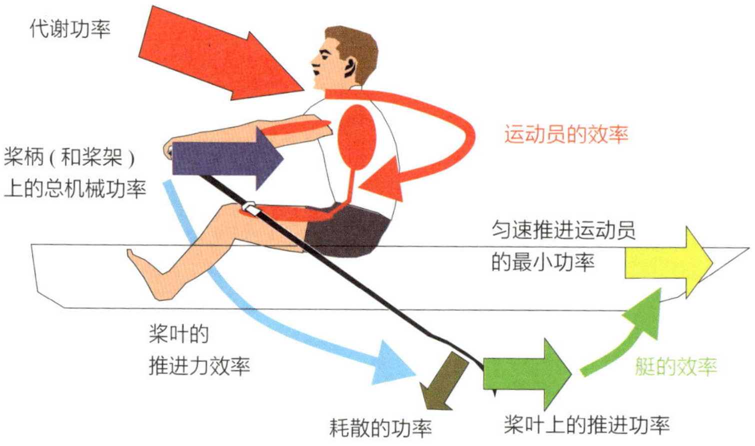

(a)

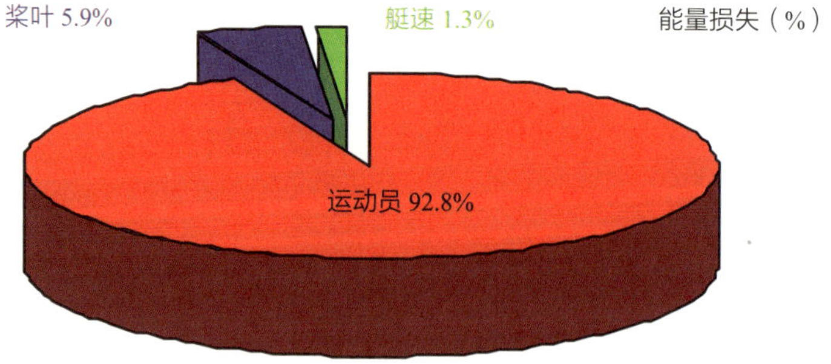

(b)

图 3.1　赛艇运动中的能量传递图、能量在传递中的损失图

运动员的效率 E_{row} 可以表示为施加在桨柄（和桨架）上的总机械功率 P_{tot} 与用生理学气体分析的方法计算得到的代谢功率 P_{met} 之比。

$$E_{row}=(P_{tot}/P_{met})\times100\% \quad (38)$$

运动员的相对效率为 22.8% ± 2.2%（平均值 ± 标准差）[19]。

桨叶的推进效率 E_{bl} 是施加在桨叶上的推进功率 P_{prop} 与总机械功率 P_{tot} 之比，其中，P_{prop} 可以通过 P_{tot} 与浪费的功率 P_w 之差与 P_{tot} 的比值算得，P_w 是指浪费在推动水上的功率。

$$E_{bl}=P_{prop}/P_{tot}=[(P_{tot}-P_w)/P_{tot}]\times100\% \quad (39)$$

E_{bl} 的范围是 78.5% ± 3.1%（单人艇）~85.3% ± 3.5% [28]（八人艇），它取决于艇的速度。

艇的效率可以被定义为：

$$E_{boat}=(P_{min}/P_{prop})\times100\% \quad (40)$$

其中，P_{min} 是指以匀速推进船体与运动员前进所需要的最小的功率。E_{boat} 可以用艇速的变化量来计算得出，这个值通常为 93.8% ± 0.8% [20]。E_{boat} 的标准差非常小，且主要受桨频的影响。

以上效率值允许对每一个（效率）能量损失的份额进行建模。举个例子，单人艇以 5m/s 的速度（6:40 划完 2km）运动时，P_{tot} 可达到 544W。在这个例子中，P_{met} 必须达到 2386W，这时运动员需要有 7.1 l/min 的摄氧量。P_{prop} 应该为 427W，同时 P_{min} 为 400W。绝对能量损失可以通过（能量传递）链上的前一个值减去当前值得到。

能量损失所占的份额可以通过各能量的绝对值除以它们的总和来确定。大多数的能量损失（约为 92.8%）与运动员的效率 [图 3.1（b）] 有关。剩余的 7.2% 中，桨叶的滑移占 5.9%，艇速的变化占 1.3%。这些数值表明了提升赛艇表现的主要空间在于提高运动员的效率。

每种效率的标准差可以用作运动员、艇和各种条件变化的测量参数，即各组分的变化测量。为了模拟可能的艇速增长，效率值的增加可由减小标准差实现。在这个案例中，E_{row} 提高 2.2% 可以使 2km 完成时间缩短 12s，E_{bl} 提高 3.1% 可以使其缩短 4.9s，E_{boat} 提高 0.8% 仅仅可以缩短 1.1s。

此外，E_{bl} 和 E_{boat} 的变化主要取决于外界因素，比如风阻和艇型，这些是在运动员的控制范围之外的。因而，主要精力应该放在提高运动员的效率方面。

3.1.1 桨叶效率

在运动员与教练员群体中，有这样一种广为流传的观点，那就是大的入水角会降低桨叶的做功效率，因为桨会把桨栓柱向内推，这是一种功率的浪费。虽然这已经被证明是不正确的，但这种观点仍然存在，所以为了更好地阐明这个原理，下面将桨叶做功和小车冲下斜坡做功进行对比（图 3.2）。

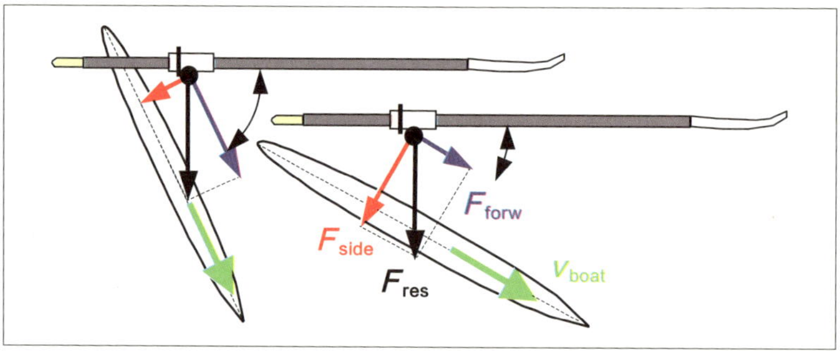

(a)

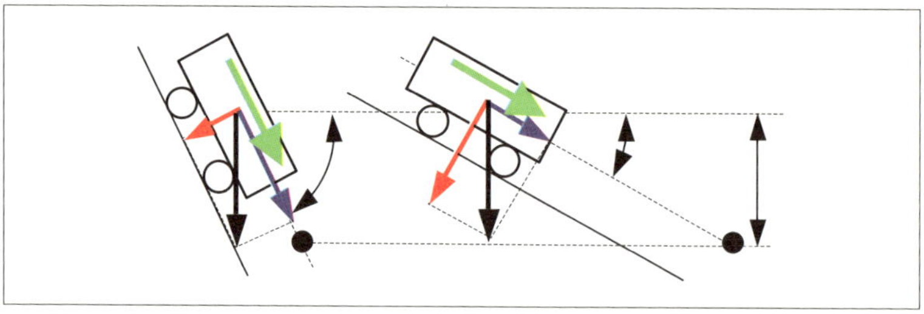

(b)

图 3.2　桨栓柱不同角度受力与类似的小车在不同坡度上受力的对比

在这两个案例中，合力 F_{res} 以某一角度作用于速度矢量方向，它可以被分解为垂直于速度方向上的力 F_{side} 和平行于速度方向上的力 F_{forw} 两部分。功率等于力量与速度向量的乘积，当这两个矢量相互垂直时，功率为零。因此，横向的力不产生任何功率，进而其自身不会有能量损耗。在没有摩擦力影响的条件下，在任意的坡度上，小车最终都能达到相同的速度，因为做功的数量是相同的，这（做功）只取决于质心在垂直方向上的位移。它们的不同之处在于加速度与时间。在更加垂直的桨角与陡峭的斜坡上，F_{forw} 会更高，这会产生更高的加速度。在更尖锐的桨角与更平缓的斜坡上，加速度会更小，进而需要更长的时间来达到最终速度。因此，更大的入水角会使动态配比更大，但不会引起能量损耗，且不会降低桨叶自身的效率。

正确的桨叶效率定义如下：在划船过程中，桨叶在水中划过，这意味着桨叶相对于水有滑移速度 v_{sl}，同时桨对水施加了一些力 F_{bl}（图 3.3）。其中力量与速度的乘积就是损耗的功率 P_w，这就是桨叶消耗在水中的功率。

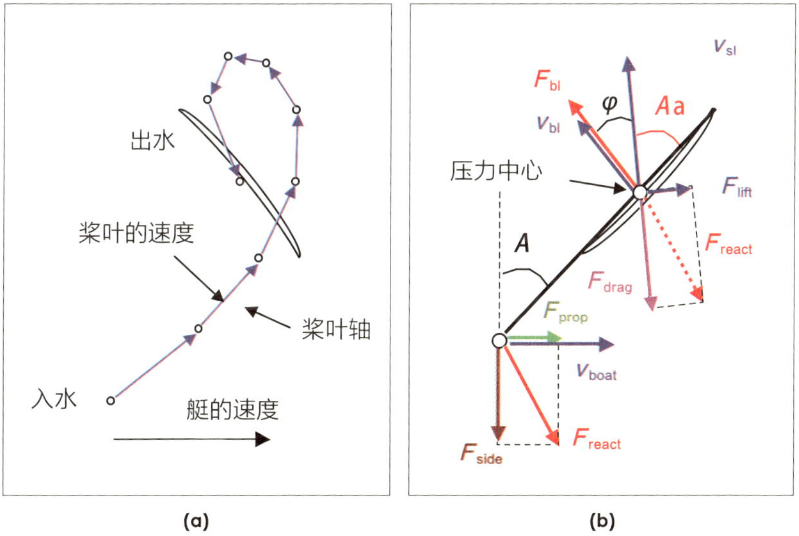

图 3.3　桨叶在水中划过的轨迹，用于计算桨叶推进效率的力与速度的定义

$$P_w = F_{bl}\, v_{sl} \cos\varphi \quad (41)$$

其中，φ 指力 F_{bl} 与速度 v_{sl} 之间的夹角。消耗的功率 P_w，从运动员产生的总功率中减去，剩下的部分是推进功率 P_{prop}，它使运动员–艇系统整体向前运动。推进效率的定义为推进功率与总功率之比，因而，桨叶效率可以定义为：

$$E_{bl}=P_{prop}/P_{tot}=(P_{tot}-P_w)/P_{tot} \quad (42)$$

假设合力是作用在桨叶的中心，且（合力的）速度的方向与桨轴相互垂直，（那么）桨叶的效率 E_{bl} 可以通过对艇速 v_{boat}、桨角 A 和桨柄的力 F_h 的测量来确定。施加在桨叶中心的力 F_h 可以用测出的桨柄力和实际桨传动系数计算得出 [公式（22）]。桨叶相对于水的速度 v_{sl} 可以用桨角 A 的角速度、外柄距长（从桨栓柱到桨叶中心的长度）和 v_{boat} 来确定。

如果桨叶在水中以不同于 90° 的迎角划过，这样（水）就会（对桨叶）产生一个升力 F_{lift}，桨叶相当于一个水翼。F_{lift} 与 v_{sl} 方向垂直，因此（升力）不消耗任何功率，且拥有 100% 的效率。所有的能量损失取决于阻力（F_{drag}），它的方向与 v_{sl} 相反。F_{lift} 和 F_{drag} 是总桨叶反作用力（F_{blR}）的组成部分，它与 F_{bl} 大小相同、方向相反。F_{blR} 通过桨传递到艇上，然后被分解为 F_{prop} 和 F_{side}，其中 F_{side} 是不会带来能量损耗的，因为它（的方向）垂直于船体的速度。图 3.4 展示出了以上与桨角相关的主要变量。

升力和阻力系数取自卡普兰和加德纳（Caplan & Gardner, 2006）的平板模型 [2]，这个模型可以用于桨叶上。在这个例子当中，F_{lift} 占平均桨叶受力的 56%，同时 F_{drag} 占剩下的 44%。桨叶中心滑移的总距离为 1.7m，最小的滑移速度为 1.25m/s，即桨叶处于垂直位的时候。总体的桨叶效率为 76.5%，阿费尔德等人（Affeld, et al., 1993）也有同样的发现 [15]。

介于桨叶速度 v_{sl} 与 F_{bl} 之间的夹角 φ，是迎角 α 的反角（假设桨叶的受力垂直于桨叶表面），因此：

$$\cos\varphi=\cos(90-\alpha)=\sin\alpha \quad (43)$$

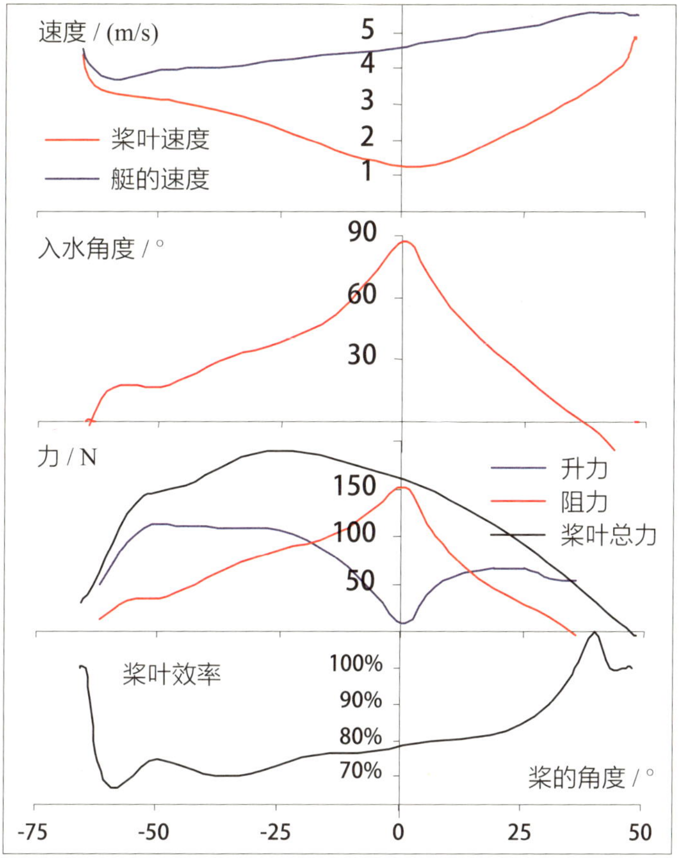

图 3.4　男子单人艇桨频 36str/min 时桨叶做功相关变量

结合公式(42)和公式(43)，将 F_{bl} 移至括号外，桨叶效率 E_{bl} 可以表达为:

$$E_{bl}=(v_{bl}-v_{sl}\sin\alpha)/v_{bl}=1-(v_{sl}\sin\alpha/v_{bl})\quad(44)$$

在水中任何的物体产生的阻力，其普通公式表达为：

$$F_{bl}=\mathrm{k}\rho S{v_{sl}}^{2}\quad(45)$$

其中，ρ 指水的密度，S 为桨叶的面积，k 是桨叶的综合阻力系数，该系数取决于桨叶的形状和迎水的角度。后者为升力与阻力系数的比值。因此，桨叶滑移速度 v_{sl} 可以定义为：

$$v_{sl}=[F_{bl}/(k\rho S)]^{0.5} \quad (46)$$

将 v_{sl} 代入公式 (44)，桨叶效率 E_{bl} 可以表示为：

$$E_{bl}=1-\{[F_{bl}/(k\rho S)]^{0.5}\sin\alpha\}/v_{bl}=$$
$$1-[\sin\alpha/(k\rho S)^{0.5}](F_{bl}{}^{0.5}/v_{bl}) \quad (47)$$

这个公式对于定义影响桨叶推进效率的以下因素来说非常有用：

① 迎角越小（$\sin\alpha$ 越小），桨叶效率越高。

② 当系数 k、ρ、S 中任意一个增加，桨叶效率提高。也就是说，桨叶形状越高效（k↑）、水的密度越大（ρ↑）或者桨叶面积越大（S↑），桨叶效率越高。

③ 桨叶受力减小时，桨叶效率更高，桨叶速度增加（F_{bl}/v_{bl} 比值变小）。这种情况通常发生在拉桨的结束阶段，这就解释了效能曲线的升高。当桨叶受力为零时，（桨叶）效率是 100%，意味着运动员虽然不拉桨，但桨叶仍然在水中移动。当桨叶受力为负值时（$F_{bl}<0$），桨叶效率不能用公式 (46) 来确定。因为，从公式 (41) 中看出，如果 P_w 是负值，E_{bl} 可能会高于 100%。这意味着能量没有消耗在桨叶移动的水中，但仍能从桨叶上获取并被加到了运动员的总功率当中，即运动员改变运动方向时。

尽管特定条件下水的密度是可知的，且迎角、桨叶形状和桨叶面积的改变空间非常有限，但以上的前两点可以用来减少因桨叶滑移引起的能量损失。第三点很有争议：

- 桨叶受力与速度的比值可因配比而改变：比如，内柄长不变、外柄长变为两倍时，桨的受力减少，但它的速度提高了同样的系数。然而，公式 (46) 中的力是平方根，所以 $F_{bl}{}^{0.5}/v_{bl}$ 减少，这解释了为什么桨叶效率会随着配比的增大而增加。
- 对于相同的桨叶滑移速度（相对于水）来说，它的速度 v_{bl}（相对于艇）与艇速 v_{boat} 是成比例的。这解释了为什么桨叶效率在速度更快的艇中更高[20]，尽管桨叶滑移可能是相同的，所以桨叶在水中的效果不佳。

- 通过减少桨叶受力来增加桨叶效率是行不通的，因为这样会减小总的推进功率，而推进功率是划船时主要追求目标。在多人艇中，最强壮的运动员通常拥有最低的桨叶效率，反之亦然，多人艇中的平均桨力和桨叶效率呈负相关（$r=-0.48$），这意味着更大的力会使最强的运动员桨叶滑移距离更大，但艇速对于艇上所有运动员来说是一样的。

结论：在当前的定义中，桨叶效率可以被用于对装备质量和运动员控桨技术的有限评价，但仅限于桨叶力与速度恒定时。

为了找到更具代表性的评估桨叶工作实效性的测量方法，可以参考喷射发动机，对桨柄、桨叶进行建模，因为在水上不可能在没有向后移动的情况下产生推进。在航空与火箭领域，用来描述喷射发动机效率的主要因素是冲量 I_{sp}。它代表着每单位时间 t 内对推进燃料的质量 m 的推力 F_{thrust}。

$$I_{sp}=F_{thrust} / (gm / t) \quad (48)$$

其中，g 代表重力加速度。I_{sp} 取决于排出气体的速度（v_g）和飞行器的速度 v：

$$I_{sp}\approx(v_g - v) \quad (49)$$

飞行器的效率 E 也与 v_g 有关：

$$E=2 / (1 + v_g / v) \quad (50)$$

效率和冲量呈负相关关系。在跑道的起点，飞行器的效率为零，因为其速度是零，推进力与冲量是最大的。当飞机加速时，它的效率增加，接着至 100%，如果飞机的速度与排出气体的速度相等 [公式（50）]，推进力与冲量反而变为零 [公式（49）]。划船时与此类似，在入水阶段运动员–艇这一系统的整体速度处于最低值；从拉桨到出水阶段，其速度开始逐渐增加。因而，推进功率在拉桨阶段增加，因为它（推进功率）是推进力和系统质量中心速度的乘积。因此，桨叶推进效率增加，当系统速度高于桨叶的速度时，效率高于 100%，但它并不意味着桨叶在出水阶段效果更好。

划船时，运动员产生的机械功率相当于飞行器的燃料产生的功率，进而桨叶的冲量 I_{sp} 可以被定义为：

$$I_{sp}=F_{thrust}/P_{row}=F_{thrust}/F_h\,v_h \quad (51)$$

其中，F_h 和 v_h 是桨柄力和桨柄速度。桨叶推进力可以被表达为：

$$F_{thrust}=F_h\,(L_{in}/L_{out})\cos\alpha \quad (52)$$

其中，L_{in} 和 L_{out} 是实际的内柄长和外柄长（从桨栓柱的中心到桨叶的中心），α 是桨柄角。结合公式（51）和公式（52），桨叶冲量可以被推导出来：

$$I_{sp}=(L_{in}/L_{out})\cos\alpha/v_h \quad (53)$$

桨叶冲量 I_{sp} 在拉桨阶段很均匀（图 3.5）。在拉桨开始和结束阶段，经常可以发现它（桨叶冲量）更高的值，而最小值则常出现在桨柄的垂直位置。在这个例子中，水下桨叶效果的平均冲量是 0.19s/m。它（冲量）在桨频和艇速更高时减小，从桨频为 20str/min 的 0.27s/m 减小至桨频为 41str/min 时的 0.17s/m。

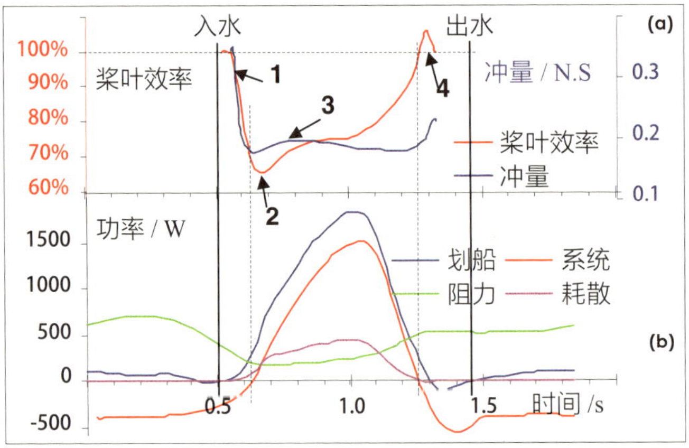

图 3.5　轻量级男子单人艇 32str/min 桨叶效率和冲量，和对应的划桨功率，获得系统动能，阻力功率和桨叶在中水中滑移时耗散的功率

入水时 [图 3.5（a），第 1 指点] 桨叶效率和冲量都高，这是由于运动员产生的功率低于阻力，而且表面阻力是负值，因而系统的动能一部分消耗在克服摩擦力上，另一部分消耗在使桨叶与船体一起向前运动上。然后，随着功率开始增加，系统的质心速度仍然接近其最小值，因而桨叶的效率仍处于最小值（第 2 指点）。拉桨阶段，桨叶效率开始随系统速度和动能一起增加。然而，在拉桨阶段冲量非常稳定，同时在桨角为 40°~45° 入水时会有一个最大值（第 3 指点），这个角度可以被认为是施力的最佳位置。

出水时，船体与系统质心的速度伴随表面阻力而增加，但运动员的功率下降。在桨角为 30°~35° 时，划船功率变得低于阻力功率（第 4 指点），系统开始减速且系统功率变为负值。这意味着系统动能被消耗，船体随桨叶向前运动，同时仍有向后的力作用在船体。这种现象也许可以用水的升力效应来解释。向前的桨叶速度（随船体）与向后力的乘积产生了负值的“耗散功率”，且桨叶的效率变得高于 100%，但是这并不表示更高效的桨叶表现。

冲量可以跟桨叶效率一起用于对桨叶表现的评估。更高的冲量产生于更小的配比，但同时会使桨柄处于一个更低的速度。显而易见，当桨叶在水中有明显的阻力时会出现这种情况，当然也可以通过其他途径实现，如采用较大面积的桨叶，或者使用更好形状的桨叶产生更大的推力，还可以在拉桨结束和开始时利用升力效应。

3.1.2 运动员效率

为了产生最大的功率，肌肉必须以一个最佳的速度收缩，因为极快或极慢的运动都是更低效的。图 3.6 阐明了肌肉力学的希尔原理，该理论于 20 世纪 20 年代由著名的生理学家阿奇博尔德 · 维维安 · 希尔（Archibald Vivian Hill）提出。速度与力之间的双曲线关系是从一份青蛙肌肉组织的研究中获取的，但是最近的一些研究表明，该双曲线关系可能对复杂的多关节运动同样有效，这可以通过身体各部分的速度来衡量。根据希尔原理，最大功率可以在肌肉约 30% 最大等长收缩和约 30% 最大速度（无负荷）时出现。

静态（等长）肌肉收缩不产生任何功和功率，因为其速度为零（功率是力量与速度的乘积）。这就意味着在人艇系统整体的推进中没有能量加入，

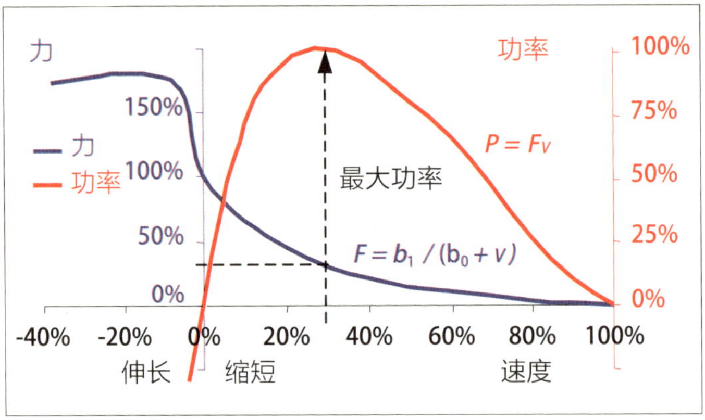

图 3.6　肌肉收缩时速度（v）、力（F）和功率（P）的关系（希尔原理）

但运动员必须为静力收缩消耗代谢能。这种能量消耗降低了运动员的肌肉效率和总功率。在划船运动中，彻底消除静态肌肉收缩是不可能的，例如躯干和臀部肌肉必须保持激活状态才能维持姿态。

在肌肉离心收缩中，肌肉的速度是负值：肌肉的运动方向与力的方向相反（肌肉在外力作用下伸长），因此功率是负值。这意味着肌肉没有产生机械能（做功），而是其因伸长而消耗了能量。在像冲刺跑和跳跃这样的快速撞击类运动中，离心收缩可能起到了积极的作用，因为肌肉会像弹簧一样工作，将大部分的能量转化为推进力。划船时，这样的现象可能会发生在入水时，这时运动员与艇的相对运动而产生的动能会牵拉腿部肌肉（储存动能），在拉桨阶段动能又会释放（作用于人艇系统）。然而，在拉桨阶段，必须避免任何的离心肌肉收缩，因为这样会消耗其他肌肉产生的能量，进而降低推进功率。技术错误通常与躯干和手臂 – 肩关节产生的负值功率有关。躯干的负值功率对应为“跑滑座”的错误技术，在这种错误技术中，背部肌肉的伸展消耗了腿部发力产生的功率 [图 3.7，（a）]。如果一个运动员在入水时手臂和肩发力，他们可能会在拉桨的开始阶段伸展肌肉，产生一个负值的功率（b），从而降低总肌肉效率。

在划船过程中，总体的力 / 速度比率可以用桨的配比来调整：较大的配比使肌肉收缩变慢，但会产生更大的力；较小的配比有利于加快运动员的运动，但同时会更难产生较大的力。过大或过小的配比都会影响力与

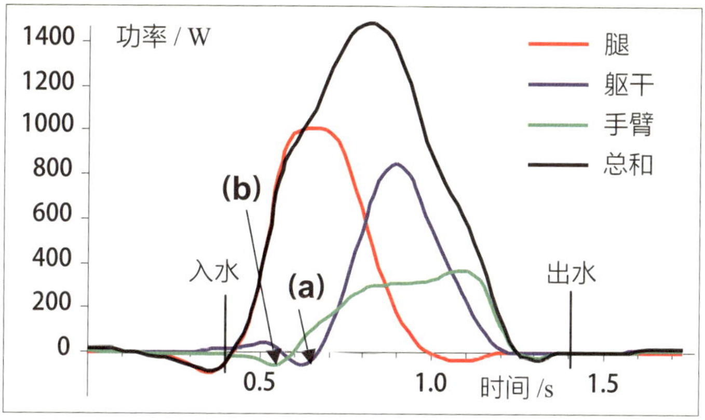

图 3.7　躯干（a）与手臂（b）部位负值功率示例

速度的关系，并影响肌肉的效率。以前，在赛艇运动中，人体的最优配比是靠经验来确定的，看哪种配比能够产生最高速度。同时，它也会随着新型装备的发展而变化：例如，在 20 世纪 90 年代初引进更大的桨叶后，配比显著变小了，运动员们发现配比越大越低效。肌肉的最佳收缩速度可以通过大量个体化的等动测试的建模来实现。

正确的划桨技术对于实现运动员肌肉效率的最大化来说是非常重要的。这里列举一些概括出来的主要原则，同时举例说明划船技术对肌肉效率的影响：

① 大肌群（臀肌和腘绳肌）的有效利用。手臂与腿的测功仪测试结果表明，大肌肉的效率高于小肌肉。

② 考虑运动员自身特点和艇速的最佳身体环节时序（划船风格）对于划船效率有着最为重要的作用。图 3.8 显示了两种划船风格的例子，（a）是先后激活腿部和躯干肌肉，（b）是同时激活腿部和躯干肌肉。在图 3.8（a）中，最大蹬腿速度比图 3.8（b）高出了近 30%，并且这个差异发生在同一条艇上，唯一的区别是两者发力时序不同。

③ 有效的肌肉拮抗协调。大腿前（股四头肌）后（腘绳肌）各有一个双关节肌群，它们都跨过了髋关节和膝关节。在股前肌群中，股直肌和缝匠肌在前侧分别连接小腿和骨盆（部分）。在腘绳肌中，股二头肌长头和半腱肌在后侧分别连接小腿和骨盆（图 3.9）。如果

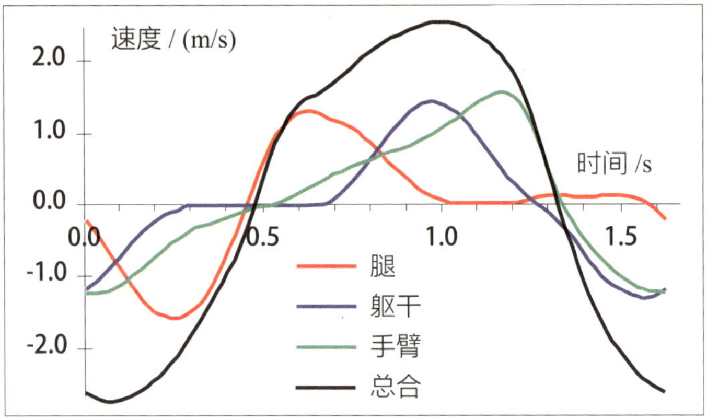

(a)

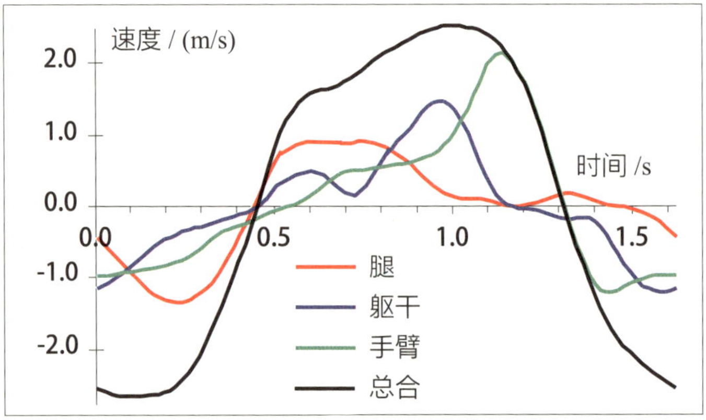

(b)

图 3.8　男子双双的两名运动员在 36str/min 时的两种不同划船风格示例：（a）腿和躯干先后发力；（b）腿和躯干同时发力

试图同时伸展髋关节和膝关节［图 3.8（b）所示的划船风格那样，同时使用腿与躯干的肌肉］会导致这样一种情况，即股四头肌与股二头肌相互拮抗工作；缝匠肌上端向前拉骨盆，使髋关节收缩，与此同时，腘绳肌和臀大肌尽力伸展髋关节；半腱肌的下端收缩小腿使膝关节屈曲，同时，股四头肌尽力使膝关节伸展。同样，臀肌的激活在髋关节周围产生了一个扭矩，这会使膝盖向下（相对于船）并伸展。因此，从这点看来，在拉桨的开始阶段同时激活腿部与躯干的肌肉是无效的。

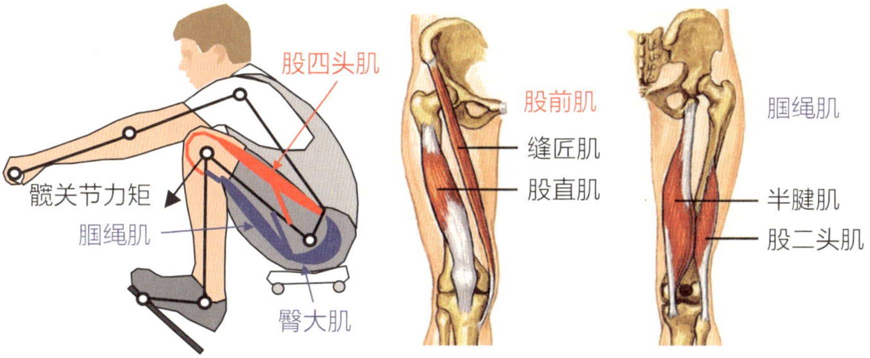

图 3.9　赛艇中双关节肌的使用

3.1.3 惯性效率

在水上或者移动式测功仪上划桨时，运动员与艇或测功仪彼此相对运动[21]。虽然水上划桨与测功仪相似，但其受人艇系统加速度的影响，下文将对此进一步讨论。从入水或出水的静止位置使运动员与测功仪之间产生相对速度需要消耗一些能量，这个速度是运动员的速度与测功仪的速度之和：

$$v=v_{row}+v_{erg}\quad(54)$$

各组成部分的加速度和速度都与其自身的质量成反比：

$$v_{row}/v_{erg}=M_{erg}/M_{row}\quad(55)$$

在此，M_{row} 指运动员的质量，M_{erg} 指测功仪的质量。这种能量被转化为动能 E_k，E_k 用计算公式表达为：

$$E_k=(M_{row}v_{row}^2+M_{erg}v_{erg}^2)/2\quad(56)$$

运动员在拉桨或回桨后期也会消耗体内能量使质量系统产生负的加速度，这些能量损耗可以借助肌肉和韧带的弹性势能实现其损耗的最小化，动能可以转化为推进力。因此，整个质量系统的负加速度可以从等式中去掉，

而 E_k 可以加倍，记住在整个划桨周期中（拉桨和回桨阶段）有两次加速。综合以上三个公式，总的惯性损耗 P_{in} 可被表达为：

$$P_{in}=\{M_{row}[v/(1+1/k)^2]+M_{erg}[v/(1+k)]^2\}=v^2[M_{erg}M_{row}/(M_{erg}+M_{row})] \qquad (57)$$

k 指质量比，M_{erg}/M_{row}。艇或者测功仪的质量越大，惯性损耗越高（图 3.10），此时静止的测功仪出现最大值（M_{erg}= 无穷大）：

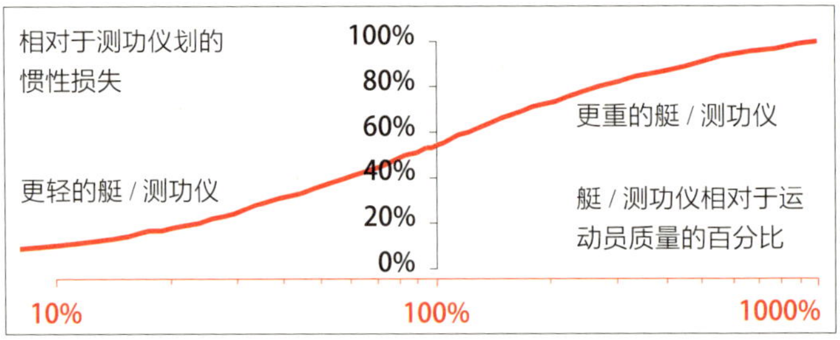

图 3.10　艇 / 测功仪质量与运动员质量在惯性损失上的依存关系

举例来说，一个 90kg 的运动员在桨频 36str/min 的情况下，用 Concept2 测功仪（质量 35kg）消耗的功率为 32W，比在艇上或者 RowPerfect 测功仪上高出了将近 50%（21W）。

怎样做才能够降低惯性损失呢？公式（56）中的速度 v 是速度曲线 CM-s 的最大速度，CM-s 由平均速度 v_{av} 和瞬时速度定义。最有效的形式是矩形恒定速度模型 $v=v_{av}$，但这种模型在实践中并不可行。匀加速和匀减速的三角模型使 $v=2v_{av}$，同时使惯性损失增加至 4 倍（$2^2=4$）。正弦模型曾是赛艇运动中最常使用的模型，此模型中速度 $v=1.65v_{av}$，是矩形曲线模型惯性损失的 2.7 倍。

平均速度 v_{av} 是由拉桨与回桨的时间 t_{dr} 和 t_{rec} 以及运动员质心的位移 L 决定的：$v=L/t$。拉桨时间 t_{dr} 和回桨时间 t_{rec} 取决于桨频 R 和节奏 $R_h=t_{dr}/t_{cycle}$。

高桨频或运动员质心大距离移动时，绝对惯性损失 P_{in} 会显著增加，而此时运动员产生的划桨功率 P_{row} 也会增加，所以惯性效率 $E_{in}=P_{row}/（P_{row}+$

P_{in}）不会显著减少。图 3.11 为 R、L 和 R_h（M_{row}=90kg，M_{erg}=18kg）不同组合下惯性效率 E_{in} 的变化曲线。

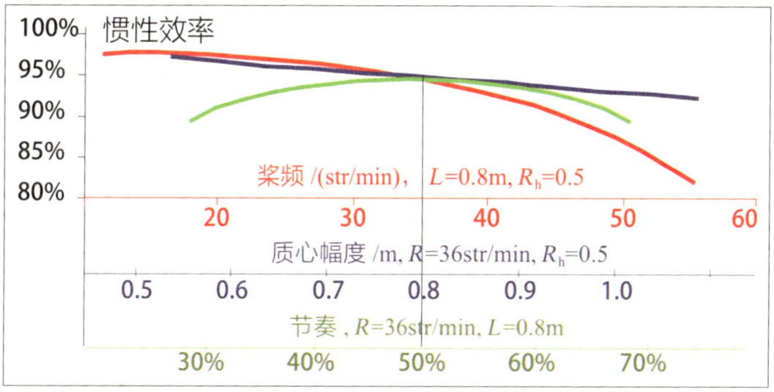

图 3.11 惯性效率随桨频、质心运动距离和节奏的变化曲线

桨频在 20 str/min 和 40 str/min 之间，E_{in}（惯性效率）仅减少了 3%（从 96.8% 降至 93.8%），但在此之后曲线急剧下降，这意味着进一步增加节奏，惯性损失就会变大，因此 42~44 str/min 桨频的惯性会限制桨频。

质心运动距离对惯性效率的影响是线性的：质心运动距离 L 增加一倍（从 0.5m 到 1m），E_{in} 减小 3.3%（从 96.5% 降至 93.2%）。由于质心距离很难确定，所以假设它是桨柄行程的一半。有一种观点认为[22]，运动员应尽可能缩短质心的运动距离，以降低惯性能量损失，同时提高桨柄运行距离来增加能量的产生，这个观点从物理上讲是对的。但是，这样很可能会导致腿和躯干部位的大肌群利用率下降，更倾向于利用手臂和肩部的小肌肉群，这会导致运动员的整体效率降低。

惯性效率 E_{in} 在节奏为 50%（拉桨 / 回桨 =1 / 1）时最高。10% 时节奏偏差会使 E_{in} 降低 0.7%，但是在此基础上再增加 10% 的偏差将会导致 3.7% 的效率损失。

结论：降低惯性损失，可以通过加快拉桨和回桨开始阶段的运动员质量和测功仪与艇间的加速度，以及尽可能长时间保持这些质量速度的稳定来实现。这是支持前发力和入水时快速蹬腿的又一个证据。运动员需要找到一个桨频、桨长和节奏的最佳平衡，以实现功率的最大化和惯性能量损失的最小化。

3.1.4 两种划桨风格惯性效率的案例研究

在水上划船时，整个系统在拉桨阶段加速，在回桨阶段减速，而在测功仪上则相反。运动员可以充分利用腿部蹬脚蹬板来提高质心的加速度，也可以更多地利用上肢拉动桨柄来提高艇的加速度。为了比较这两种划桨风格的惯性效率，可以比较它们的主要生物力学参数（图 3.12）。

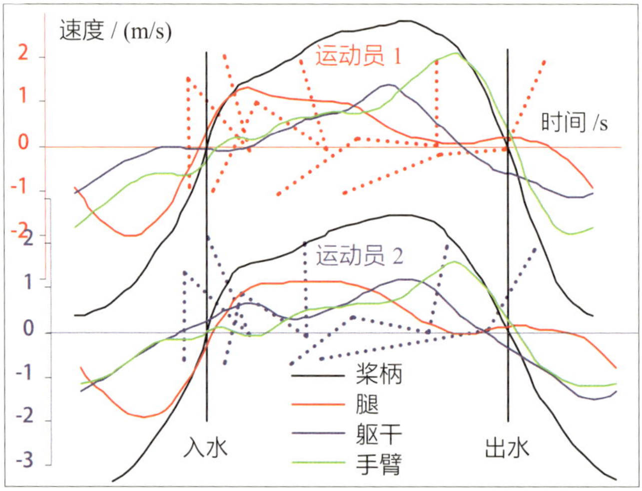

图 3.12　两种划桨风格的对比（男子单人艇，36 str/min）

入水时，运动员 1 的蹬腿速度比桨柄速度上升得更快更早，运动员 2 在桨叶入水初期的同时使用躯干获得最初的加速度；在拉桨中期和出水时，运动员 1 更多地动用躯干，并通过更快的手臂拉桨使躯干更早（负躯干速度）复位。

入水时，运动员 1 更早地提高艇和身体的加速度，使得身体有一个更小的负向速度（图 3.13）；在拉桨阶段，由于更积极地使用上身，运动员 1 质心的最大正向速度也会有一个更小的波动。因此运动员 1 的动能有多个峰值，惯性损失比运动员 2 更低。

运动员 2 比运动员 1 轻 3kg，这使其不得不多消耗 9% 的能量以克服质心的惯性（表 3.1 ）。他的总惯性效率比运动员 1 低 1.7%，单这一项就会使其速度下降 0.43%，对应 2km 比赛则需要多花 1.7s 才能完成。运动员 2 划桨风格的另外一个问题是入水效果较差，拮抗肌群的无效利用导致力的曲线无法很好地衔接，出现了一个波谷［图 3.13（d）］。所以，尽管运动员 2 有更高的单位体重发力值，却比运动员 1 慢 8.3%（每 2km 比赛慢 30s，相当于每一桨的拉桨长度短 8°）。

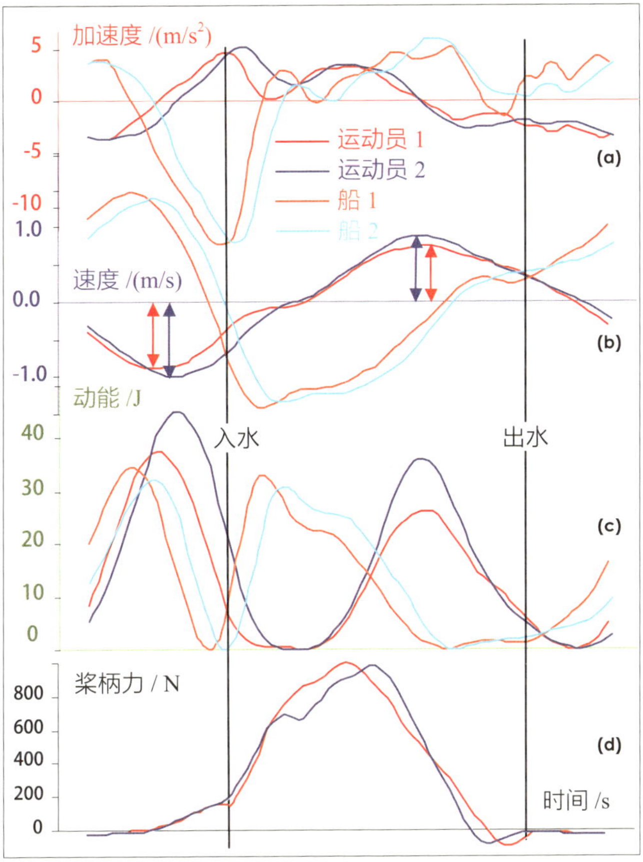

图 3.13　不同划桨风格的两名双桨运动员艇和质心的加速度、速度、动能及力曲线

表 3.1　艇和运动员的动能、惯性损失和效率（划船功率与惯性损失之比）

	运动员的惯性			艇的惯性			合计	
运动员	回桨 /J	拉桨 /J	惯性功率 /W	回桨 /J	拉桨 /J	惯性功率 /W	总惯性损失 /W	惯性效率 /%
1	37.4	26.2	44.2	34.6	33.0	47.0	91.1	88.0
2	45.1	36.1	56.1	32.1	30.5	43.2	99.3	86.3

尽管普遍认为，有效划桨技术的目标是保持最大平均艇速，避免艇的“停顿”或者“颠簸”。然而，事实上运动员质心速度的均匀更有效，也更重要。

3.1.5 艇载重量

艇载重量是一个非常实际的问题，直接与艇和舵手的选择相关。艇载重量从三个不同的方面影响划船速度（表 3.2）。

① 系统质量越大，产生的阻力越大，排水量也越大。

② 由于运动员必须前后移动更大的质量，使得惯性损失更大，导致推进功率下降。

③ 由于降低了船体速度在水中的波动而导致能量损失降低。

表 3.2 运动员每额外增加 1kg 载重量对艇速的影响（– 更慢，+ 更快）

因素	对速度的影响 /%	在成绩为 5:20 的 2km 比赛中 /s	在成绩为 7:10 的 2km 比赛中 /s
阻力系数	−0.06	+0.20	+0.26
惯性损失	−0.24	+0.77	+1.03
速度波动	+0.11	−0.35	−0.47
合计	−0.19	+0.61	+0.82

阻力系数依赖于被船体排开的水量，这等于系统的总质量。利用功率和速度的基本关系式 [公式（3）]，速度比值可以通过阻力系数计算得出：

$$v_1 / v_2 = (\mathrm{DF}_1 / \mathrm{DF}_2)^{1/3} \qquad (58)$$

根据经验得出所有艇型平均值的公式可以发现，1kg 额外质量产生的阻力会使艇速下降 0.061%。惯性损失可以通过两个已知质量的相对运动的正弦数学模型来获得。研究发现，桨频为 36str/min、相对运动为 0.6m 时，运动员每增加 1kg 额外的质量会使艇速下降 0.33%（2km 比赛多出 1.13s）。当然，这一数值也取决于划桨技术，可以在拉桨的出水阶段将动能转换为桨的推进力来降低惯性损失。由实验数据分析可以得出，该数值可以降低到 0.24%（2km 比赛多出 0.81s）。

通过对艇速波动的建模分析发现，运动员每增加 1kg 额外质量，会使艇速曲线更平滑，平均艇速增加 0.11%（2km 比赛缩短 0.37s）。但是如果运动员回桨急促，艇速波动增大，这个数值会减小。

运动员每增加 1kg 额外载重量会使艇速降低 0.19%。这个研究结果与其他学者的结果一致[23, 24]。但其他学者仅分析了阻力因素，这只占质量影响因素的 30%。

这些结果可以通过对比相似艇型有无舵手的艇的速度来进行验证。在四人艇中，55kg 的额外质量（每名运动员多载重 13.75kg）会使有舵手的艇在 2km 比赛中成绩比无舵手的艇（成绩为 6:00）慢 9.5s。采用相似的方法对双人艇进行分析（每位运动员多载重 27.5kg），在 2km 比赛中有舵手的艇比无舵手的艇（成绩为 6:40）慢 21.3s。

在 1992 年的奥运会上，有舵四人艇和双人艇的决赛最终结果显示，男子四人有舵与无舵项目冠军的成绩差距有 4.3s，所有决赛艇的平均成绩差值为 6.4s，这个成绩低于以上计算得到的差值。在男子双人有舵和无舵项目决赛中，这两个差值分别为 22.1s（冠军艇）和 20.5s（所有决赛艇），与预估值非常接近。

3.2 划桨周期的时程分析

时程分析或阶段性分析把一个动作分成连续的阶段和子阶段。每一阶段有明确的生物力学功能，对各阶段进行严格区分的分界通常被定义为“关键点”或“关键时刻”[6]，它必须以零间隔的瞬时快照来表示，否则就不可能精确计时。时程分析是一种常用的生物力学分析方法，可以在其他生物力学技术分析中发挥整合作用，例如借助各种仪器（如带有视频反馈的力学传感器）可以将动力学和运动学测量连接起来。它能够减少运动技术的复杂性，帮助教练员和运动员理解生物力学原理。

时程分析是一项成熟技术，在许多周期性运动项目中很常见，如跑步、自行车、游泳、滑冰和滑雪。周期性运动一般将一个周期划分为两个阶段：

一是“动力”阶段（如“驱动”或“拉桨”阶段），此时运动员主动与支撑物（地面、水、雪或冰）相互作用，努力推动整个系统（人－器材）的质心（CM）前进；二是“非动力”阶段（如“滑行”或“回桨”阶段），此时只有阻力作用于系统，使系统质心的速度下降[25]。这两个阶段可以进一步分为多个子阶段。例如，将跑步的动力阶段分为“着地”“支撑”和“离地”三个子阶段，而将腾空阶段分为“折叠”“前摆”和“下压”三个子阶段[26]。

在赛艇运动中，桨叶运动被清晰地划分为两个主要阶段：拉桨阶段和回桨阶段，以入水和出水两个时刻为分界，即桨叶改变运动方向的时刻。然而，进一步准确划分子阶段就比较困难了。有学者尝试根据桨叶来定义“水下阶段”和“空中阶段”，但这并不准确，因为桨叶的入水和出水不是瞬时的时间点。什么时刻应该被视为“水下阶段”的开始？桨叶的底部接近水面那一刻？桨叶中心点穿过水面的时刻？桨叶完全浸入水中的时刻？出于相同的原因，在拉桨阶段尝试使用肌肉活动和身体环节的运动来定义各子阶段（蹬腿、躯干移动和手臂拉桨）效果也不好[3, 11]。

为了解决上述问题，建议使用艇、运动员和整个系统三者的加速度定义划桨周期的子阶段[12]。这种方法优点很多：在赛艇运动中加速度及推进力、速度和划船表现直接相关；艇的加速度很容易借助现有技术准确测量到。

在典型的艇加速度模型中，入水阶段有一个负向加速度阶段（这个负向加速度可以降低艇速），拉桨和回桨阶段有两个正向加速度阶段[27]。入水阶段的负向加速度和回桨阶段的正向加速度，可以用运动员和艇质量之间运动的动量转换（源于两者之间的相对运动）来解释。拉桨阶段的正向加速度来源于桨叶的推进力。拉桨阶段艇的加速度不是恒定不变的：加速度通常是先有第一个峰值，接着出现一个小波谷，最后是一个较长的正向峰值。以下分析的主要目的是将时程结构与划船效果联系起来，以便于更好地理解，改善划船表现。

3.2.1 运动员质心加速度

艇的加速度直接测量很容易，但运动员质心的加速度却很难确定，因为运动员的身体姿态总是在变化，身体姿态发生变化，其质心也随之变化，所以很难将质心固定于身体的任何一个部位。下面提出的方法可以帮助确定运动员质心和整个系统质心的加速度。

桨叶受到的合力 F_{bl}，可以通过测量桨柄合力 F_h 获得，用桨柄合力 F_h 乘以桨内柄距 $L_{in\text{-}a}$ 与桨外柄距 $L_{out\text{-}a}$ 的比率（图 3.14）。忽略桨叶自身的转动惯量（拉桨阶段转动惯量很小），桨叶合力可以由公式（59）计算得到：

$$F_{bl}=F_h\,(L_{in\text{-}a}\,/\,L_{out-a}) \qquad (59)$$

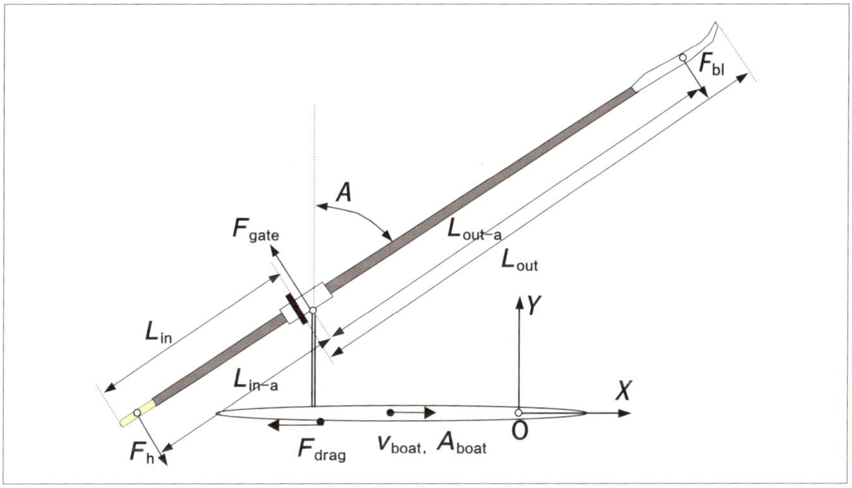

图 3.14　艇和桨上的作用力及其坐标系统

由公式（11）计算出有效的内柄距 $L_{in\text{-}a}$，由公式（60）计算出有效的外柄距 $L_{out\text{-}a}$：

$$L_{out-a}=(L_{oar}-L_{in})-L_{sp}/2-W_g/2 \qquad (60)$$

其中，L_{oar} 为桨总长度，L_{sp} 为桨叶长度，假设这一点是桨叶在水下受到的压力中心点，但此假设也是这个方法的一个局限。

由公式（61）可以推导作用在艇表面的阻力 F_{drag}：

$$F_{drag}=\mathrm{DF}\ v_{boat}^{\ \ 2} \qquad (61)$$

其中，阻力因子 DF 可以由桨叶推进力的积分与艇速的平方在整个划桨周期内的积分的比值计算得到，公式（62）：

$$\mathrm{DF}=\int_{t=0}^{t=T} F_{bl}\cos\theta DT\ /(\int_{t=0}^{t=T} v_{boat}^{\ \ 2} DT) \qquad (62)$$

作用于人－艇系统上的推进力 F_{sys} 可以定义为：

$$F_{sys}=F_{bl}\ \cos a+F_{drag} \qquad (63)$$

所以，整个系统质心的加速度可以计算为：

$$a_{sys}=F_{sys}\ /\ M_{sys}=F_{sys}/\ (M_{boat}+M_{row}) \qquad (64)$$

其中，M_{sys}，M_{boat} 和 M_{row} 分别是人－艇系统的质量、艇的质量和运动员的质量。运动员质心的加速度 a_{row} 可以通过公式（65）计算：

$$a_{row}=F_{row}\ /\ M_{row} \qquad (65)$$

其中，作用于运动员的 F_{row} 由公式（66）获得：

$$F_{row}=F_{sys}-F_{boat}=F_{sys}-a_{boat}\ M_{boat} \qquad (66)$$

整个系统、艇和运动员质心的瞬时速度相对系统（和每部分）平均速度的偏差可以通过公式（67）计算：

$$v_{d}=\int a\ DT \qquad (67)$$

其中，a 是相应的加速度（a_{sys}，a_{boat} 和 a_{row}）。这意味着，所使用的参考系随恒定速度移动，等于人－艇系统的平均速度。X 轴平行于艇的纵轴，并指向船头。

为了对各子阶段进行定性分析，可将身体各环节的速度分解开来，蹬腿速度 v_{leg} 可以通过对滑座移动的速度 L_s 进行推导。躯干相对于艇的速度 $v_{trunk/b}$ 也用相同的方法借助躯干的位置 L_t 获得，躯干相对滑座的速度 v_{trunk} 等于 $v_{trunk/b}$ 减去 v_{leg}。手臂速度 v_{arms} 通过桨柄速度 v_h 与躯干相对艇的速度 $v_{trunk/b}$ 的差获得。v_h 通过水平桨角和桨内柄距获得：

$$v_h=Da/[DT\,L_{in-a}\,(\pi/180)] \qquad (68)$$

3.2.2 划桨周期各子阶段

划桨周期各子阶段的划分可以通过艇、运动员和整个系统的质心的加速度 a_{boat}，a_{row}，a_{sys} 确定。之所以选择这些变量，是因为它们与人 – 艇系统的两个主要组成部分的动能积累有关，因此也与划船技术效果有关。桨柄速度 v_h 可以用来界定整个拉桨阶段（图 3.15）。

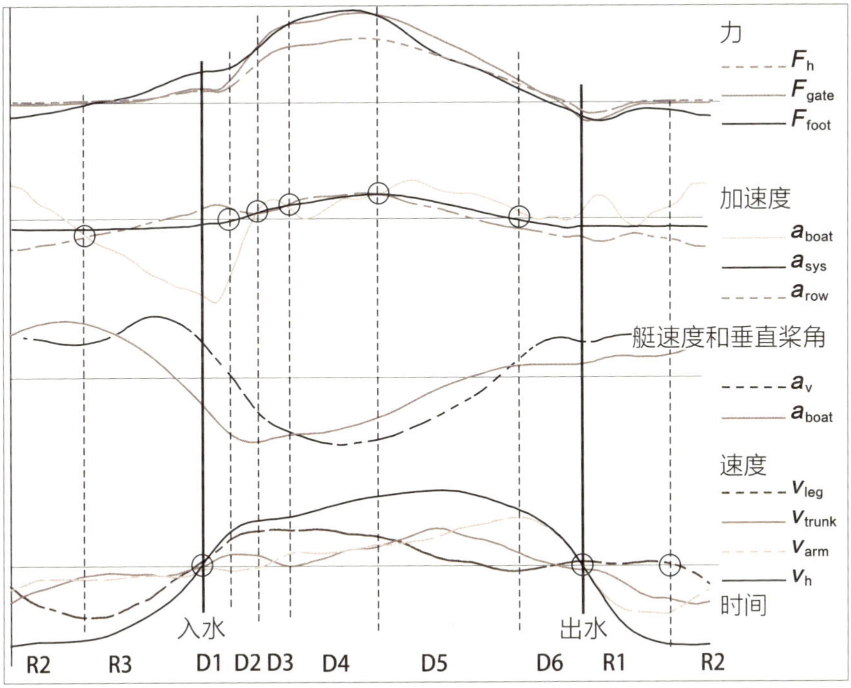

图 3.15　典型划桨周期的子阶段及生物力学变量（男子单人艇，桨频 32str/min，关键点用圆圈圈出）

拉桨阶段被分为 6 个子阶段（D1 至 D6），回桨阶段被分为 3 个子阶段（R1，R2，R3）。表 3.3 给出了各子阶段的定义、描述和定义其始终点的关键点。

研究发现[12]，单桨的子阶段 D1，D2 和 D3 比双桨略长，而子阶段 D4，D5 和 D6 则稍短。在单桨中 D1 的持续时间较长，可能是由于单桨的桨叶宽度较大，需要更多的时间才能完全进入水中。在双桨中 D2 和 D3 持续时间较短，可能是由于双桨的入水角度更大，导致较重的杠杆效用。较大的配比会降低桨柄向桨栓柱传递力的效率，导致艇的相对加速度（相对于运动员质心）更高。

表 3.3　划桨周期各子阶段的生物力学定义

ID	子阶段	开始	描述
D1	桨叶入水	入水，拉桨阶段的开始，v_h 变为正值	a_{sys} 和 a_{boat} 为负值，但 a_{row} 为正值，桨柄和蹬腿速度迅速提高
D2	运动员开始加速	a_{sys} 变为正值，桨叶中心过水面入水	桨柄力和 a_{boat} 增加，但依然为负值且低于 a_{row}
D3	艇开始加速	a_{boat} 开始高于 a_{row}	a_{boat} 达到第一个正峰值，开始比 a_{row} 高，v_{leg} 达到最大值
D4	运动员加速	a_{boat} 下降，并开始低于运动员的加速度	F_h、a_{row} 和 a_{sys} 缓慢增加，v_{leg} 下降
D5	艇加速	a_{boat} 继续下降，并开始高于 a_{row}	F_h、F_{foot}、a_{row} 和 a_{sys} 下降，但 F_{foot} 下降快于 F_h，a_{boat} 达到最大值
D6	桨叶出水	a_{sys} 变为负值，桨叶中心过水面出水	a_{row} 为负值，a_{boat} 近似为 0，依然为正值，v_{arm} 达到最大值
R1	手臂和躯干阶段的结束	结束，拉桨阶段的结束，v_h 变为负值	a_{boat} 出现一个快速的正峰值，a_{row} 出现负峰值，这是由运动员的惯性能向艇转换导致的
R2	腿复位	滑座开始向船尾移动，a_{boat} 增加，a_{row} 降低	a_{boat} 为正，但 a_{row} 和 a_{sys} 为负值。v_{leg} 向船尾运动的速度增加
R3	准备入水	a_{boat} 变为负值，a_{row} 变为正值	F_{foot} 增加，导致 v_{leg}、艇的加速度和运动员的加速度下降

艇的大小对 D1，D2，D3 和 D6 子阶段的持续时间没有显著影响。大艇（如八人艇和四人艇）的 D4 阶段明显长一些，而小艇（单人艇和双人艇）的 D5 阶段更长一些，这些差异产生的原因尚不清楚。

男子多人艇 D3 阶段比女子多人艇要长，这可能是由于男运动员发力速度更快。划桨周期的其他子阶段在性别上无显著统计学差异。

除 D3 外所有子阶段的持续时间随着桨频的增加呈下降趋势，相关系数范围从 D4 的 −0.10 到 D1 的 −0.70。持续时间的下降与高桨频下拉桨时间的减少呈强相关（相关系数 $r=-0.87$）。拉桨阶段 D1 子阶段的占比在高桨频下趋于减少（$r=-0.49$），意味着 D6 子阶段占比会增加。在桨频为 30str/min 时，双桨运动员的 D3 子阶段持续时间占比达到最大值，而在桨频为 36str/min 时，单桨运动员 D3 子阶段持续时间占比达到最大值。

为了分析子阶段时间占比与力曲线形状之间的关系，将时间从入水开始到力 v_h 达到其最大值的 10%、20%……100% 进行划分，发现了以下统计学上的显著关系：

D1 持续时间与达到最大力量 30% 的时间有最强的正相关关系（$r=0.91$，$p<0.001$）；

D3 持续时间与达到最大力量 70%（$r=-0.45$，$p<0.05$）和 80%（$r=-0.46$，$p<0.05$）的时间有着最强的负相关关系；

D6 持续时间与达到最大力量 30% 的时间呈负相关关系（$r=-0.46$，$p<0.05$）。

3.2.3 个案研究：D3 子阶段的重要性

数据样本来源于两组国际水平的多人艇，桨频为 32str/min。第一组是奥运会冠军，专家们认为他们的划桨技术效率很高。第二组是世界锦标赛的决赛选手，虽然他们拥有很好的生理做功能力，但在水上并未划出很好的成绩。第一组运动员桨柄的发力更加迅速 [图 3.16（a）]，在拉桨时间 23.1% 的位置达到最大力量的 70%。相比而言，第二组运动员发力曲线相对平缓，在拉桨时间 29.1% 的位置才达到最大力量的 70%，但他们有更高的最大力量和平均力量。

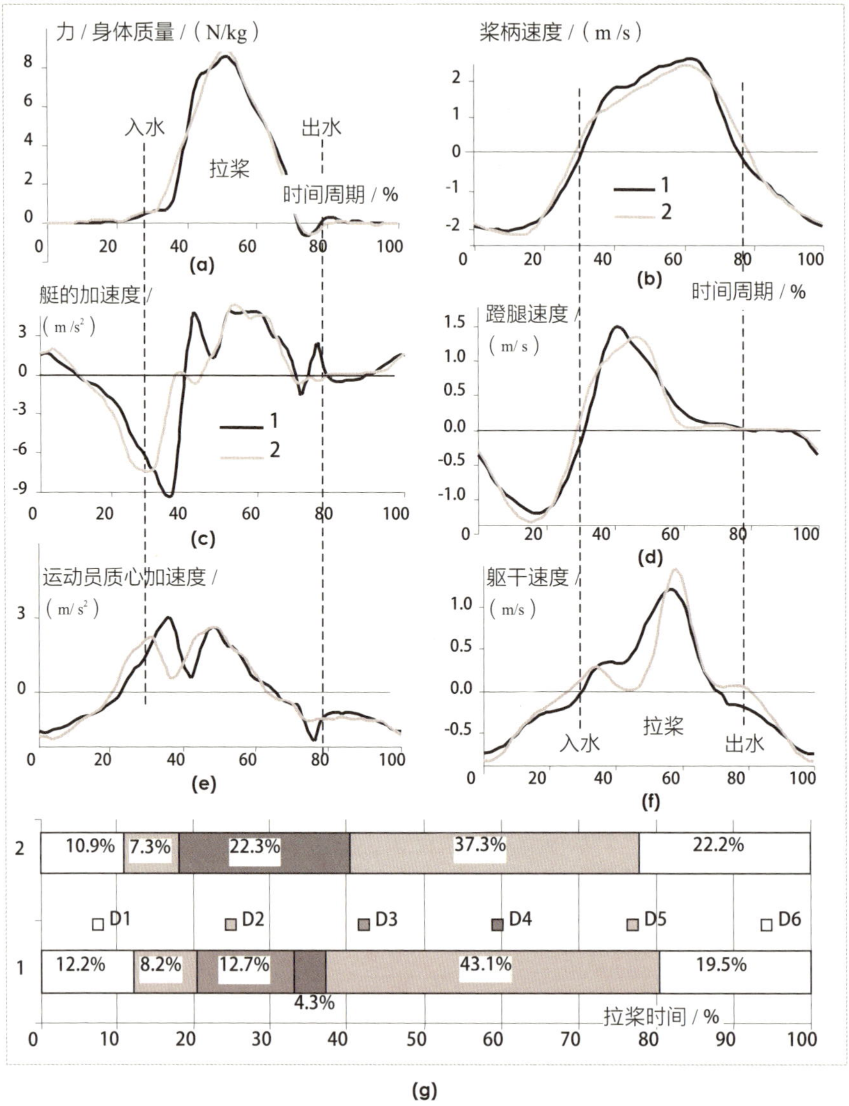

图 3.16 两例划桨技术拉桨过程的时程结构及其生物力学变量

第一组运动员力的快速提升与蹬腿速度 v_{leg} 的快速提升相一致 [图 3.16（d）]，因此蹬腿速度在拉桨时间的 22.4% 处达到峰值，这一过程中伴随着躯干速度 v_{trunk} 的稳定增长 [图 3.16（f）]。第二组运动员在拉桨的前半段蹬腿速度较慢（蹬腿速度的峰值在拉桨时间的 32.2% 处），且躯干速度轮廓呈现双峰形态。由此，第一组运动员的桨柄速度 v_h 在拉桨的前半段增长得较快 [图 3.16（b）]。

第一组运动员的艇加速度 a_{boat} 在入水阶段有一个更深更晚的负峰值（第一组加速度为 8.4m/s^2，第二组为 7.3m/s^2），但随后有一个更快的增长 [图 3.16（c）]。第一组运动员的加速度 a_{boat} 峰值为 2.7m/s^2，而第二组仅为 0.3m/s^2，导致第一峰值过后艇的加速度 a_{boat} 降到 0 以下。

第一组运动员在入水阶段有着更高的运动员质心加速度 a_{row}，但第二组运动员在拉桨中段更加集中地对身体质量进行加速 [图 3.16(e)]。结果是，第二组没有 D3 子阶段（初始船体加速度），但是拥有非常长的 D4 阶段（主要的运动员加速度）。

3.2.4 划桨技术有效性的时程分析

划桨效果的主要测量手段是人艇系统的平均速度。拉桨阶段是运动员提高系统艇速的唯一阶段；更确切地说，推进力只有在拉桨阶段才会高于阻力。系统在拉桨阶段积累动能，在回桨阶段损失动能，所以在拉桨阶段整个系统质心有更高的加速度意味着更高的平均速度及更好的成绩。身体动能的提高值 dE，可以被定义为：

$$dE=(m\, v_2^{\,2} / 2) - (m\, v_1^{\,2} / 2)=(m / 2)\,(v_2^{\,2} - v_1^{\,2}) \qquad (69)$$

其中，m 为身体的质量，v_1 和 v_2 分别为身体质心的初始速度和终末速度。运动员的质量明显大于船体质量（运动员与艇的质量比从女子轻量级的 400% 变化到男子公开级的 600%）。为了获取最大的平均速度，运动员必须最大程度提高动能的增量，这对系统最重部分（即运动员质心）的加速最有效。因而，划桨技术的有效性与运动员质心加速度的幅值和节奏相关。

身体的加速度取决于施加于其上的力。施加在运动员质心上的力 F_{row} 等于脚蹬板的正向反作用力 $F_{r.foot}$（向前推动运动员质心）和桨柄的负向反作用力 $F_{r.handle}$（将运动员向后拉）的合力（图 3.17）。这两个反作用力与 F_{foot} 和 F_h 大小相同，方向相反。

$$F_{row}=F_{r.foot} + F_{r.handle} \qquad (70)$$

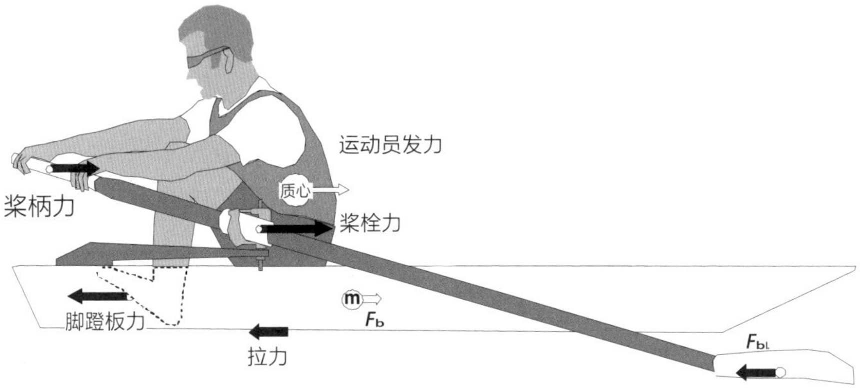

图 3.17　人 – 艇 – 桨系统中的主要作用力

作用于船体上的力等于桨栓力 F_{gate}、脚蹬板的力 F_{foot} 和阻力 F_{drag} 的合力（忽略滑座的细微摩擦力）。

$$F_{boat}=F_{gate}+F_{foot}+F_{drag} \tag{71}$$

因而，提升艇的加速度需要运动员产生更高的桨栓力 F_{gate}（以及相应的更高的桨柄力 F_h），同时在脚蹬板上少用力。反之亦然，提高运动员质心的加速度需要增大脚蹬板的力 F_{foot} 和减小桨柄力 F_h。图 3.15 中桨栓力和脚蹬板力的曲线图表明，拉桨阶段发力重点的转换发生了两次。

拉桨阶段脚蹬板的力 F_{foot} 是重点，因为它可以提高运动员质心的加速度 a_{row}，即实现动能的重要积累，进而提高系统的平均速度。

然而，运动员作用于脚蹬板上的力的有效性受艇的瞬时速度的影响。如果脚蹬板（和艇）的速度较快，那么运动员就能更有效地对质心进行加速，若艇速较慢则效果较差。可以推测，储藏在运动员肌腱和肌肉中的弹性势能可以在拉桨的起始阶段发挥一些作用。弹性势能的使用与在弹簧床上跳跃类似：支撑点运动的方向与运动员质心的加速度方向相同，并能将它的速度加到运动员质心上，这会使加速更加有效。因而，D3 阶段的存在被称作“蹦床效应”，同时被看作划桨技术有效性的重要指标。

拉桨阶段各子阶段的实际意义如下：

在 D1 到 D2 子阶段期间，运动员着重蹬腿，因为他将身体的运动方向从船尾转向船头。这个蹬力使运动员质心加速，艇减速。与此同时，桨叶在水中获得支点。

在 D3 阶段，运动员着重桨柄的拉力。这个拉力使艇加速，且可在脚蹬板上建立一个快的移动支撑。这个子阶段对于实现高效拉桨非常重要。研究发现，43% 的运动员这个子阶段是缺失的，当然 D3 的持续时间长也不意味着具备更好的技术，因为一些低水平运动员的 D3 阶段很长。

在 D4 阶段脚蹬板的推力再次成为重点，它可加速运动员质心，积累动能。这个阶段的有效性取决于前面 D3 子阶段中获得的艇速，还取决于快速有力的蹬腿驱动。

D5 和 D6 子阶段发生在腿部充分伸展之后，主要使用躯干与手臂。力和整个系统的加速度下降，脚蹬板力下降更快，逐渐变为负向，这将重点再次放到艇的加速度上。运动员质心加速度变为负向，意味着动能从运动员的质量转化到了艇上。

在拉桨阶段，艇加速度的双峰现象可以用推力重点从脚蹬板（更大的运动员质心加速度）到桨柄（更大的艇加速度）的两次转换来解释。D3 子阶段（初始艇的加速度）的存在是运动员划桨技术高效性的一个重要指标。初始艇的加速度为脚蹬板提供更快的运动平台，进而更好地加速运动员质心。

3.2.5 “蹦床效应”

当然，蹦床跳跃中的生物力学条件与划桨差异很大，划桨时没有坚实的地面支撑，且重力是垂直于运动方向的。运动员必须通过施加桨柄力将桨叶置入水中，在脚蹬板上建立支撑。不过，“蹦床效应”模型有助于我们更好地理解划桨的生物力学及其实际应用。划桨动作可以被看作是一系列的跳跃，拉桨阶段类似于起跳离地，回桨阶段类似于空中动作。起跳距离越长，频率越高，划桨速度越快。“蹦床效应”如图 3.18。

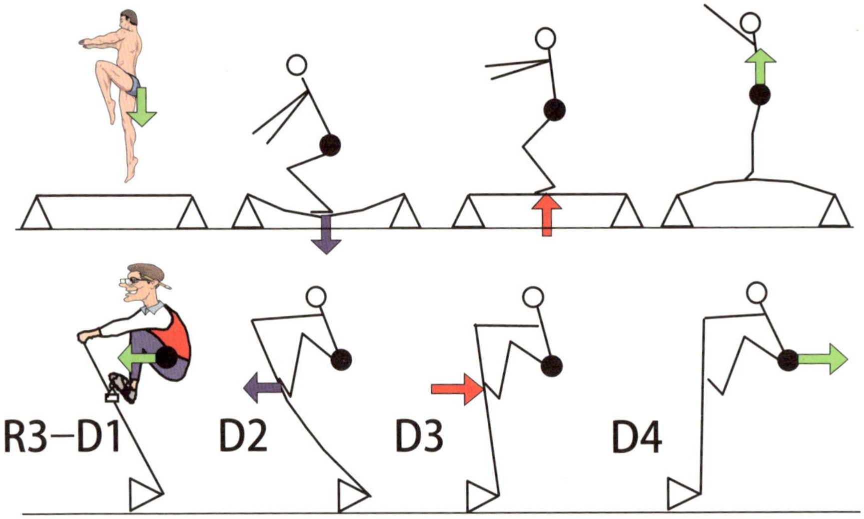

图 3.18 划船中的“蹦床效应”

① 入水之前（R3 和 D1 子阶段），运动员快速地接近脚蹬板，在桨叶没入水中的瞬间对脚蹬板施加一个冲击力。

② 这个冲击力从桨架与桨栓柱转移到桨护皮上，使桨弯曲（D2 子阶段）。桨杆积累弹性势能，相当于入水总功率的 25%，而且此阶段还能利用运动员的肌肉和韧带的弹性势能。

③ 在 D3 子阶段，由桨杆、桨架及桨栓柱传递来的桨柄力迅速增加，让艇产生了一个很大的正向加速度，此加速度被称为“第一峰值”。

④ 在 D4 子阶段，运动员将快速移动的脚蹬板作为支点，让其质心产生高效的加速度。

⑤ 在 D5 到 D6 子阶段期间，力量下降，桨杆回弹，将积累的弹性势能回馈给桨叶的推进力。此时各速度相较于拉桨的起始阶段（桨是弯的）都更高，反冲能可以更高效地做功。

该“蹦床效应”模型有如下实际意义。

① 入水前快速靠近脚蹬板是有益的。这与一些提倡入水前较慢靠近脚蹬板的理论是相悖的。

② 对脚蹬板与桨柄做功的精确计时是非常重要的。最好的运动员都是滑座先于桨柄 0.04~0.08s 改变方向，这是“蹦床效应”最高效的技术。

③ 在多人艇上，所有运动员共用一个"蹦床"，因为他们的脚蹬板都与艇直接相连，因而他们必须同步起跳。然而，一位有着更高桨柄力的运动员产生的艇加速度会被另一位有着更高脚蹬板力的运动员所产生的加速度所抵消，进而导致"蹦床效应"无法发挥作用。

④ 拉静态的测功仪无法练习"蹦床效应"，因而可移动的测功仪更加可取。

⑤ 练习"蹦床效应"最好的方法是，只用腿蹬脚蹬板，重点进行爆发性划桨练习。这个练习应该所有运动员一起完成，而不是一个位置一个位置地进行，因为大量的被动质量坐在艇上会显著降低艇加速度，进而抵消"蹦床效应"。

3.3 赛艇生物力学分析要素

3.3.1 坐标系

坐标系的选择对于有效地进行生物力学分析来说非常重要。在赛艇的生物力学中，可以使用以下坐标系：

- 相对于艇的坐标系；
- 相对于人艇系统质心的坐标系；
- 相对于地面或水面的坐标系；
- 坐标系以人艇系统的平均速度进行匀速运动。

为了确定系统内部动能的变化，通常使用相对于人艇系统质心的坐标系。使用一个匀速运动的坐标系能够将系统质心的速度波动整合到运动员与艇的速度波动（$v_{boat}-v_{rower}$）中。然而，系统质心的速度波动不包含由内部动能变化而导致的能量损失。因此，这两种表达的物理解释是不同的。用非匀速运动的坐标系确定的动能可以更直接地反应内部能量的损失。有一种方法可以将这两种不同的范例或表达联系起来：

$$E_{\text{kinetic total}}=E_{\text{rower}}+E_{\text{boat}}=E_{\text{sys}}+E_{\text{in}} \qquad (72)$$

$$E_{row} + E_{boat} = ½ M_{row} v_{row}^{2} + ½ M_{boat} v_{boat}^{2} \qquad (73)$$

$$E_{sys} + E_{in} = ½ M_{sys} v_{sys}^{2} + ½ M_{in} v_{in}^{2} \qquad (74)$$

如果：

$$M_{sys} = M_{row} + M_{boat} \qquad (75)$$

$$v_{sys} = v_{row} M_{row} / (M_{row} + M_{boat}) + v_{boat} M_{boat} / (M_{row} + M_{boat}) \qquad (76)$$

$$M_{in} = M_{row} M_{boat} / (M_{row} + M_{boat}) \qquad (77)$$

$$v_{in} = v_{row} - v_{boat} \qquad (78)$$

则公式（73）与公式（74）相同。两种表达方式的不同之处在于，E_{in} 决定了人艇系统的内部波动（内部惯性损失），而 E_{sys} 决定了外环境下整个系统质心的波动（外部惯性损失）。实验数据模型发现，内部与外部的惯性损失几乎均等。事实上，外部的损失本质上并没有“损失”：它其实是一个动能总量，即系统在拉桨阶段积累的动能与回桨阶段克服阻力所做的功之和。在这个例子中，参考系的选择无关紧要，因为功率主要被用来产生推进力 F_{prop}，并相对于周边环境以高速 v_{prop} 增加动能：

$$P = F_{prop} v_{prop} = ½ M_{sys} (v_{cm2}^{2} - v_{cm1}^{2}) / dt \qquad (79)$$

这与汽车的加速相似，在高速下汽车想要加速需要更大的功率。因此，基于用于产生推进力的物体坐标系（在这个例子中指水），应该选择整个系统。内部惯性损失可以用相对于匀速运动亦即平均速度的坐标系来计算。在测功仪上的计算可以采用相似的分析方法。

3.3.2 双桨和单桨

“为什么在运动员数目相同的情况下，双桨会比单桨快呢？”这个问题在赛艇研讨会上经常被拿出来讨论。运用测试数据（n=2738）对双人双桨与双人单桨无舵、四人四桨与四人单桨分别进行了对比分析。划距（表 3.4）不能直接拿来比较，因为双桨与单桨使用不同的内桨长，这样会产生不同的桨角。由标准化方法可以得到双桨与单桨的弧长（双桨为距桨柄顶点的 6cm 处，单桨为距桨柄顶点的 15cm 处），经对比，单桨与双桨弧长的数值相近。不论男性还是女性，双桨运动员都比单桨运动员更多地使用腿部（表 3.5）。男子运动员中，双桨运动员手臂运动距离更长、产生的功率更多。在女子运动员中，这种差别要小很多。其可能的原因来自双桨的几何特性和划桨风格的差异。

表 3.4　单桨和双桨的划距

	桨角 /°		弧长 /m		（弧长 / 身高）/%	
	男	女	男	女	男	女
单桨	86.9	85.0	1.56	1.54	83.7	85.2
双桨	107.9	105.8	1.58	1.56	83.5	89.2

表 3.5　双人双桨和双人单桨中身体环节的贡献率

		腿 /%		躯干 /%		手臂 /%	
		男	女	男	女	男	女
运动幅度	单桨	35.1	35.3	30.7	32.4	35.1	33.8
	双桨	34.1	34.0	27.4	32.4	39.0	34.9
功率	单桨	42.7	42.1	34.3	35.2	22.8	22.4
	双桨	43.6	44.4	30.2	33.8	26.3	21.7

双桨的作用力显著高于单桨（表 3.6），可能的原因如下：

- 双桨的对称性更有利于发力。
- 在单桨划行中，内侧手臂形成的杠杆较短，因此产生的力矩和桨弯曲的长度都小，而力矩和桨弯曲的长度都是用来测量实际力值的。

表 3.6 双桨和单桨的作用力

	最大力 /N		平均力 /N		平均力 / 体重 /（N/kg）	
	男	女	男	女	男	女
公开级单桨	664.9	503.3	332.8	255.6	3.78	3.48
轻量级单桨	576.0		291.5		4.02	
公开级双桨	739.8	529.2	388.0	274.9	4.43	3.70
轻量级双桨	699.4	465.2	370.9	250.0	5.06	4.25

划桨功率高度依赖于桨频，所以其他一些变量（长度、力和每桨功）的变化趋势都是基于桨频的变化进行分析的。双桨的相对长度和相对力量都是在桨频为 28~30str/min 时达到最大，单桨则在桨频为 32~34str/min 时达到最大。在更高的桨频下，它们都会有所下降，但这种下降在双桨中更加明显。因此，在桨频低于 38str/min 时，双桨的每桨功和功率更高；在 38str/min 时，二者的每桨功与功率是相等的；当桨频高于 38str/min 时，单桨的每桨功与功率更高。这可能就是为什么就比赛桨频而言，单桨高于双桨；平均而言，双单和四单的桨频为 38.9str/min，而双人双桨和四人双桨的桨频为 37.8str/min。

图 3.19 解释了为什么表 3.6 中双桨的力值明显更高，因为表格中的数据是所有桨频变化范围的平均值。比赛中桨频为 36~40str/min 甚至更高时，双桨的力稍高，但拉桨行程更短。由此可以得出结论：在比赛桨频下单桨与双桨的输出功率没有显著差异。

双桨的桨叶效率（双人双桨与四人双桨的平均值为 84.6%）比同级别的单桨（双人单桨与四人单桨的平均值为 80.5%）高出 4.1%。这使得双桨比同级别的单桨快 1.4%。产生此差异的原因可能是：

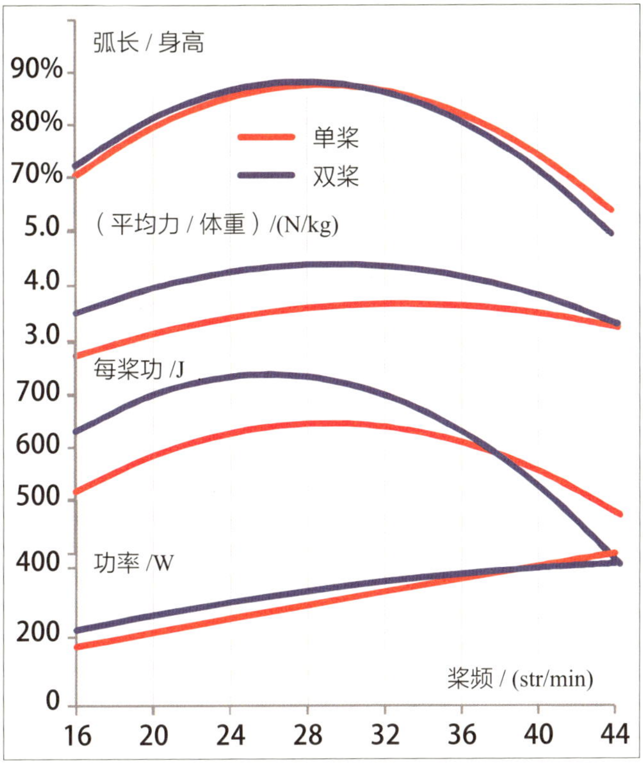

图 3.19 双桨和单桨的主要生物力学参数随桨频的变化趋势

- 双桨桨叶的总面积更大，这使得桨叶相对压力更小，水下打滑也更小；
- 双桨的入水角度更大，这样可以更好地利用升力效应；
- 双桨桨叶的操控性更好，这可使入水打滑和出水打滑更小。

同级别的双桨与单桨，在速度上的平均差异为 3.3%，剩余 1.9% 的差别可能与以下因素相关：

- 由于单桨更长，所以在回桨阶段会产生更大的空气阻力，而这个损耗预计有 0.3%；
- 单桨通常是不对称的，这样会产生船体的摆动，导致速度上的附加损失；
- 单桨有舵会产生额外的阻力。这就是为什么通常双人双桨（无舵）与双人单桨（有舵）之间的速度差别显著高于四人双桨与四人单桨之间（都有舵）的差别。

最后，双桨与单桨之间的速度差别，可以用双桨桨叶效率和艇的效率更高来解释。

3.3.3 运动员动作的稳定性与变异性

赛艇是一项周期性运动，这意味着它需要不断循环重复一个动作。通常，在标准的 2km 比赛中，需要完成 200~250 个划桨周期，而在训练中则要完成更多。从表面上看，所有的拉桨动作看起来都很相似，但只有专家才能够看出其中的细小差别。赛艇生物力学设备可以非常精细地测出运动员的动作，同时测试软件能够清楚地确定一个团队中每一位运动员技术动作的一致性和变异性。

技术动作一致性最简单的测试就是桨频的变化：桨频变化越明显，一致性或稳定性就越低；反之亦然。通常，教练员为运动员设定的任务是规定桨频下持续一定时间的训练。如果所有拉桨周期都被记录下来，那就有可能推导出这一时段内的平均桨频 R_{av} 及其标准差（SD）。常见的一致性的测量是变异性 VAR，它等于标准差与平均值之比：

$$VAR=SD / R_{av} \qquad (80)$$

使用测试软件对全部样本数据进行典型模式分析前要进行数据变异性分析，然后对数据进行过滤，将指定范围外的数据剔除（通常为 $\pm 2SD$），产生可靠的平均数模型。

世界级的运动员通常能将桨频的变化维持在 1% 以内，但对于初学者来说，这个范围可能升高至 4%~5%。为了将其转换为绝对数值，我们可以使用统计学规律，即 99.7% 的数据在 $\pm 3SD$ 的范围内（假设此数据为正态分布数据）。在桨频为 32str/min 时 1% 的变异性意味着基本上所有桨频都在 31~33str/min 的范围内，但是如果变异性维持在 5% 的范围内，桨频范围就会变为 27~37str/min。

通常，用于生物力学分析的原始数据会被处理成每个生物力学变量（角度、力量、加速度，等等）的平均值数组，这样可以描绘出整个样本周期内划桨技术的典型模式（曲线）。同时，BioRowTel 软件可以计算划桨周期内每一变量在任一时刻的标准差，而它可以用来描绘运动员技术动作的变化。

图 3.20 展示了划船技术的变异性分析。角度分析发现，领桨运动员在艇上所有运动员中拥有最低的变异性(整个划桨周期划幅的平均 *SD* 是 0.7°，是划桨幅度 *VAR* 的 0.8%)，2 号位的运动员拥有最高的变异性（*SD* 为 2.1°，*VAR* 为 2.3%）。在入水阶段，所有运动员都拥有更高的桨角变异性（平均 *SD* 为 1.1°)，高于出水阶段（*SD* 为 0.5°）。这说明了一点，入水阶段技术动作的协调要难于出水阶段技术动作的协调，因为在入水时桨的位置被艇的结构和运动员的身体姿态限定了。

桨柄力的变异性比桨角的变异性高得多。在这条艇上领桨运动员依然具有最低的力值变异性（平均 *SD* 为 16N，*VAR* 为 5.7%)，5 号位运动员拥有最高的变异性（*SD* 为 29N，*VAR* 为 12.6 %）。我们用这样的观点来解释：多人艇上运动员的技术动作更为复杂，因为领桨运动员控制着整条艇的划桨节奏，其他运动员必须调整自己的动作，配合领桨运动员。

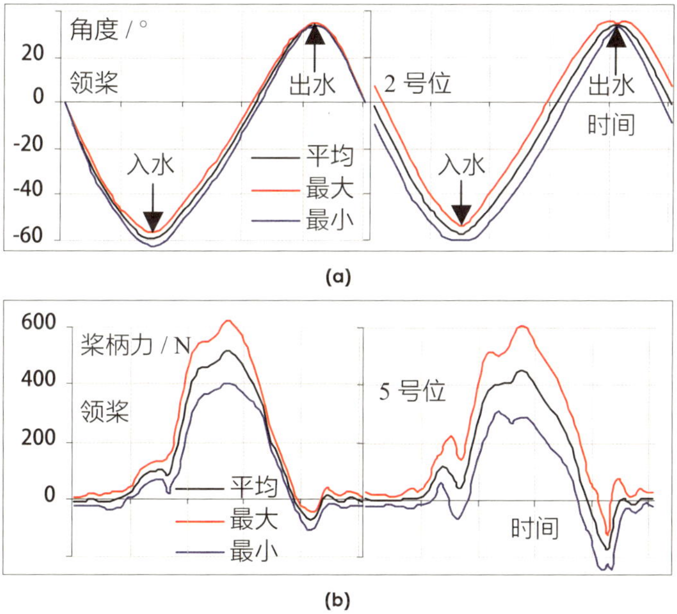

图 3.20　大学生八人艇桨频为 36str/min 时桨角、桨柄力的平均值及其最大值 (+3*SD*)、最小值 (-3*SD*) 变化曲线

垂直桨角的变异性[图3.21(a)]也很大，但它是随机分布在运动员中的，7号位的变异性最低（*SD* 为 0.7º，*VAR* 为 5.3%），而2号位的变异性最高（*SD* 为 1.0º，*VAR* 为 10.1%）。

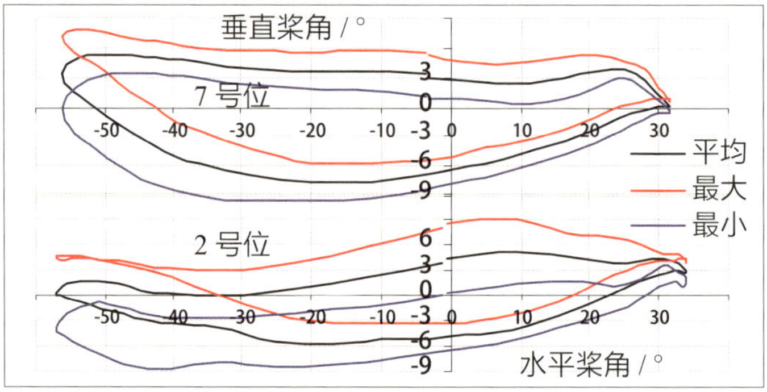

(a)

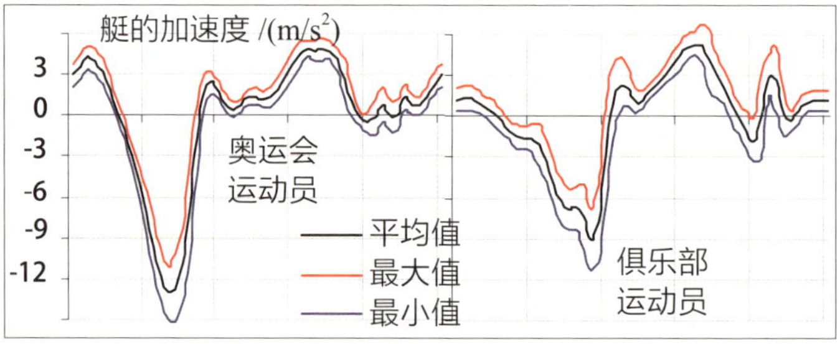

(b)

图 3.21　垂直桨角和艇加速度的变异性

艇的加速度是合成变量，它反映着整条艇所有运动员划桨技术的一致性，并且优秀运动员的划桨一致性都很好。图 3.21（b）给出了一名奥运会单人艇运动员（*SD* 为 0.31m / s²，*VAR* 为 1.9%）与一名俱乐部单人艇运动员（*SD* 为 0.59 m / s²，*VAR* 为 4.1%）在桨频为 36str/min 时，两条艇的加速度变异性对比。

在这个领域还存在很多需要进一步研究的问题，例如：如何确定平均值接近于零的一致性，因为此时计算得到的变异性趋于无穷大；数值的归一化及其功能。

④ 赛艇技术

4.1 有效划桨周期的生物力学定义

有效划桨周期的生物力学定义具有双重意义：阐明划船生物力学技术；描述一种有效的划船技术模型。

该模型基于对划桨周期的时程分析，用 8 个时相（M1~M8）和 8 个时相之间的转换过程定义整个过程。图 4.1~ 图 4.8 展示了运动员每一时刻的位置，其中的文字并解释了运动员的动作。

阶段 1：躯干准备阶段（图 4.1）。躯干和骨盆以髋关节为中心持续旋转（“绕轴旋转”），腘绳肌和臀肌伸展，膝关节逐渐上升，滑座加速向船尾滑动。运动员根据桨频平柔地拉脚蹬板（桨频越高，速度越快）。

阶段 2：回桨后期（图 4.2）。脚趾开始压脚蹬板，使艇减速，腿 / 滑座速度下降。将桨叶置于垂直状态，桨柄向上推向船尾。在最后一刻（最后 0.02~0.04s），腿部通过脚蹬板“入水”，使桨叶反向进入水中。

图 4.1　划桨周期开始（M1）

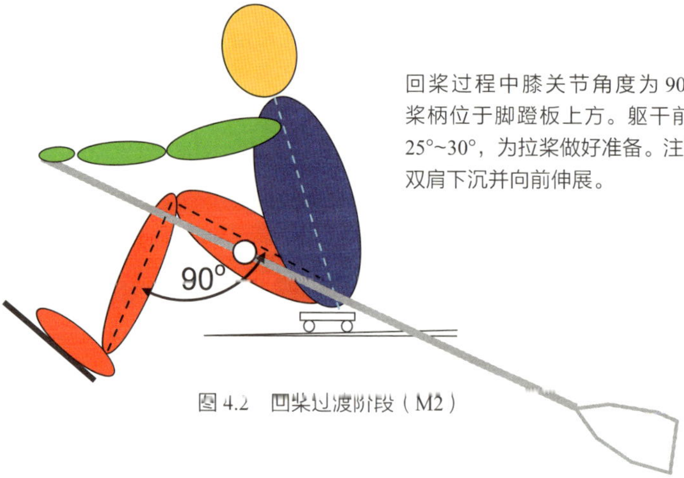

图 4.2　回桨过渡阶段（M2）

阶段 3：桨叶入水阶段（图 4.3）。桨叶快速入水，在船尾溅起一点水花，这是通过用脚趾“踢”脚蹬板实现的，膝关节通过股四头肌快速而轻盈地做功得以伸展。

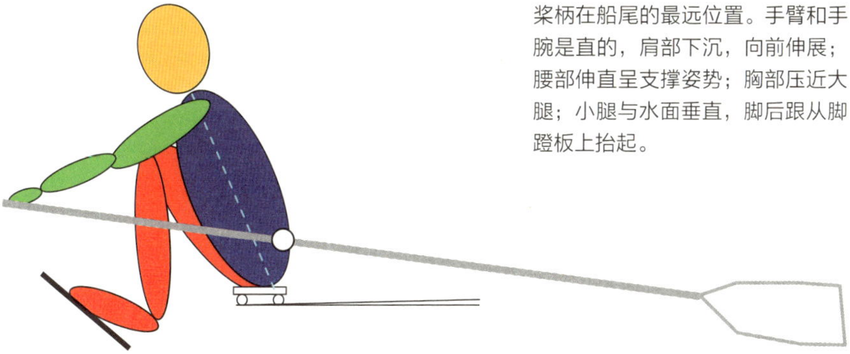

桨柄在船尾的最远位置。手臂和手腕是直的，肩部下沉，向前伸展；腰部伸直呈支撑姿势；胸部压近大腿；小腿与水面垂直，脚后跟从脚蹬板上抬起。

图 4.3　入水（M3）

阶段 4：艇初始加速阶段（图 4.4）。桨叶运动轨迹变为水平方向。桨柄力量迅速增加，艇的加速度变为正值。运动员的质心从滑座到桨柄再转移到脚蹬板上。

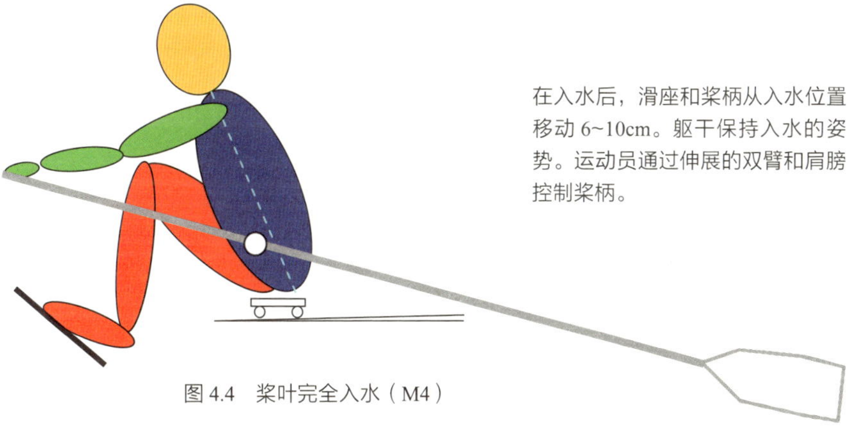

在入水后，滑座和桨柄从入水位置移动 6~10cm。躯干保持入水的姿势。运动员通过伸展的双臂和肩膀控制桨柄。

图 4.4　桨叶完全入水（M4）

阶段 5：运动员加速阶段（图 4.5）。脚跟放在脚蹬板上并用力推。肌肉活动从股四头肌迅速转换到臀肌和腘绳肌，而膝关节伸展也转换为髋关节伸展，“打开”躯干，使膝关节下移，“自动”伸展。利用身体最大的肌群进行最大程度发力。运动员质心的加速度增加，但艇的加速度下降。

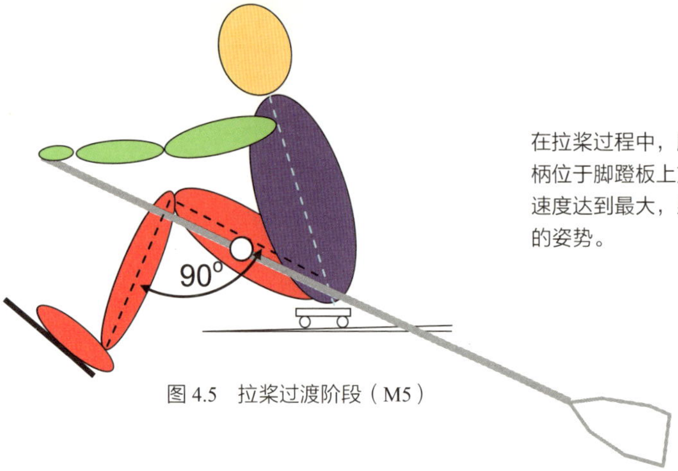

在拉桨过程中，膝关节呈 90°；桨柄位于脚蹬板上方。腿部（滑座）速度达到最大，躯干仍保持入水时的姿势。

图 4.5　拉桨过渡阶段（M5）

阶段 6：艇加速阶段（图 4.6）。通过快速伸展的躯干，以及肩部和手臂的拉动继续加速。力减小，脚蹬板处力的下降速度快于桨柄，从而使艇的加速度明显增加。

桨几乎与艇垂直，桨柄在膝关节上方。腿几乎是伸直的，躯干与水面垂直，肩部和手臂开始拉桨。

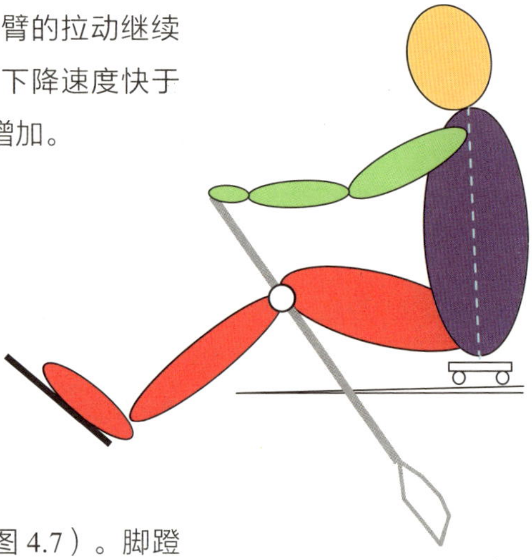

图 4.6　拉桨的中间阶段（M6）

阶段 7：桨叶出水阶段（图 4.7）。脚蹬板处的力量急速下降，但手臂继续快速向前下方拉桨。这使得躯干开始向船尾移动，运动员的质心完全转移到滑座上。桨叶被干净利落地从水中拉出。

腿部伸直，躯干接近最终位置，桨柄有 5~7cm 的移动（越小越好）。手肘与桨柄平齐，桨叶上沿接近水面。

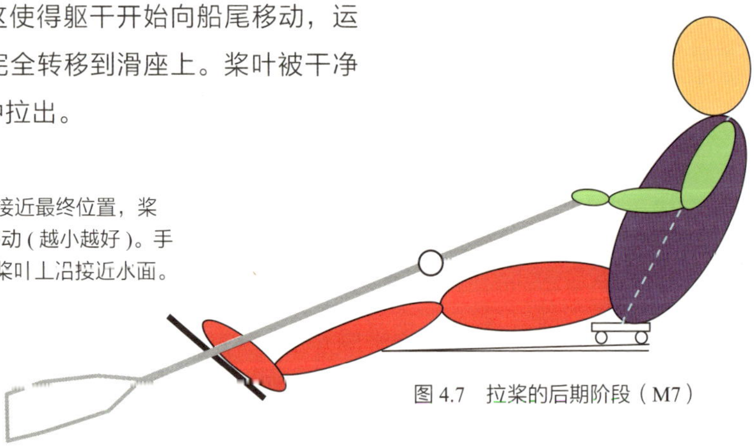

图 4.7　拉桨的后期阶段（M7）

阶段 8: 回桨的早期阶段(图 4.8)。桨柄开始向船尾移动，桨叶出水转桨。手臂和肩部“跟随”桨柄平稳地伸展。然后，骨盆和躯干一起以髋关节为轴向前旋转。

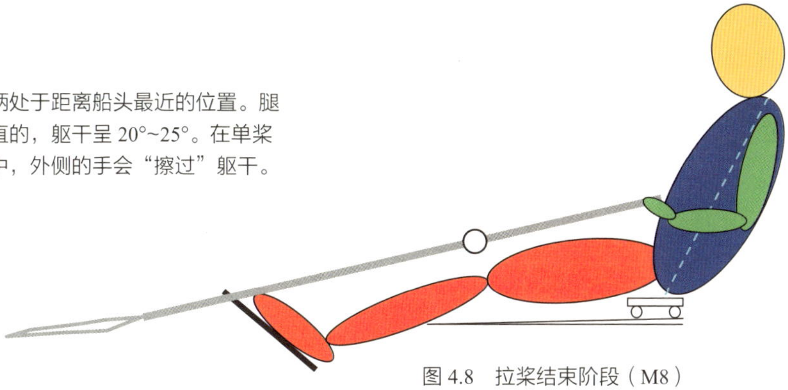

图 4.8 拉桨结束阶段（M8）

划桨周期开始（M1）既是上一个周期的结束也是下一个周期的开始（图 4.1）。重要的阶段和时刻将在下文进行更详细的解释。

4.1.1 入水

此处，入水的定义被扩展为桨在桨柄离船头最远处改变方向前后时刻的一段时间。在此期间，桨叶应迅速完成回桨，加速到拉桨速度，从而克服艇速并产生推进力。有关入水的最常见问题是：入水时运动员的主要目标应该是什么？入水时如何使拉桨柄和推脚蹬板两个动作产生最有效的协调配合？

入水可以通过以下两种方式建模（图 4.9）。

①“发力于桨柄入水”通过拉动桨柄并将桨栓柱作为支点来改变方向。这是对入水传统的理解。

②“发力于脚蹬板入水”推脚蹬板并将桨柄作为人工“支点”来改变方向。力通过脚蹬板—船体—桨架—桨栓柱—桨护皮环，推动桨套并使桨叶加速。显然，桨柄始终是可移动的，理论上不能被视为真正的支点（旋转的固定中心）。本模型的意义只在于实践教学。运动员明确入水时的重点。在这种情况下，桨柄可以被看作人工“支点”。相对于运动员而言，它在纵向上是静止的，但在横向上是移动的。

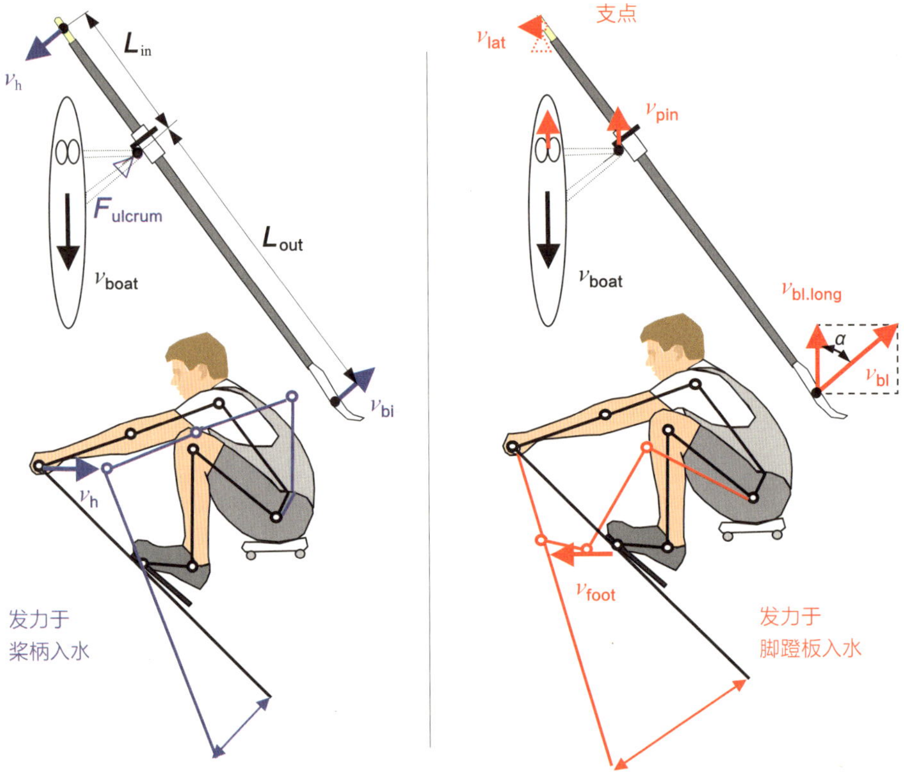

图 4.9　入水时的两种方法原理图

在冠状面和水平（横向）面上使用最简单的平面模型，“发力于桨柄入水”时，桨叶的速度 v_{bl} 可以定义为：

$$v_{bl}=v_h(L_{out}/L_{in})\quad(81)$$

其中，v_h 为桨柄相对于脚蹬板的速度；L_{out} 为有效外柄长，L_{in} 为有效内柄长。

在“发力于脚蹬板入水”时，v_{bl} 可以定义为：

$$v_{bl}=v_{foot}[(L_{out}+L_{in})/L_{in}]\quad(82)$$

其中，v_{foot} 为脚蹬板相对于桨柄的速度。事实上，v_h 和 v_{foot} 在脚蹬板和桨柄之间的速度是一样的。因此，如果它们被建模成相等的值，则第二种方法会多产生 46% 的桨叶速度（以普通配比为例，桨长 2.88m，内柄长为 0.88m）。

桨柄与桨叶速度之比的差异并不是第二种方法的唯一优势。它还得益于腿部肌肉的使用，“蹦床效应”的应用和运动员质心的有效加速度。

因此，这类似于“入水时先拉桨柄再蹬脚蹬板，以避免干扰艇的运行”的教学用语不应被认为是有效的。相反，运动员应该把注意力集中在脚蹬板的快速蹬踏上，同时在纵向上握住桨柄（悬挂在桨柄上），允许其在横向上运动。

4.1.2 案例研究：发力于脚蹬板入水

测试数据来自 36 str/min 的两条单人艇（图 4.10）。运动员 1（奥运会奖牌得主）在桨柄改变方向（入水）前 0.26s 改变了滑座（第 1 指点）的运动方向，所以入水时，他的滑座已经以 −0.4m/s 的速度向船头移动，运动员 2（奥运会决赛运动员）几乎在桨柄改变方向的同时（0.003s 前）改变了滑座（第 2 指点）的运动方向，所以入水时，他滑座的速度仅为 0.06m/s。入水后运动员 2 没有用腿而是利用了躯干发力（第 3 指点）。

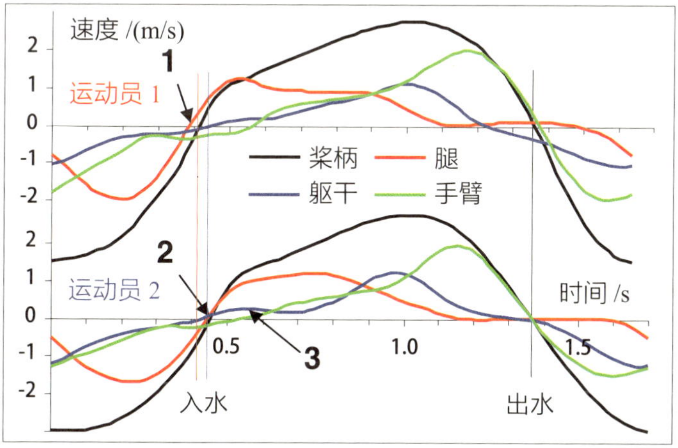

图 4.10　两条单人艇的桨柄和运动员身体各环节的速度（桨频 36 str/min）

两名运动员在拉桨过程中的最大腿部速度（图 4.11，第 1 指点）非常相似（1.22 m/s 和 1.20m/s），但运动员 1 更早达到该速度。此外，运动员 1 入水时的速度更快，他在回桨过程中的腿部最大速度为 −1.95m/s（第 2 指点），而运动员 2 为 −1.68 m/s。因此，运动员 1 在回桨过程中获得的加速度要大得多（第 3 指点），且能在入水前获得更高的最大速度（第 4 指点）。

运动员 1 所在艇加速度的负峰值较大，出现时间较早，与入水相吻合（第 5 指点），这与更早地“踢”脚蹬板以改变滑座的运动方向有关。运动员 2 所在艇加速度的负峰值较小且出现较晚（第 6 指点）。入水时的艇 1 的速度相对更小，这使得桨运动的方向更容易改变，可使桨叶更早入水（第 7 指点），而不会使桨叶背部溅起水花。

运动员 1 的加速度更早且更大，这意味着他的质心在入水之后移动得更快（第 8 指点）。这有助于运动员 1 更快地发力（第 10 指点）：桨角改变 10° 就可以提高到最大力量的 70%，而运动员 2 达到该力值需要改变 16°（桨角）。这个力通过桨栓传递到艇上，并导致艇的加速度出现了第一个峰值（第 11 指点）——它迅速增加了艇的速度（第 12 指点），这被称为“蹦床效应”。

运动员 1 的“主要加速度”也更为显著（第 13 指点）。在这个子阶段，他的蹬腿速度更慢。虽然运动员 1（95kg）比运动员 2（100kg）轻，但他积累的动能（737J）比运动员 2（660J）多。所以最终运动员 1 的功率增加了 10.5%，他的艇速提高了 3.9%。尽管对应的测试天气更差，但是运动员 1 仍然表现得更好。

结论：“发力于脚蹬板入水”的技术有以下优点：运动员入水更快，能更早更快地从脚蹬板上“反弹”回来，使入水更有效；运动员可以更早更为有效地加速，能借助最有力的肌肉群获得更快的加速。

4.1.3 桨叶入水

在入水（应用其扩展定义）过程中和之后，桨叶必须加速向下进入水中。虽然一些教练员认为运动员只需将手臂的质量从桨柄上移开，然后“让桨叶”自然入水即可，但重力加速度不足以使桨叶快速插入水中。

标准双桨艇的桨（2.90/0.88m，质心距桨柄顶部 1.42m）自由下落的角

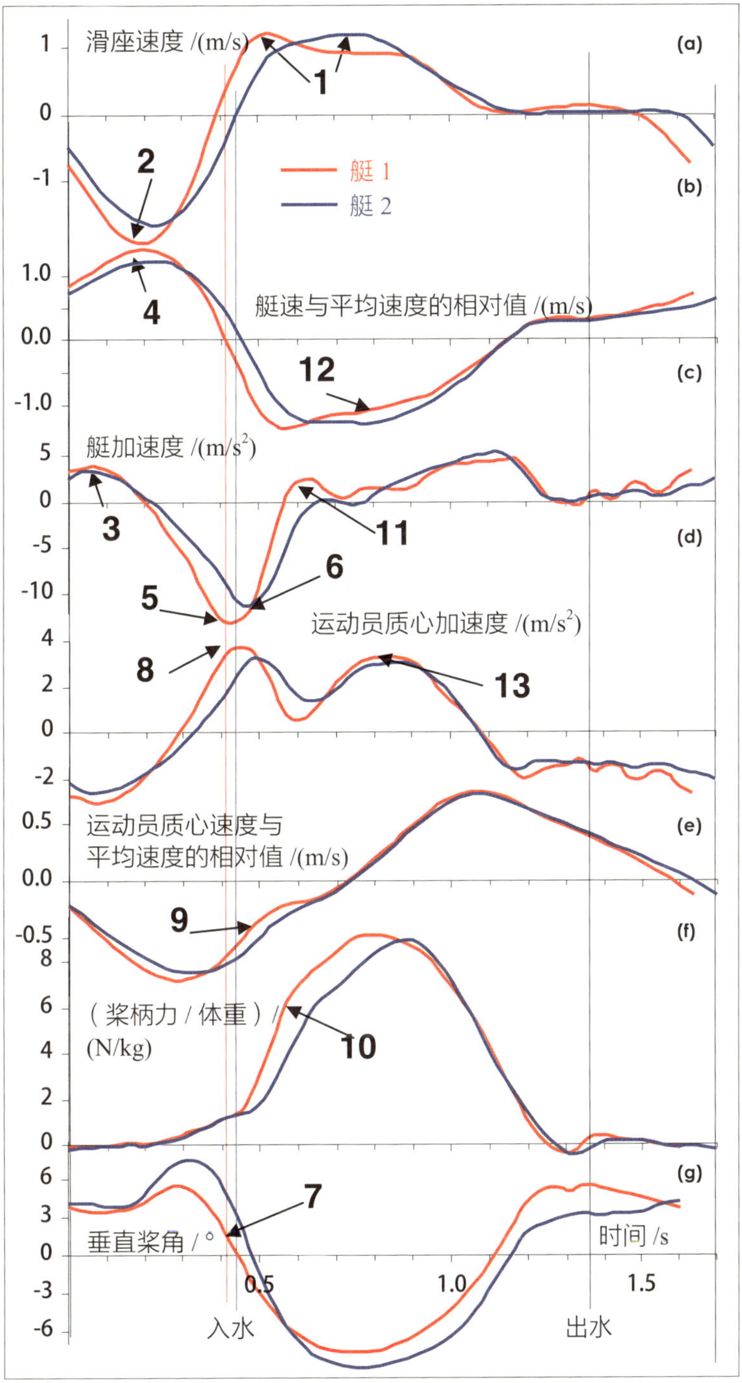

图 4.11　两名单人艇运动员的主要生物力学变量的叠加数据

加速度约为 240°/s²，单桨艇的桨（3.77/1.15m，质心处于 1.80m 处）约为 200°/s²。入水时，桨必须将其垂直角度从 +5°（正表示桨叶的中心高于水平面）降至 −5°；也就是说，它必须移动 10° 左右。以自由下落对应的角加速度完成这个运动幅度需要大约 0.3s，这几乎是拉桨时间的三分之一。在我们的测量中，最优秀的运动员的桨垂直加速度峰值能够达到 400°/s² 以上。这就意味着，他们在桨柄上施加了向上的垂直力，将加速度提高到重力加速度的近两倍。

入水时只使用重力加速度会使垂直入水打滑加倍。这增加了桨叶在水中的滑移，降低了桨叶的推进效率，会造成能量耗损。要实现有效的桨叶入水，运动员必须在入水前对桨柄施加一个相当明显的向上的力。

入水时的最大垂直加速度高度依赖于桨频（图 4.12）。通常情况下，当桨频大于 30 str/min 时，垂直加速度超过自由落体速度。这就意味着运动员可以在低桨频时“让桨叶入水”，但在高桨频时必须施加向上的力。通常，运动员不能以更高的垂直运动来弥补高桨频下桨叶在水平方向的快速运动。这一事实的证据是桨频与入水打滑（r=0.24）和出水打滑（r=0.38）呈正相关。统计数据显示，双桨的入水打滑较短，而单桨的出水滑移较短（表 4.1）。

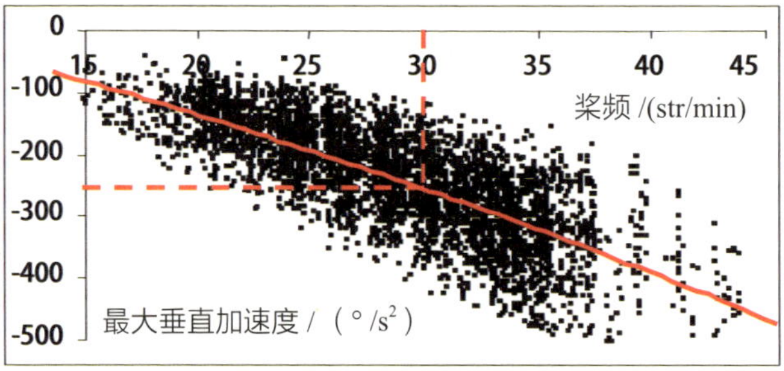

图 4.12　桨垂直加速度对桨频的依赖性 (n=5222，r=−0.76)

表 4.1　桨叶的常规数据

入水打滑 / °					
	非常好	好	平均	差	特别差
单桨	6.9	10.1	13.4	16.6	19.8
双桨	4.3	7.1	9.9	12.7	15.5

出水打滑 / °					
单桨	3.6	9.0	14.3	19.7	25.1
双桨	7.7	13.2	18.7	24.2	29.7
有效角度 /%					
单桨	82.5%	75.4%	68.3%	61.3%	54.2%
双桨	86.3%	79.7%	73.0%	66.4%	59.7%

应在桨柄上施加向上的力，使桨达到足够的垂直加速度。这个桨柄力 F 可以通过它的力矩 M 和相对于旋转中心（桨架）的杠杆 L 来定义，其中 M 与角加速度 ω、桨的转动惯量 I 有关：

$$F=M/L=I_{\omega}/L \quad (83)$$

标准双桨的转动惯量 I 为 3.2kg·m，单桨为 6.6kg·m。双桨的杠杆 L（通常取内柄距）为 0.88m，单桨为 1.15m。根据公式 83 可知，双桨运动员需要在每个桨柄上施加 10N 向上的力（除重力外的力），才能达到有效桨叶入水所需的 400°/s^2 的桨加速度。单桨运动员需要为相同的加速度施加两倍的力，即 20N。

以下方法可以让桨叶在入水时获得更快的垂直加速度。入水前，桨叶不应过高，即所谓的“扬桨”。结果表明，入水打滑与入水前最大的垂直桨角呈正相关（r=0.21）。

将垂直向上的推动力和桨叶转正结合起来是一个复杂的协调过程。分解这两种运动会容易一些：先将桨叶转正，然后将桨叶放入水中。这个方法可以推荐给初学者和年轻运动员。然而，提前将桨叶转正会显著增加桨叶的空气阻力。此外，波动的水面条件不允许提前将桨叶转正。因此，优秀运动员往往采取在桨叶转正的同时对桨柄施加向上的力。

在双桨划桨过程中有效地使用拇指很重要，因为在此过程中必须用拇指把桨柄向外推，保持桨与桨栓相接触。因此拇指应该放在桨柄的外底边缘，并用远端指骨握住其底部（图 4.13）。在回桨过程中，拇指控制桨柄的垂直位置并将其向前推进。在入水之前，拇指快速地转换成向上的冲力同时向后转动（图 4.13b），这样就可以将桨叶转正，随后使其快速入水。这种向上的冲力必须非常快，否则桨叶会入水太深，导致动作无效。

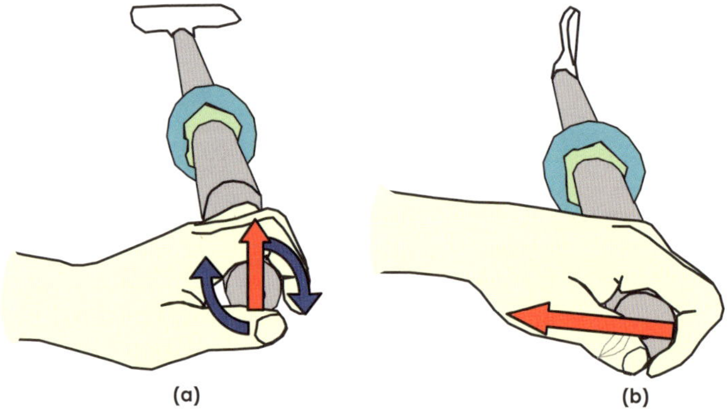

图 4.13　在桨叶入水阶段使用拇指

为了更好地使桨叶入水，最简单的方法是以入水的桨叶姿势进行短程划，目的在于使桨叶尽可能减少打滑。由于桨柄速度与艇速的比值在较大的角度下最低，因此运动员可以很舒服地练好入水。当桨与艇接近垂直的位置时，很难实现小角度的入水。因此，在“提拉划（只用手臂）”和“1/4 滑座划”练习中，必须强调入水时的垂直冲力。

4.1.4 划桨风格与身体环节的顺序

最受认可的划桨风格分类是在 1977 年由克洛沃劳（Klavora）完成的[28]，他定义了三种划桨风格：亚当（Adam）技术风格、前东德（DDR）技术风格、卢森堡（Rosenberg）技术风格。

亚当技术风格——腿部蹬伸时间相对较长，躯干幅度有限，划桨时腿部与躯干同时运动。

前东德技术风格——躯干大幅度前倾，发力时从躯干开始，随后是同时进行的蹬腿动作。

卢森堡技术风格——躯干大幅度前倾，强有力蹬腿时躯干无明显活动，拉桨结束时躯干后仰幅度大。

这些风格的定义是基于两个最大的身体环节（腿和躯干）的顺序（同时

发力还是先后发力），以及腿和躯干在发力过程中的幅度和侧重。这两个因素可以用象限表示，其中 X 轴代表腿和躯干的顺序（同步或先后），Y 表示发力的侧重点（腿或躯干）（图 4.14）。

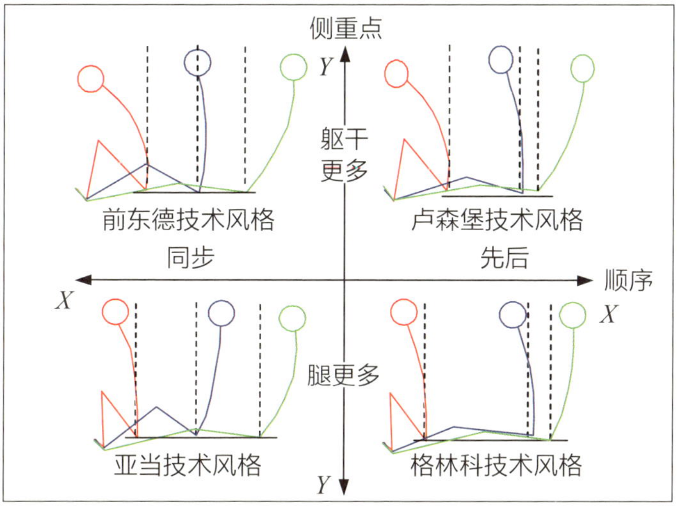

图 4.14　划桨风格象限

结果表明，三种风格对应象限的三个区域，象限的右下角是空的。据推测，应该有第四种划桨风格，其在顺序上是先后发力，发力的侧重点在于腿。人们发现，这种风格由天才教练员伊戈尔·格林科（Igor Greenko）在实践中发现的。格林科在苏联、美国和中国执教过许多赛艇世界冠军，包括男子单人艇世界冠军和雅典奥运会银牌得主朱埃里·詹森（Jueri Jaanson）。伊戈尔·格林科对这种划船风格的分类给予了积极反馈。伊戈尔记得当他的运动员在 1986—1987 年的四人双桨比赛中获得第一枚金牌时，一些教练员的评论是“我不明白他们怎么能用这种技术赢得金牌”。然而，几年后，这些教练员更好地理解了这种风格，并试着模仿它。1987 年，三届奥运会单人艇冠军维亚切斯拉夫·伊万诺夫（Viacheslav Ivanov）告诉伊戈尔，他喜欢这种技术风格。他说，这种技术非常接近他想象中的完美技术。

这些技术风格的纯粹例子不常见。大多数运动员的风格介于这四个极端之间。功率曲线与划桨风格（身体环节的顺序）之间没有功能上的联系，任何划桨方式都有可能更快或更慢地增加力值，提前或推后达到峰值的时间。因此，下面的模型只具有观测价值，没有严格的实验验证。

总功率（力和速度的乘积）被模拟为分段功率之和（图 4.15），从中可以得出风格的以下特点。

（1）腿部和躯干的同时做功（前东德技术风格和亚当技术风格）产生更接近方形的功率曲线，但该峰值功率低于其他风格。对桨叶施加更均匀的压力可以提高其推进效率，但是，更慢和更趋于静态的腿部和躯干发力不足以传递最佳功率。

（2）腿和躯干的先后做功（卢森堡技术风格和格林科技术风格）产生了三角形的功率曲线，具有更高的桨力峰值和功率曲线。

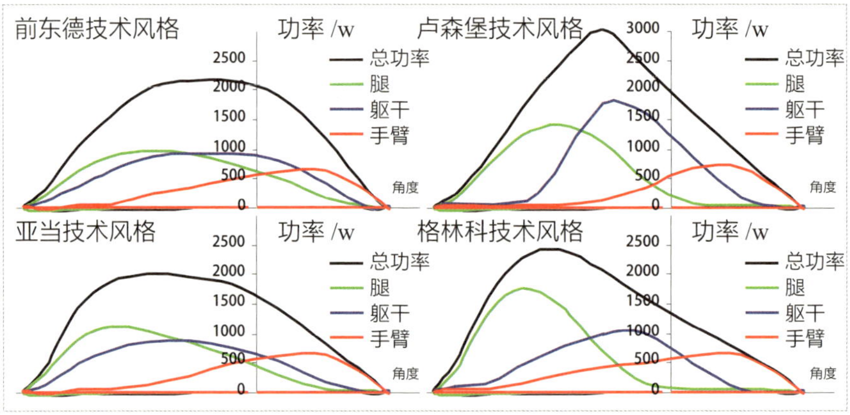

图 4.15　四种划桨风格功率曲线的建模

对腿部或躯干的侧重会影响到力的位置和功率峰值。侧重腿部的风格（亚当技术和格林科技术风格）会更快增加桨力，更早达到桨力曲线峰值。这有助于改善艇的初始加速阶段（见本书 3.2.2），能使拉桨更有效。

强调躯干的风格（卢森堡技术风格和前东德技术风格）由于更好地利用了大肌肉群（臀肌和最长肌）从而可以产生更高的功率。这些肌肉收缩的速度是相当缓慢的，因为它们的功能是维持人体的姿势，所以这种风格的桨力和功率通常提高得较慢。然而，这些类型的运动员必须付出巨大的代价才能获得更高的功率：大质量的躯干进行大幅度动作会增加惯性损耗，使船体产生更大的振荡，增加阻力。

上述划桨风格的分类是在 20 世纪 70 年代得出的，可以看到当时国际赛艇界中技术的多样性。现在，我们仍然可以从一些运动员身上看到上述四种风格分类的鲜明特点（图 4.16）。然而，大多数优秀的运动员采用的风格介于这四种类型之间，因此可以将他们这种融合后的风格统称为“现代国际划桨风格”[29]。

图 4.16　赛艇同步和先后划桨风格的例子（两条艇同为 2003 年世界冠军用艇）
上：同步风格，德国四人双桨；下：先后风格，意大利轻量级男子双人双桨

4.1.5 案例研究：先后和同步划桨风格

实验数据是从两名男子单人艇运动员（图 4.17）在桨频为 36str/min 时测得的，其技术风格可以被定义为先后划桨风格（运动员 a）和同步划桨风格（运动员 b）。

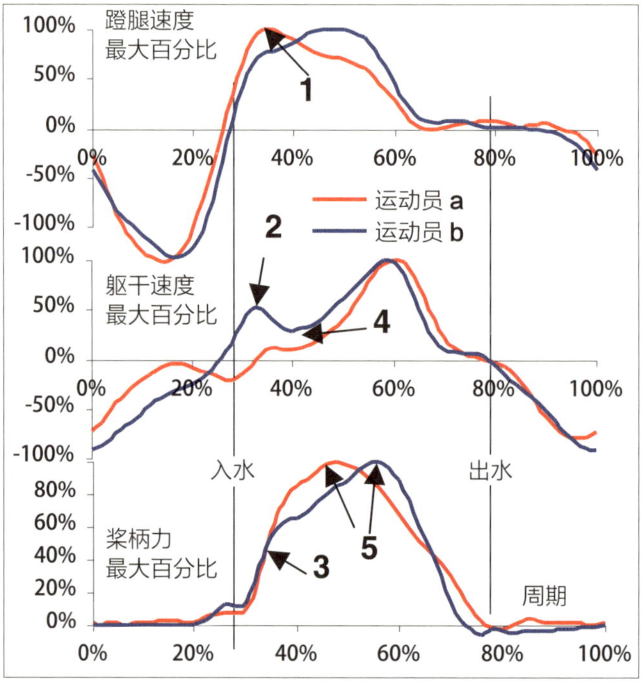

图 4.17　先后和同步划桨风格的实验数据

在拉桨开始时，运动员 a 强调腿部伸展和蹬脚蹬板（第 1 指点），而运动员 b 的划桨风格更多采用上半身做功和拉桨柄（第 2 指点）。两名运动员的桨柄力在增加至 50% 最大力值之前是相似的（第 3 指点），但此后运动员 b 的力值曲线趋于平缓，这与他躯干速度（第 4 指点）的减小是一致的。因此，运动员 a 更早达到桨力峰值（第 5 指点），这说明他的风格效率更高。这是一个很典型的例子，在许多其他运动员中也发现了类似的划桨风格和力值曲线。

4.1.6 身体环节做功

BioRowTel 系统，可以通过线式传感器对单人双浆、双人双桨和双人单桨的滑座及躯干上半部分的运动进行测量（只在大艇上测量滑座做功）。在躯干测量中，传感器安装在支架上（图 4.18），传感线在胸锁关节的水平高度处（C7 到 T1 椎体之间）连接到躯干上，所以它测量的是脊柱的运动，而不是肩部的运动。因为肩部的运动被包括在手臂运动中，所以可以简单地称之为“手臂运动”。

图 4.18　用 Bio－RowTel 系统测量躯干的姿势

假定腿的运动幅度和速度 v_{legs} 与滑座的运动相同，则躯干速度 v_{trunk} 是由躯干上半部分速度 v_{tt} 与滑座速度之差推导出来的。“手臂运动” 的速度 v_{arms} 是由桨柄速度 v_h 与 v_{tt} 之差推导出来的。桨柄速度 v_h 是由桨角速度 ω 和实际内柄距 $L_{in.a}$ 导出的。

$$v_h=\omega L_{in.a} \quad (84)$$

统计分析（n=5437）显示，所有三个环节在划桨距离中所占的比例几乎相等，各占约三分之一：腿占 33%，躯干占 31%，手臂占 36%。然而，大多数腿部和躯干运动发生在拉桨的前三分之二（此时的力值水平高），而手臂做功主要在出水的时候，此时力值水平低（图 4.19）。因此，腿（43%）和躯干（33%）占总功率的平均份额较大，而手臂（24%）则更小。这取决于划桨风格和力值曲线的形状：身体环节的先后运动和前程发力增加了腿的份额；同步风格和后程发力增加了手臂（和肩部）的份额。第一种风格更有效，因为事实证明腿部和躯干的肌肉体积更大，效率更高，更有力。因此，在优秀的世界级运动员的身体环节力值中，躯干所占的份额更大，手臂所占份额较小：腿部占 43%，躯干占 36%，手臂占 21%。

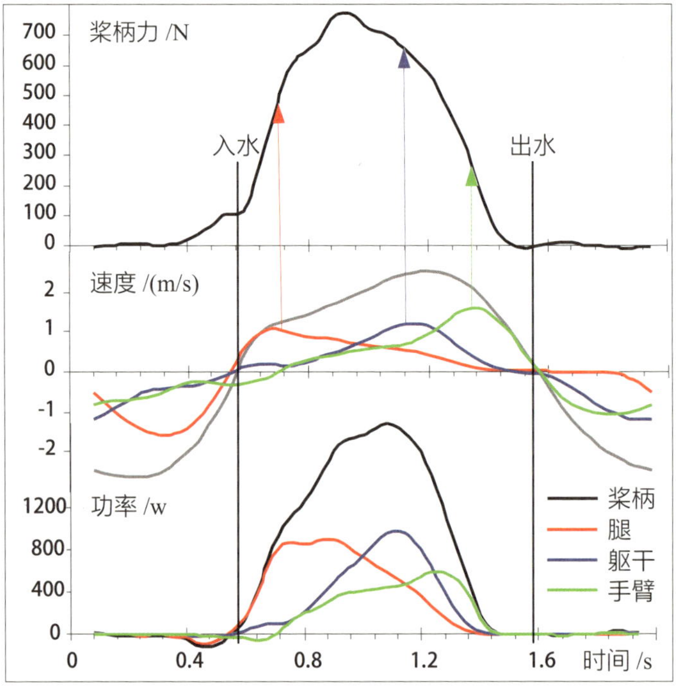

图 4.19　桨频为 32 str/min 时的力值曲线、身体环节速度和功率

上述仪器测量与关节角度有关，且该测量利用视频进行了分析。有研究根据 2014 年在阿姆斯特丹举行的世界小艇锦标赛期间对 25 名优秀运动员拍摄的视频记录，分析了他们在入水时躯干角度 α_1 和出水时躯干角度 α_2 相对于垂直轴线时的躯干角度（图 4.20）。

图 4.20　躯干角度的视频分析

分析发现，入水时的躯干角度 α_1 为 22.5°（±4.6，最小值 12°，最大值 31°），出水时 α_2 为 25°（±6.2，最小值 8°，最大值 35°），所以躯干的总角位移平均为 47.5°（+6.5°，最小 32°，最大 60°）。假设从臀部到肩膀（C7—T1）的躯干长度大约是 0.6m，则躯干上半部分的线性位移为 0.5m，这相当于用遥测技术测量的平均划桨距离 1.52m 的三分之一，因此，这两种方法良好的一致性得到了确认。

增大躯干运动幅度可以更好地利用臀肌和腘绳肌（两个最大和最强的肌肉群），并有助于提高输出功率。然而，它会使质量更大的躯干部分产生明显的运动，增加惯性损耗和艇的垂直振动，从而增加阻力。因此，躯干的运动幅度必须是最优的。世界上优秀运动员的平均值（在垂直方向上 ± 25°）可以作为参考。

4.1.7 出水

出水时，运动员向船头的运动应减速，向船尾的运动应加速。出水可以通过两种方式实现：拉脚蹬板或拉桨柄。

一些教练员认为第一种方法更有效，因为当力经由伸直的腿传递时，所需的能量较少。他们认为，在第二种情况下，惯性力通过弯曲的手臂传递需要消耗一些肌肉能量。下面的几个参数支持通过桨柄实现出水（以下简称 FH），不支持通过脚蹬板实现出水（以下简称 FS）。

① FH 在桨叶上产生推进力（图 4.21），这是推动整个系统前进的唯一

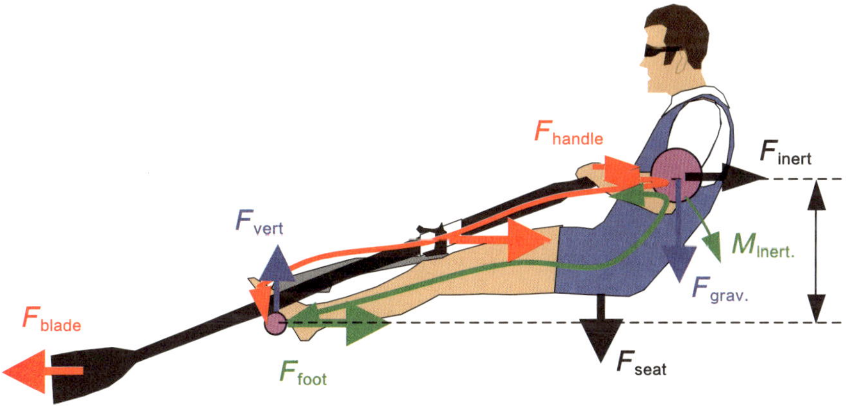

图 4.21　出水时力的原理图

外力。动能从运动员到艇的转移过程中，FS 起着内部传递的作用，不产生任何外部推进力。此外，如果桨叶还在水中，拉动脚蹬板会产生制动力并减缓系统的速度，这是背向划船的赛艇运动员所熟悉的。

② FH 不会使艇下沉。出水时，腿相对于艇几乎是静止的，并且运动员上身以髋关节为轴转动，因此其更靠上的部分具有更快的速度。惯性中心（施加最终惯性合力的假想点）位于躯干高度的 2/3 处左右；也就是说，运动员的质心非常接近桨柄的高度。因此，FH 的作用力与反作用力在一条直线上，不会产生旋转力矩。相比之下，脚蹬板上的力作用在距离躯干惯性中心垂直距离 H 处。这就产生了扭矩 $M_{foot}=F_{inert}\times H$，必须由滑座力保持平衡，且该值可以达到运动员体重的 140%~150%。额外的垂直力使艇下沉，增加了其排水量和阻力。另一个可以增加滑座力的是躯干重量的力矩。采用 FS 时，这种力是由作用在脚蹬板上向上的垂直力进行平衡的，这会增加艇的颠簸和艇身的波阻。

③ 借助桨的杠杆作用 FH 会更加有效。采用 FS 时，施加于运动员和艇的质心的力是相等的。

$$F=m_{boat}a_{boat}=m_{rower}a_{rower} \quad (85)$$

采用 FH 时，作用在艇上的力为：

$$F=m_{boat}a_{boat}=m_{rower}a_{rower}(L_{oar}/L_{out})\cos\alpha \quad (86)$$

这使得出水时，桨角 α 在 30°~40° 的情况下，艇的加速度提高了 15%~25%。

④ FH 使腿部肌肉（股四头肌）更早得到放松，让这些在拉桨过程中努力做功的肌肉在回桨过程中更好地恢复。股四头肌是双关节肌肉，连接小腿和骨盆，跨过膝关节和髋关节。采用 FS 时，这些肌肉必须在等长收缩状态下使用，防止膝关节和躯干屈曲。

⑤ FH 对臀部、腹部肌肉和肌腱的损伤风险较小，但这些肌肉和肌腱在高桨频情况下采用快速 FS 时可能会超负荷。

结论：通过拉桨柄使躯干复位是出水时唯一有效的划桨技术。

使用桨柄实现出水的训练非常简单——将脚从脚蹬板上拿开。应在不同的桨频下进行此练习，并且在拉桨过程中蹬脚蹬板不应受到影响。运动员应在拉桨过程中尽可能长时间地蹬脚蹬板，然后用手臂快速进行反向运动，为躯干提供复位的动力。

4.1.8 回桨过程中的身体环节

人们通常可以发现，回桨过程中身体环节的顺序和速度与拉桨过程中的顺序成镜像。桨角变化的身体环节速度图（图 4.22）表明，相对于 X 轴的曲线看起来是镜像的，其中负方向的（回桨）部分与正方向的（拉桨）部分类似。

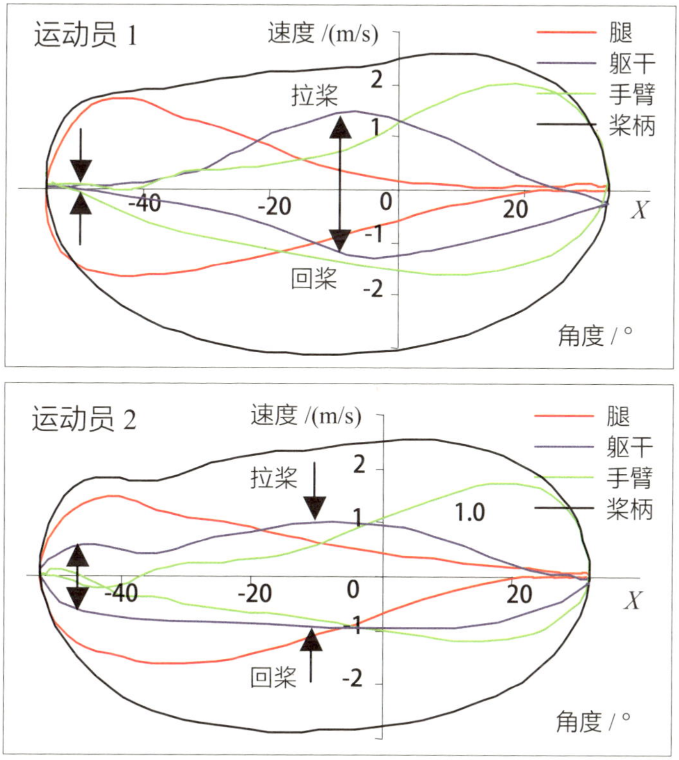

图 4.22　回桨过程中身体环节顺序的镜像示例

回桨过程中运动员 1 的躯干更早做好准备，且发力于脚蹬板入水。此时，躯干已准备好进行拉桨，其速度接近于零。该运动员在入水后快速蹬腿，之后躯干速度增加。这种“先后”风格产生了更高的相对最大力和功率。

运动员 2 将躯干速度分配于整个回桨过程中，直至入水前最后一刻。因此，该运动员在拉桨早期就“打开了身体”，躯干在整个拉桨过程中都在持续运动。这种同步划桨风格产生的最大力和功率更低，力值曲线的形状更接近方形。

这些现象没有力学方面的原因，当然，如果有特定目标，运动员在拉桨和回桨中可以按不同的顺序练习。然而，观察表明，这种现象很普遍，例外的情况非常少。这个现象也许可以用神经运动控制理论进行解释。

这一原理的简单实际应用如下：为了在拉桨过程中实现特定的身体环节顺序（腿—躯干—手臂）练习，在回桨过程中应该进行镜像顺序（手臂—躯干—腿）练习。在回桨过程中，躯干应该有非常明显的快速运动（“以髋关节为轴旋转”），并用桨柄在脚蹬板上方且膝关节呈直角的位置来确定入水时躯干的角度（M2）。在这一位置之后，躯干应为拉桨做好充分准备，并保持角度不变，只有腿部继续回收复位，直至入水。

4.1.9 回桨过程中桨叶转正

在回桨过程中，桨叶转正或转桨技术是很重要的。桨叶在空中运动的速度可达 14m/s（50km/h），该值等于艇速（回桨过程中，男子八人单桨最高可达 7m/s）和桨柄速度（高达 3m/s）之和乘以杠杆比率（2.3~2.4）。桨叶的空气阻力很大，因为它随着速度的平方增长。如果运动员在回桨过程中过早地进行转桨，就会增加迎风面积，造成艇速的额外损失（图 4.23）。

结论：如果在回桨过程中过早转桨，则在 2km 的比赛中，该艇的运动员可能会在平静无风的情况下损失 10s 的时间，在逆风（风速）为 5m/s 的情况下，可能会损失 30s。

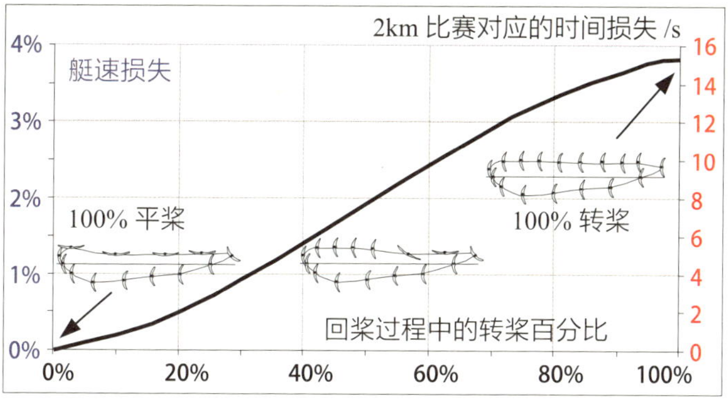

图 4.23　回桨过程中因转桨时间不同造成的速度损失

4.2 多人艇的同步

4.2.1 定义

由于多种原因，运动员动作和发力的时间同步是有效划桨的重要前提。一条艇上的运动员通过脚蹬板和船体连接在一起。同步的重要性可以用“蹦床效应”的概念来说明，它解释了艇和运动员质量加速度的总和。想象一下，两个跳跃者在不同时间落到蹦床的相同地方：当蹦床要回弹让第一个跳跃者加速时，第二个跳跃者落了下来。由于第二个跳跃者的影响，蹦床的加速作用会停止，第一个人跳不高。第二个跳跃者会受到蹦床的颠簸，而颠簸会快速传到后者的脚上，他可能会受伤。因此，运动员必须同步运动和发力，否则运动员的效率就会降低。

最简单的测量同步的方法是在桨改变运动方向时，检查入水时间和拉桨时间。这可以通过逐帧视频分析完成（推荐使用高速视频来提高精确度），或者使用生物力学设备（遥测系统）进行。对一条艇运动员的同步性进行量化评估的详细方法是根据桨柄和滑座的速度、桨柄力量和垂直桨角进行的，图 4.24 阐明了这一方法。

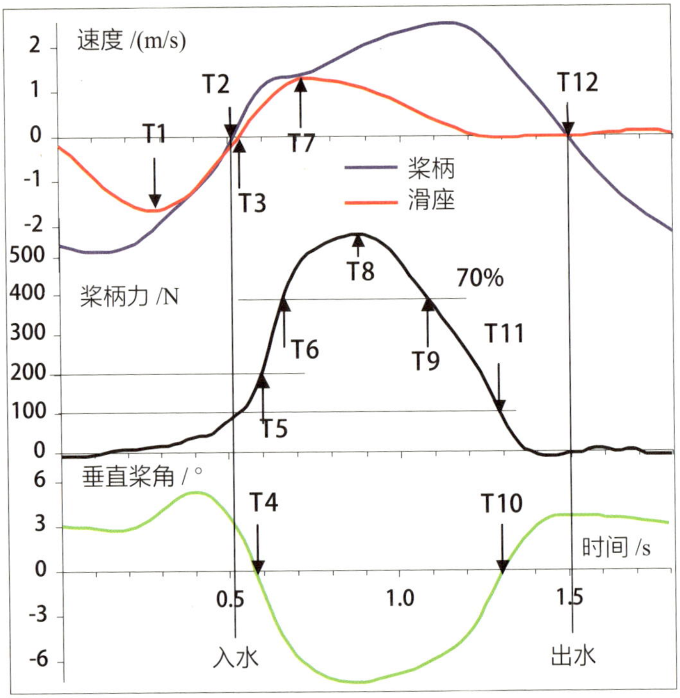

图 4. 24　同步标准的定义

确定周期的 12 个关键时刻：

T1，运动员对脚蹬板的作用力由拉变推，滑座速度出现回桨阶段的（负）峰值；

T2，入水，桨柄速度为 0，桨改变方向由回桨转为拉桨；

T3，入水，滑座速度为 0，滑座改变方向；

T4，入水，桨的垂直角度为 0，桨叶中心穿过水平面；

T5，入水时的力为 200N（双桨为左右力量之和），此时桨叶抓水。该阈值用于区分水中的力和惯性力；

T6，力达到最大力的 70%，表明有大肌肉群参与；

T7，拉桨过程中滑座速度达到峰值，表明运动员质心加速；

T8，力达到峰值，发力的重点；

T9，力下降至最大力的 70%，表明拉桨阶段力的保持；

T10，出水时桨的垂直角度为 0，反映桨叶出水；

T11，出水力 100N（双桨为两桨力量之和），拉桨阶段结束；

T12，出水，桨柄速度为 0，桨改变方向，由拉桨转为回桨。

为了评估同步性，对一条艇上每个运动员在这 12 个时刻中每一个时刻里与领桨运动员的时间差进行计算。然后，计算出了下列值。

① 所有运动员差异的平均值。如果一些运动员划得快（负差值），一些划得慢（正差值），则该值可能为零。因此，该值只能用于确定同组人员的总体趋势方向。

② 差值的标准偏差 *SD*，定义了同步性的幅值，而不是方向（它总是正的），应该被作为同步的主要度量标准。为了简单起见，可以假设所有运动员的同步性都在 ±3*SD* 范围内。

将收集到的八人艇的数据（表 4.2），分为三组：

J——俱乐部、学校和大学的青年运动员（*n*=338，样本来自不同桨频）；

B——国家级的成年运动员（*n*=161）；

A——国际级的成年运动员（*n*=170）。

表 4.2　这三组同步的平均方向和幅度

时刻	A 组 /ms	± *SD*	B 组 /ms	± *SD*	J 组 /ms	± *SD*
T1	−9.8	62.6	−17.2	34.3	−11.2	41.6
T2	−13.8	15.2	−2.7	17.0	−12.9	20.2
T3	−14.3	55.3	−11.6	21.4	−13.2	27.7
T4	−0.1	34.4	−1.5	38.9	−23.2	44.0
T5	−4.9	18.1	−0.9	42.6	−0.3	31.7
T6	6.0	33.3	2.1	67.4	6.4	46.6
T7	11.3	71.6	−4.5	47.6	−4.9	58.5
T8	16.4	51.6	−9.3	85.8	−3.4	67.9
T9	4.1	39.8	−4.5	77.4	−1.2	51.7
T10	5.9	131.5	−21.3	216.4	−52.0	219.4
T11	2.7	23.6	−9.1	65.4	−11.2	36.3
T12	5.2	17.6	6.5	22.2	−4.9	25.3
平均值	0.7	46.2	−6.2	61.4	−11.0	55.9

不出所料，A 组的八名单桨运动员（12 个时刻的平均 *SD* 为 46.2ms）的同步性比 B 组（61.4ms）和 J 组（55.9ms）要好。A 组的平均方向接近零，B 组和 J 组为负数，但在入水前后的所有时刻（T1—T5），所有组均为负数，这意味着跟桨运动员整体上会快于领桨运动员。研究发现，在桨频更高的情况下，入水和出水的同步效果要好得多：T2 和 T12 的平均 *SD* 从 20str/min 的 25~30ms 下降到 40str/min 的 10~15ms（相关系数分别为 $r=-0.46$ 和 $r=-0.42$）。

4.2.2 同步性的案例研究

用 BioRowTel 遥测系统（图 4.25）获得的数据说明了同步的重要性。对两条四人双桨（A 和 B）艇的青年运动员进行了桨频为 33.5~34str/min 的测试，其中 A 组在入水时桨柄（第 1 指点）、滑座（第 2 指点）的运动和入水后力的增加等方面的同步性比 B 组要好得多。

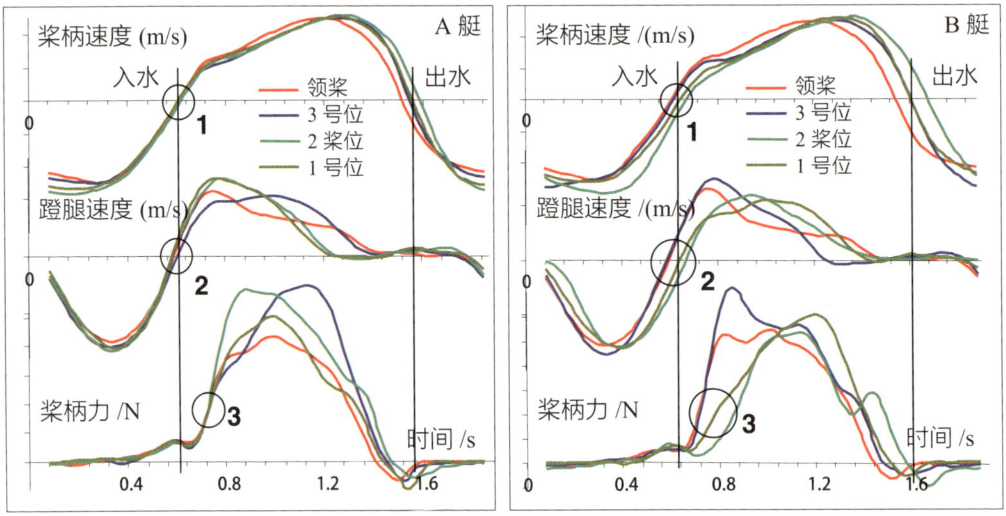

图 4.25　两条四人双桨 (A 和 B) 艇的青年运动员在桨频为 33.5~34 str/min 的生物力学变量

雷达图是一种有效描述数据同步性的呈现方式（图 4.26），其中 12 个轴表示相应的时间刻度。由于同步被定义为相对于领桨运动员的时间间隔（以 ms 为单位），领桨的数据总是为零，在图上呈现为一个红色圆圈。负值位于红色圆圈内，表示较早于领桨运动员。正值在红色圆圈之外，表示晚于领桨运动员。

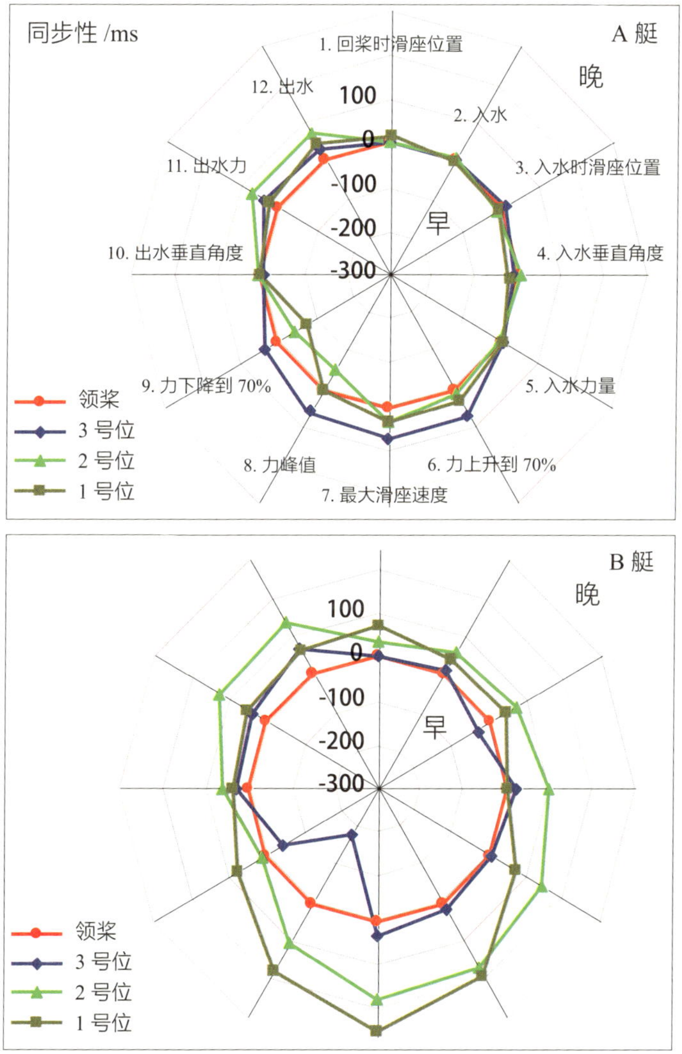

图 4.26　以雷达图的形式显示的两条四人双桨艇 A 和 B 的同步数据

两条艇中有三名运动员是相同的，只有一名运动员被替换掉，另外两名运动员换了座位。尽管总功率略低，但在天气和水面条件相同的情况下，同步性更好的 A 艇速度快了 2.1%（2km 比赛对应为 7s）。因此，A 艇用公式(3)得到的阻力更小，这与同步性更好而导致的内部能量损失更低有关。

表 4.3 显示了两条艇的运动员在 12 项标准中的同步幅值（三名运动员的标准时间偏差，不包括领桨运动员）及其与阻力的相关性（基于相同天气条件下，两组运动员采用不同桨频得出的 16 组数据示例）。平均而言，A 艇的同步效果比 B 艇好两倍以上：A 艇的同步幅值为 38.7ms，B 艇为 65.2ms。A 艇的最重要的指标（与阻力的相关性最高）甚至更好：入水时，他们桨柄的同步程度要比 B 艇好四倍（5.9ms 和 25.7ms）；滑座改变方向的同步性几乎比 B 艇好四倍（分别为 11.7ms 和 41.4ms）；入水时所获得力的同步性几乎比 B 艇好 12 倍（4.7ms 和 69.7ms）。

表 4.3　两组四人双桨艇的同步幅度及它们与阻力的相关性

	标准	A 艇 /ms	B 艇 /ms	与阻力的相关系数
T1	回桨时滑座位置	20.4	36.1	0.60
T2	入水	5.9	25.7	0.64
T3	入水时滑座位置	11.7	41.4	0.65
T4	入水垂直角度	23.1	50.2	−0.25
T5	入水力	4.7	69.7	0.42
T6	力上升到 70%	66.4	95.1	0.52
T7	最大滑座速度	101.9	110.3	0.31
T8	力峰值	123.9	191.0	0.31
T9	力下降到 70%	58.1	57.9	0.38
T10	出水垂直角度	4.6	17.0	0.48
T11	出水力	22.5	47.0	0.36
T12	出水	20.8	41.0	0.27
	平均	38.7	65.2	0.60

在上述 12 项中，阻力值与平均同步值的相关性最高（r=0.60）。这证实了同一条艇上运动员间良好的协调配合对取得好成绩来说非常重要。

4.2.3 提高同步性

如果运动员总是早于或晚于领桨运动员（平均差异显著，但 *SD* 较小），则可以通过视频或生物力学反馈加以改进（所有上述标准 T1—T12 最近都被纳入了 BioRowTel 测试系统的报告中）。如果时间差不一致（方向偏差很小，但 *SD* 很高），则应该有针对性地训练运动员的节奏感，这可以通过各种实时反馈的方式，或速度仪来改善[30]。其中一种非常有效的手段是利用测功仪滑轨进行同步练习，在这种练习中不同测功仪通过滑轨架连接在一起。

入水时的同步完全取决于每个运动员的技能，通常会随着划桨经验的积累而提高。每个运动员在回桨过程中动作节奏的一致性是很重要的。艇上的每一位运动员都应特别注意脚蹬板上的力，它在艇和其他运动员之间建立了一种特殊的“感觉”，这通过训练可以加以改进[31]。

出水时的同步取决于入水时的同步和拉桨过程的持续时间（t_d）。理论上，t_d 取决于以下因素：

更大的角度、更小的力、更深的桨叶轨迹和更大的配比会使拉桨时间延长；更小的角度、更大的力、更浅的桨叶轨迹和更小的配比使拉桨时间缩短。

分析上述因素的影响，不应使用绝对值，因为它们受到不同艇型和运动员类别的影响。因此，根据相同的数据样本，我们分析了每个变量与同艇运动员平均值的偏差。结果表明，总桨角和弧长与同艇运动员的拉桨时间呈显著正相关（r=0.59）。作用力和桨叶轨迹与同艇运动员的拉桨时间偏差的相关性极小且在统计学上无显著相关性（r=−0.09）。这意味着拉桨时间主要由拉桨长度来决定。

拉桨时间 t_d 与弧长 L 和平均桨柄速度有关：

$$t_d = L / v_{h.av.} \quad (87)$$

桨柄瞬时速度 v_h 取决于配比（实际外柄距 L_{out} 与内柄距 L_{in} 的比值）、艇速 v_b、桨角 θ 和桨叶在水中的滑动速度 v_{bl}。

$$v_h=(L_{out}/L_{in})\ (v_b\cos\theta+v_{bl}) \qquad (88)$$

结合这两个公式，假设同组运动员之间具有相同的艇速 v_b 和非常相似的桨叶滑动速度 v_{bl}，可以得出这样的结论：为了获得相同的拉桨时间，拉桨长度的差异可以通过配比的反向调整来抵消。例如，缩短 1% 的拉桨长度（大约 1° 或 1.5cm），可以用加大 1% 的配比（外柄距加长 2cm 或内柄距缩短 1cm）来进行补偿，反之亦然。当然，最好的方法是通过运动员的技术来实现相同的拉桨时间和长度。

4.2.4 单桨艇的同步性

双人单桨比赛中，领桨运动员入水时发力较早，因此跟桨运动员在后期出水时需要更加用力拉（图 4.27）。从经验上看，这种方式的同步发力有助于保持艇在航道上线运动，避免偏航。这一现象可以通过领桨运动员和跟桨运动员桨叶上力的杠杆差异进行解释。桨叶力是运动员施加的唯一外力。其他所有的力（桨柄、脚蹬板、桨栓柱和滑座上的力）都是内部力，它们施加在船体上的力可以维持系统内部的平衡。因此，我们就桨叶力相对于船体几何中心（旋转中心 CR）的力矩进行了分析 [图 4.27（b）]。

可以用实际外柄距（从桨栓柱到桨叶中部）来计算桨叶的力。桨叶力臂的长度等于桨叶力的作用线到艇中心的垂直距离。入水时，跟桨运动员具有优势（L_{b1} 比 L_{s1} 长），因此，领桨运动员必须施加更多的力来产生相同的旋转力矩。出水时，情况正好相反（L_{b2} 比 L_{s2} 短）。

因为入水角度比出水角度大，领桨运动员必须施加更大的平均力。在入水角度为 56°，出水角度为 34° 时，领桨运动员施加的力的贡献率为 52.5%，跟桨运动员为 47.5%，相差 5%。图 4.28 比较了根据两组国际级别双人单桨艇运动员（世界冠军和季军）计算出的力臂和力的比值。力的比值非常接近力臂的反比，这有助于保持艇在航道上直行。艇 1 运动员平均力的比为 51.5% : 48.5%，艇 2 为 52.1% : 47.9%，与模型非常接近。

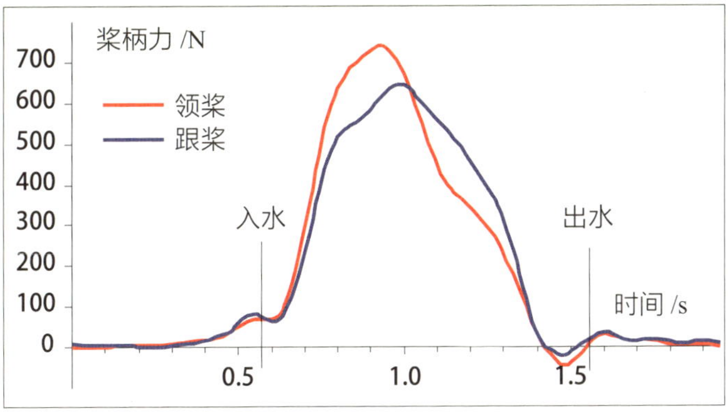

(a)

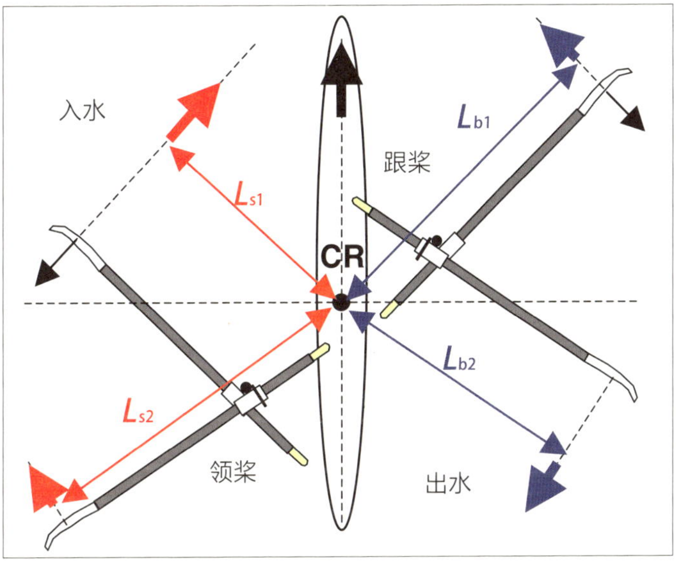

(b)

图 4.27　双人单桨艇奥运冠军对应的桨柄力和作用在艇上的力矩

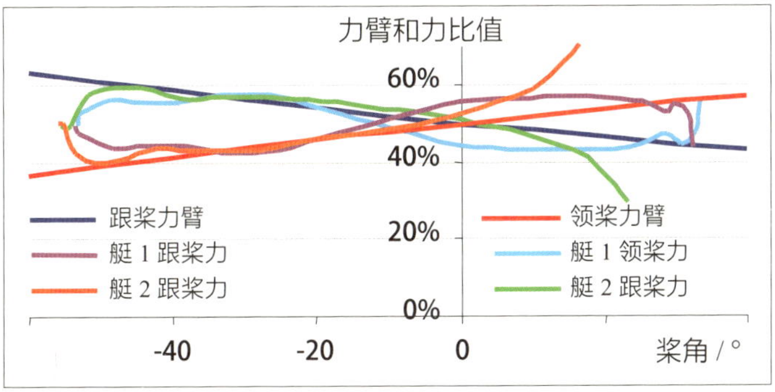

图 4.28　两条双人单桨艇运动员力臂和力比值的对比

怎样才能减小力臂之间的差异？领桨运动员可以使用较长的桨栓距 / 外柄距。然而，这种差异必须非常显著，才能使比例均衡（艇中心到桨栓柱的距离差异为 4cm，外柄距的距离差异为 10cm，这会使平均力臂产生 3% 的差异）。或者，如果跟桨运动员将弧度向船头靠近 5°，也会同样产生 3% 的力臂差异。

类似的模型也可用于单桨大艇的分析，如四人单桨和八人单桨。然而，为了避免在同步施力的时候发生侧向摆动，可以考虑在单桨大艇上让运动员使用不同的调艇方案。计算桨叶力的力臂时采用最常见的桨角范围（从入水时的 −55° 到出水时的 35°）。在四人单桨中，传统调艇方式对应的所有力臂之和不为 0，等于 0.47m[图 4.29（a）]，这将使船头转向左舷。使用意大利式调艇方式 [图 4.29（b）] 时力臂之和为零，所以在施加同样的

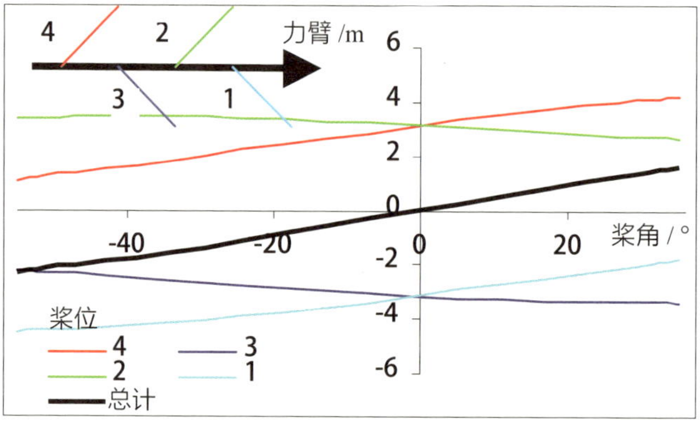

(a)

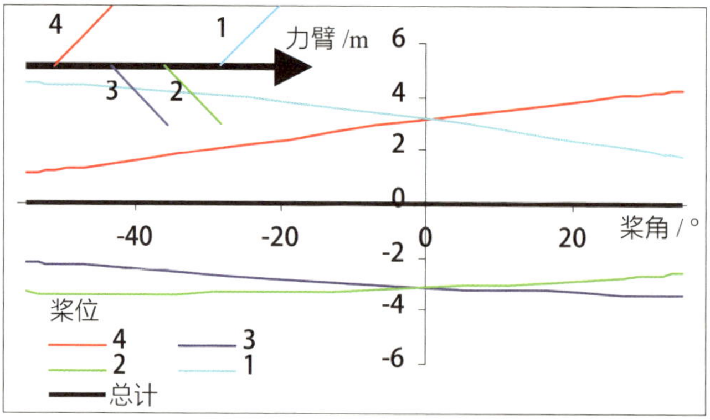

(b)

图 4.29　传统调艇方式和意大利式调艇方式对应的四人单桨艇中桨叶力的力臂（力臂为正数则艇转向船头一侧，顺时针方向旋转，反之亦然）

力的情况下，艇会沿直线运动。同样，在八人艇中，传统的调艇方式对应的力臂为 0.93m。使用意大利和德国式调艇方式 [图 4.29（b）] 时力臂之和为零[32]。

上述非零力臂比值会产生怎样的船体摆动？桨叶力 F_{bl} 被模拟为典型的前程发力曲线，最大幅值时为 350N（桨柄处为 800N）。那么每位运动员的旋转扭矩 M 被计算为：

$$M=F_{bl}L \quad (89)$$

其中，L 是用上述模型计算的力臂。该扭矩产生的角加速度为 A_{ac}：

$$A_{ac}=M/L \quad (90)$$

其中，L 是载有运动员的艇的质量惯性矩，它可以近似用艇的长度和质量加上运动员的质量与他们的质心距艇中心的距离的平方的乘积来定义（表 4.4）。角加速度被使用了两次，研究发现，每一次施加同步力划桨，都会对双人单桨的艇产生 0.37° 的偏航角，对采用普通调艇方式的四人单桨艇产生 0.076° 的偏航角，对八人单桨艇产生 0.015° 的偏航角。这种偏航必须由鳍板和稳舵施加的侧向力来进行补偿，因此就产生了艇的摆动。对较大的艇来说，摆动较小，这可以通过质量惯性矩的平方的增加来解释。

表 4.4　各种艇型的质量惯性矩

（单位：kg · m²）

	艇	运动员	合计
双人	15	88	103
四人	243	882	1125
八人	3360	7400	10760

赛艇运动员如何对摆动进行补偿？上面的分析显示，如果领桨运动员施加的平均力增加 5%，就可以保持双人单桨的直线行驶。单桨大艇进行类似的模拟发现，对于四人单桨艇和八人单桨艇来说，这种差别是非常相似的。四人单桨和八人单桨领侧的运动员（靠近船尾，哪一边不重要）都应

该较早发力，平均值应高出 5% 左右。更可取的做法是把更强壮的领桨侧运动员安排到靠近船头的位置，因为这些桨位运动员的力臂最长：八人单桨艇 2 号位多发出 5% 的力（同一条力值曲线）会使摆动幅度减小 10%，4 号位发力高出 5%，摆动降低 7.5%；6 号位能降低 5%；而领桨运动员只能降低 2.5%。

改变桨长、内柄距和桨栓距对摆动的影响很小。例如，在采用传统调船方式的四人单桨艇中，领桨侧必须使用长出 55cm 的桨、长出 18cm 的内柄距和桨栓距才能抵消在相同的力量下的摆动。

零力矩调艇（类似于意大利式调艇方式）对具有相近力量水平的运动员来说是最佳的选择方案。如果将较强壮的运动员安排在靠近船头的左舷侧，则采用普通的调艇方式才能使艇保持直线行驶。

4.3 双桨的不对称性

双桨的不对称性是依据双桨桨柄的重叠部分来定义的，通常为 18~22cm（图 4.30）。重叠部分本身是由内柄距长度和双桨重叠所需的长角（100°~120°）来确定的。在内柄距为 88cm，桨栓距为 160cm，重叠为 20cm（加 4cm 的旋转宽度）的情况下，入水角度为 70° 时，两个桨柄间的距离约为 100cm，出水角度为 44° 时，两个桨柄间的距离约为 30cm。如果重叠部分为零，则上面的距离就会加宽 20cm，对于普通运动员来说这个距离太宽了。

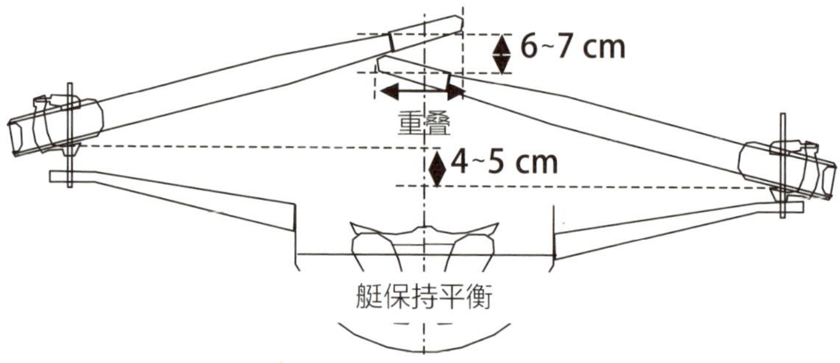

图 4.30　双桨重叠部分的定义

如果双桨运动员保持水平对称地拉动桨柄，那么在拉桨过程中，两桨之间的垂直距离应在 6~7cm。为了实现这一点，如果船体保持水平且桨叶在水中以相同的深度移动，则桨栓的高度差必须设定在 4~5cm。但是，在出水时，运动员在桨柄分开的状态下让二者保持 6~7cm 的高度差，从平衡上来讲这是非常困难的，而且可能会对运动员的姿态产生负面影响。

通常，桨栓的高度差异设置为 1~2cm，这样运动员就可以在出水时将桨柄拉到差不多相同的高度。因此，在拉桨过程中段，双桨运动员必须在水平面上将桨柄分开（一个桨柄在前，一个桨柄在后）、（或）使艇倾斜和（或）使桨叶在水下不同的深度移动。一般情况下，需组合使用这些方法（图 4.31）。

(a)

图 4.31　双桨不对称性的视频分析

由于最常见的双桨划桨风格是“左手上，右手下”，所以右桨柄通常拉在左桨柄前面（图 4.31）。左侧入水角度比右侧大 1°，该角度差在拉桨中段最高达 4°，然后在出水时又会减小到 1°。要做到这一点，运动员必须不对称发力：入水时右桨柄的力增加得更快，这样做会产生更高的速度，使右桨柄处于前方。在桨角到 30° 的位置时，左桨柄力量增加，位置变得比右桨柄高，从而使左桨柄在出水时赶上右桨柄。这种不对称的力使船体在拉桨过程中产生了轻微的（0.5°~1°）摆动，增加了阻力损失。事实上，此类特定的双桨划法会在入水时使右桨叶入水更深，力量的不对称变得更加严重。在拉桨的前半阶段，艇也会向右倾斜 2° 左右。出水时，倾斜度降

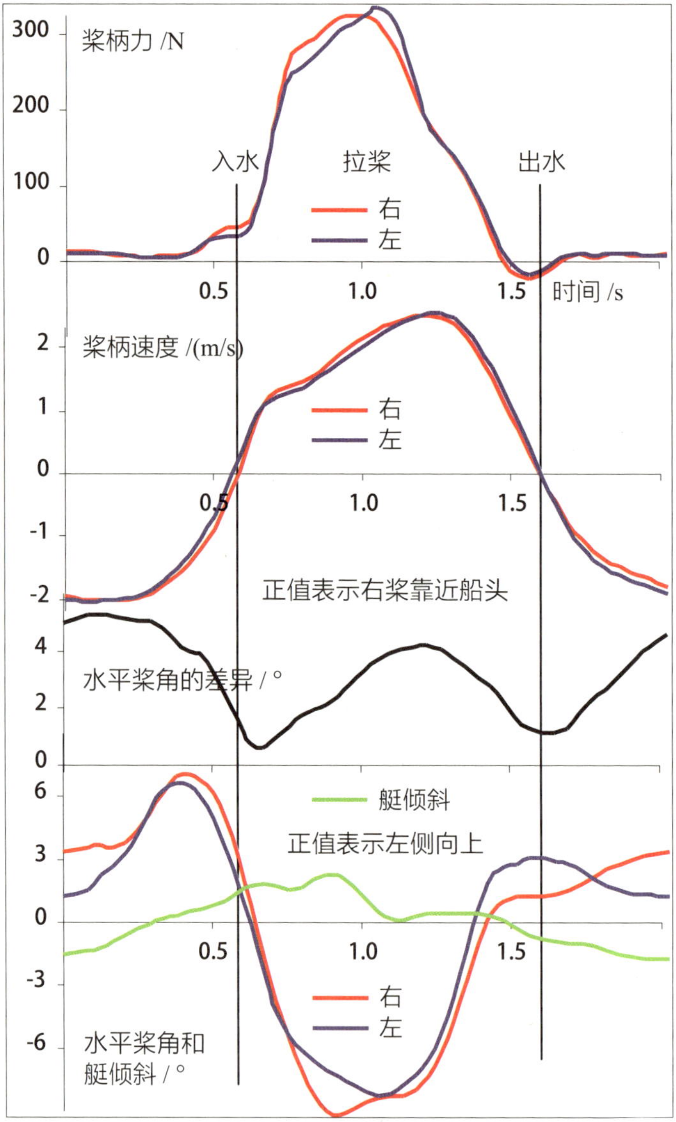

(b)

续图 4.31　双桨不对称性的生物力学数据

低到零，帮助艇保持平衡。

为了尽量减少由不对称造成的损失，双桨运动员应采取以下措施进行调整：用均衡的力拉动桨柄，减少艇的摆动；入水和拉桨中间阶段合理的船体倾斜不是问题，它不会造成自身能量的损失。

推荐重叠部分的长度为 18~20cm，桨栓的高度相差 1~2cm。

4.4 起航

赛艇出发时的生物力学条件不同于持续稳定划船，对应的技术也是如此。人艇系统的起航速度为零，运动员必须将其加速到途中划的速度。最常见的起航技巧是以较短的拉桨幅度完成起航几桨：第一桨为完整幅度的 3/4，然后为 1/2，接着为 3/4，随后越来越长，并在第 8 桨至第 10 桨时达到正常拉桨长度。然而，也有一种观点认为，起航时的划桨必须采用正常长度。

起航时采用较短幅度的生物力学原因如下：

- 因为没有“动态配比”，所以更小的入水角度对应的配比更小。这增加了桨叶的推进力，并能使整个系统的加速度更大。
- 更短的拉桨幅度对应更小的配比，能使运动员的肌肉收缩更快，比慢速静态做功时效率更高。
- 升力效应在艇速低时不起作用，因此，以较大的入水角度将桨叶向外推时，会增加其在水中的打滑和能量损耗，这是应该避免的。

为了分析入水角度与艇速的相关性，本书对国际级运动员起航时的前 10 桨进行了测量（图 4.32）。

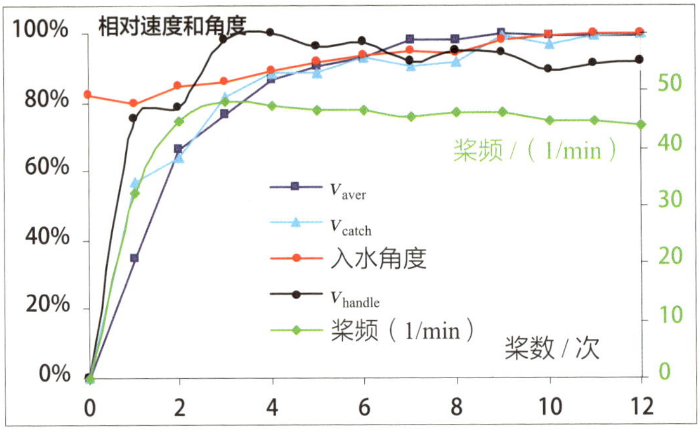

(a)

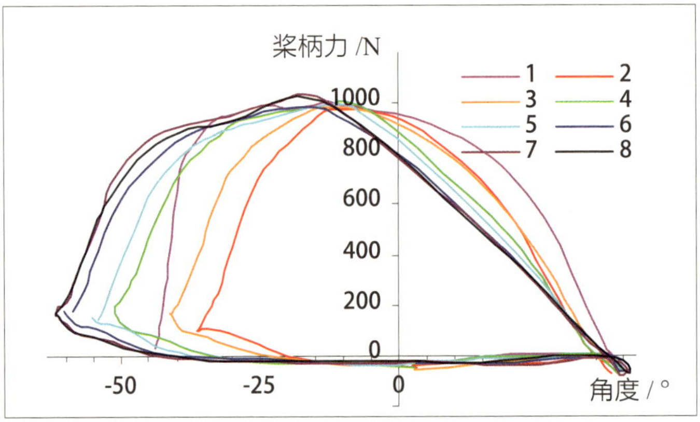

(b)

图 4.32 生物力学变量：艇和桨柄速度、入水角度和桨频、力曲线

划桨周期的平均艇速 v_{aver} 在第 5 桨时达到其最大值的 90%，在第 7 桨时达到 98%，在第 9 桨时达到 100%。由于在划桨周期中艇速会发生变化，因此入水时的艇速 v_{catch} 与 v_{aver} 不一样。最显著的差异出现在第 1 桨之后，因为艇速从静止到运动变化最大。v_{catch} 被用于进一步的分析，因为它确定了入水时桨叶与水的相互作用。

前 3 桨时，入水角度接近最大值的 80%。然后，角度逐渐增加，并在艇速达到最大时（第 9 桨）增加到最大值。

v_{catch} 除以使用入水角度导出的实际配比，可以得到相应的桨柄速度。在前 2 桨中，桨柄速度 v_{handle} 显然更低，这意味着运动员必须在缓慢、沉重、降低系统加速度和肌肉效率的模式下做功。

有一种假设认为，维持更均匀的实际配比可能会提高起航效率。也就是说，在起航时，入水角度应该与艇速成比例地增加。图 4.32 测量的角度与图 4.33 中的模型角度进行了比较，该角度与入水时的艇速 v_{catch} 是成比例的。

最佳的划桨顺序如下：第 1 和第 2 桨，最大桨角的 62%；第 3 桨，最大桨角的 73%；第 4 桨，最大桨角的 90%；在第 9 桨逐渐增加到 100%。图 4.33（a）中右侧表示入水角度，假设最大入水角度为 70°。图 4.33（b）的俯视图显示了模拟的入水角度：前两次应通过桨柄位于脚蹬板脚趾上方的姿势进行入水，“半滑座”拉桨；第 3 次入水，“3/4 滑座”拉桨；第 4 次，比标准拉桨长度短 10cm。

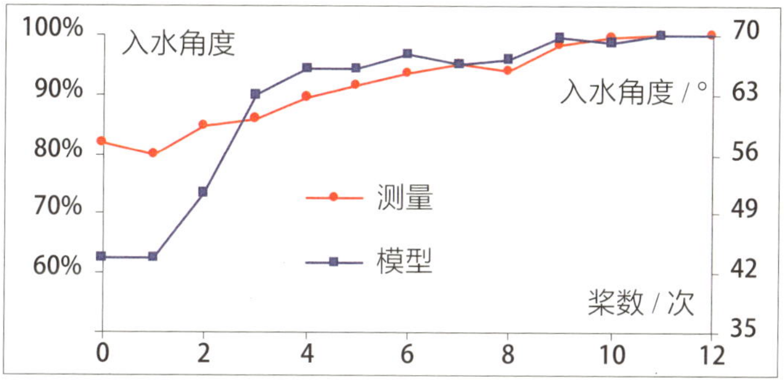

(a)

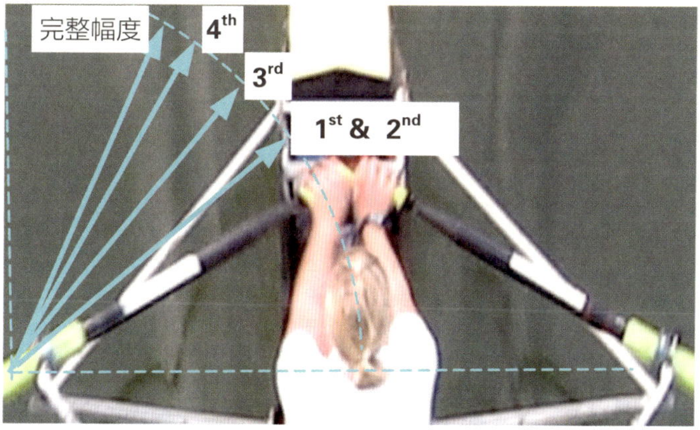

(b)

图 4.33　起航时的入水角度模型及其可视图像

4.5 姿态和背部损伤预防

脊柱的结构很复杂，它可以保护脊髓，在上下肢之间传递力，并提供灵活性。后两者与运动员背部损伤的相关性更大。赛艇运动中背部损伤的发生率相当高（每年 32%~75%）。在结构上，脊柱分为骶椎（骨盆）、腰椎（下背部）、胸椎（胸部）和颈椎（颈部），这些区域相互连接，相互关联。重要的是要把脊柱看作一个整体，并且要考虑支撑脊椎的骨盆。脊柱和骨盆应该同步活动，形成“腰椎—骨盆节律”[33]。当躯干向前弯曲时，骨盆通常在腰椎运动后不久开始运动，简化结构如图 4.34 所示。

图 4.34　世界顶级双桨运动员腰椎—骨盆节律图及其分析

采用以下方法可以从视频中直观地观察到腰椎—骨盆节律。图 4.34（a）显示了两名顶级世界双桨运动员迥然不同的背部轮廓：近处是奥运冠军罗布·沃德尔（Rob Waddell），远处是马赫·德雷斯代尔（Mahe Drysdale），绘制轮廓线，缩放和重叠后，差别变得非常明显：德雷斯代尔的腰段较直，胸段较弯曲，沃德尔的情况则正好相反。

然后，对世界最好的 5 名单人艇运动员在入水、拉桨中间阶段（接近桨叶垂直的位置）和出水时的背部曲率进行了比较 [图 4.34（b）]。沃德尔的背部曲线与其他人的迥然不同：腰椎区域更弯曲，尤其是入水时；在所有拉桨位置，其胸部的弯曲度都较小。

为了将姿势数字化，背部曲线被划分为相对于垂直 *Y* 轴的相同高度的四个区域（图 4.35）。

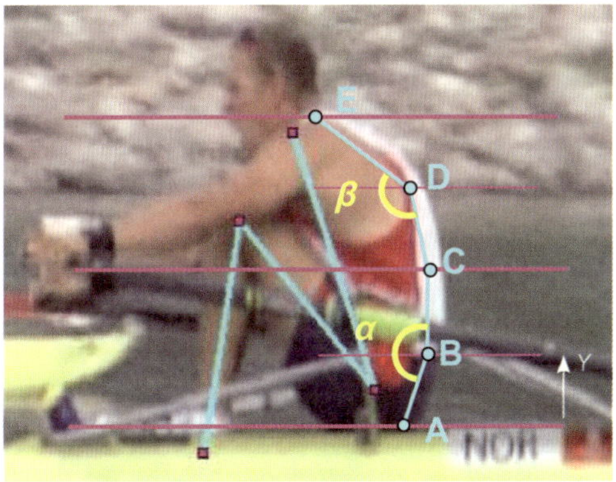

(a)

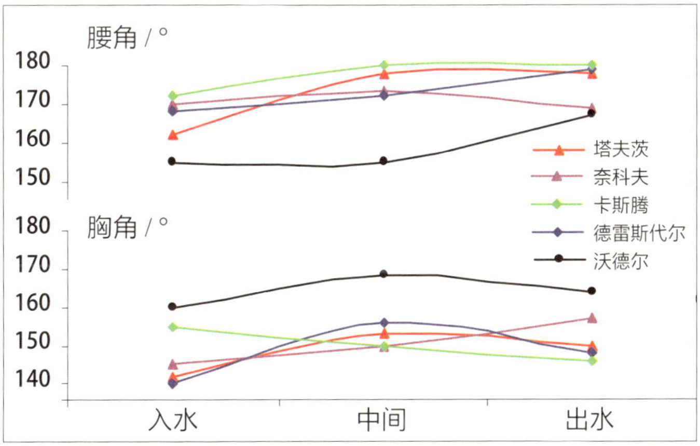

(b)

图 4.35　数字化的姿态分析

A，B，C，D 和 E 五点的坐标是在背部曲率穿过各区域边界的位置上获得的。在 AB 线和 BC 线之间测定腰椎角度 α，在 CD 线 和 DE 线之间测定胸椎角度 β。这种方法的优点是它不需要在关节中心的顶部做标记，因为从侧面可以清楚地看到背部曲线。对腰椎和胸椎角度的分析证实了定性观察得到的结果：四名最好运动员的腰椎明显更直（160°~180°），胸椎更弯曲（140°~160°），但沃德尔的腰椎更加弯曲（150°~160 °），胸椎更直（160°~170°）。

腰椎更直可以更好地将力从髋部转移到肩部，防止受伤，但是胸部的弯曲度越大，可能越省力，因为需要使用的是肌肉的弹性特性，而不是它的强度。世界顶级运动员胸椎较弯曲的原因可能与他们适应多年的高负荷有关，因为这种现象在经验丰富的运动员身上更常见。或者可能是具有对特定姿态运动员的自然选择，这可以使他们在划船时消耗更少的能量，因而更加成功。

4.6 技术练习

提高技术最简单的方法是在常规训练过程中或之后向运动员提供反馈。然而，对技术教练来说，技术练习似乎是最有效的技术指导工具。在进行训练时，通过将焦点集中在划桨周期的特定部分，强调它，使其变得更容易或更难做，从而对常规划桨的生物力学进行改进。各种各样的技术练习可以根据下列三个因素进行分类：

- 力学：静态或动态练习；
- 细节水平：顺序不同技术环节要素及其顺序；
- 标准或改进的力学条件。

静态练习的目标是改善划桨时的位置、角度等。这些是最基本的练习，初学者通常从它们开始。例如，在入水位置停下，观看并感觉桨柄、桨叶和身体的位置，倾听教练员的点评。然后，在出水位置停下等。可以针对一系列的固定位置进行练习，并在不同位置间进行缓慢转换。

动态练习更为高级，针对的主要是划桨过程中力的施加模式（力曲线）、划桨周期或其要素（拉桨、回桨）的节奏（速度模式）、肌肉群的最佳活动模式，等等。有效的动态练习实例有：短蹬腿（至膝关节 90° ）入水练习，强调用脚趾“蹬”脚蹬板，利用股四头肌伸展膝关节；半滑座划桨练习，在膝关节 90° 处入水，用脚后跟蹬脚蹬板，强调把膝关节向下推，通过腘绳肌和臀肌使髋关节伸展。

对技术环节要素的练习可以针对一个或多个技术环节，使这些技术环节得到更为集中的改进。例如，入水练习、利用手臂进行出水练习、转桨出水练习、转桨练习等[34, 35]。

不同技术环节顺序的训练目标是更好地协调技术环节要素。例如，在拉桨和回桨过程中，腿、躯干和手臂的动作顺序，入水时的转桨和入水顺序等。这些练习可以循环进行，例如进行 3 桨上述动态练习 1，然后进行 3 桨动态练习 2，再进行 3 桨综合练习，注意股四头肌和腘绳肌—臀肌的迅速转换。

训练可以在标准或调整的力学条件下进行。例如，通过水阻或更大的配比来增大外部阻力，也可以通过牵拉划或更小的配比来减小外部阻力，这可以使划船练习更重更慢或更轻更快。第一种方法常用于训练运动员的专项力量——功率；第二种方式有时用于速度训练。

对于高质量的指导，拥有充足的训练“工具箱”，为具体的技术问题选择正确的练习并以最有效的方式纠正它是非常重要的。这是训练指导的“艺术”，它基于教练员发现—确定—理解问题的能力然后选择最有效的“应对方案”。下面的一般规律和原则可能会有所帮助。

如果目标是赢得比赛，而不是娱乐，则赛艇运动员应该针对划船速度和桨频进行技术训练。一堂技术课通常意味着非常慢的划船速度，中间伴有停顿和静态性练习。对于初学者来说这非常有用，但在高水平训练中，还需要将快速训练纳入其中。这样做有以下几点原因。

① 在低桨频和高桨频下，慢速和快速划船的力学条件有很大的差异——就像走路和跑步之间的差异。惯性力在慢速划船时是可以忽略不计的，但在高桨频下，惯性力起着决定性的作用，它可以显著改变生物力学变量。例如，当桨频从 20str/min 变成 40str/min 时，划船节奏从 35% 变为

55%，惯性损失从 3% 增加到 7%。

② 在低速运动和高速运动时，动作控制机制是不同的。低速时，运动员有足够的时间来接收身体姿态的即时反馈（通过视觉和本体感受器），因此他可以控制自己的动作并进行实时校正。在高速状态下，神经肌肉环路的敏捷度不足以控制意识水平的动作，因此在运动开始之前，应该对其模式进行规划，因为不可能采用实时反馈进行控制。

③ 正确的技术是非常重要的，也就是说，用最高的效率和适当的肌肉放松的方式来运用技术，应该按照比赛的桨频进行练习。

例如图 4.36，当桨频从 20str/min 提高到 40str/min 时，入水打滑从 5°增加到 10°（1），出水打滑从 7° 增加到 17°（2）。出现这种情况是因为垂直角速度保持不变，但水平速度在更高的桨频下增加了近两倍。

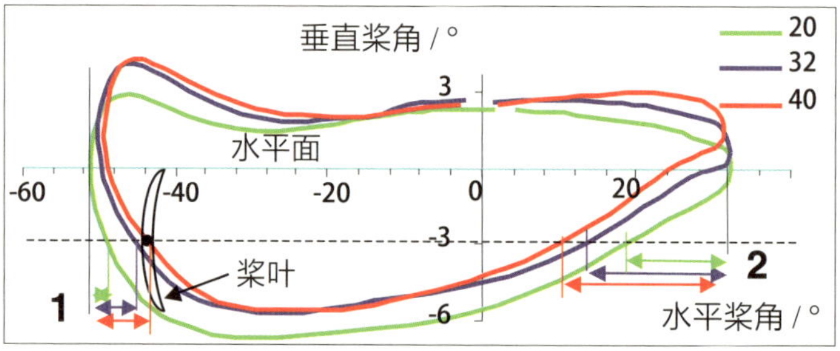

图 4.36　桨频为 20str/min，32str/min 和 40str/min 时桨叶做功概况

如果目标是提高比赛速度下的桨叶做功，那么运动员要么在更高桨频下成比例地增加桨柄的垂直速度，要么在更低桨频下夸张地增加桨柄的垂直速度。两种方法都有道理，并且都可以在不同桨频下着重强调桨柄在短距离、快速运动时，通过“只入水”或“只出水”的方法来进行练习。

⑤ 赛艇测功仪

在过去的三十年多年时间里，赛艇测功仪的使用变得非常流行。赛艇测功仪的主要价值是它能对赛艇训练强度给予精确反馈，使训练更加精确，所以运动员在测功仪的训练上花费了大量的时间，这点在冬训期间尤为明显。测功仪训练对划船技术的影响颇具争议。有教练员认为测功仪训练会对运动员的水上技术造成很大的负面影响，但也有教练员认为测功仪训练对掌握划船的基本技术具有积极作用。

5.1 水上训练和测功仪训练的生物力学比较

水上训练和测功仪训练（两种型号：固定式的 Concept2，以下简称 C2 和移动式的 RowPerfect，以下简称 RP）的生物力学测试[36]结果显示，利用两种测功仪（C2 和 RP ）测量得出的最大桨柄力比在水上单人艇测试值分别高 34% 和 40%（图 5.1）。两种测功仪的平均桨柄力分别比水上高出 25%~26%。运动员在固定的 C2 上划桨幅度比在水上划短了 11%~12%，这主要是因为手臂的拉桨距离缩短了 30%。在 C2 上，蹬腿距离比在 RP 和水上都长 4%~6%。

力的曲线形状在艇上显得“更宽”，在两台测功仪上则“更细”，这与在艇上平均力 / 最大力的比值和力的峰值有关。水上划桨柄最大速度要比在两种测功仪上的最大速度快 18%~20%。上述差别影响了运动员的桨柄加速感，同时也与配比的差异有关。RP 测功仪精确地模拟了入水时艇的负加速度。在拉桨时单人艇的加速度显著高于 RP 移动式测功仪的加速度（20%~30%）。测功仪在回桨时的加速度超过了艇的加速度。

水上划桨和 RP 测功仪上桨柄力和蹬腿速度增加更快，这是运动员在固定或移动支撑点上运动引起的惯性力的差异所致[37]。不同的桨柄力幅值，是水上和测功仪上不同的生物力学配比造成的（图 5.2）。

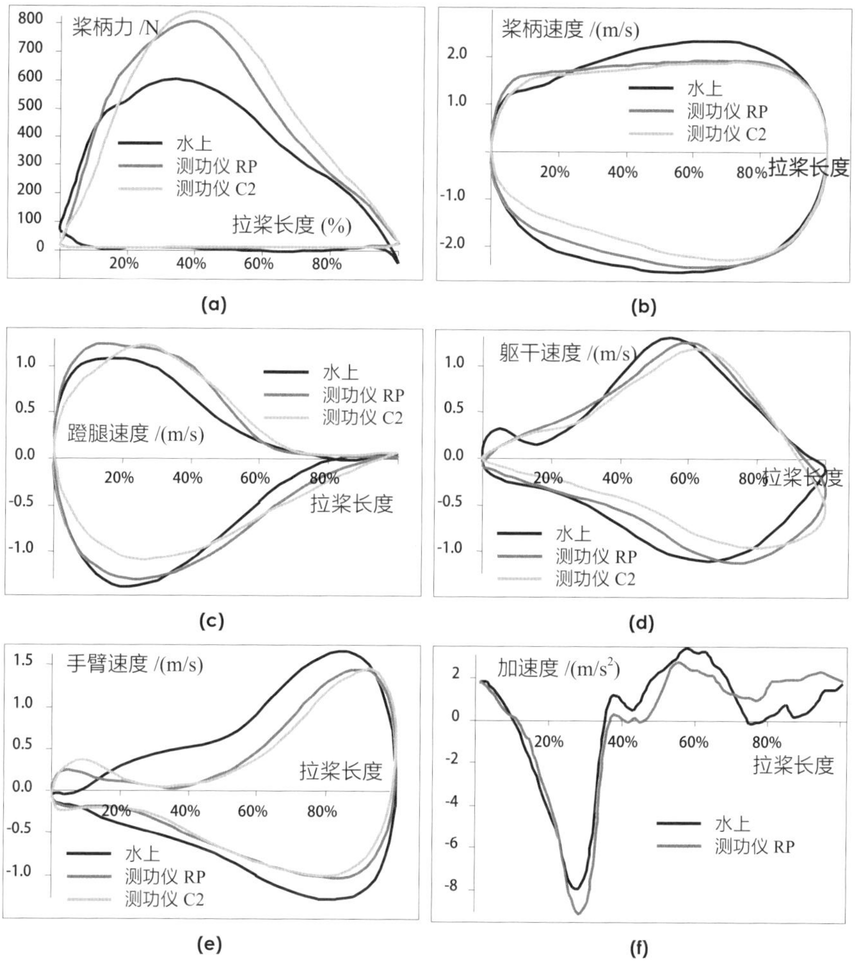

图 5.1　在水上和两种型号测功仪训练中的生物力学变量

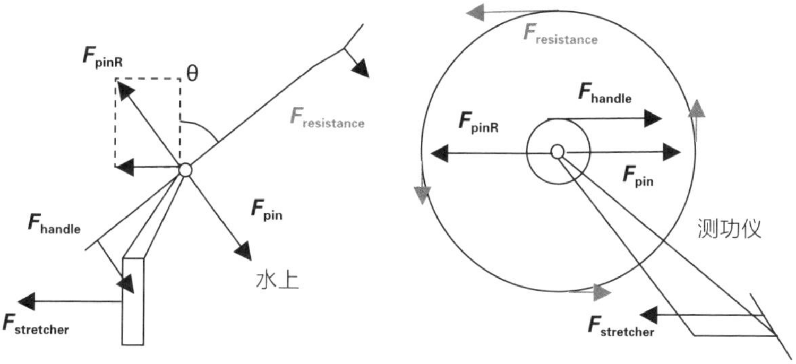

图 5.2　在水上和测功仪上运动时的主要作用力

在水上训练时，桨柄力 F_h 通过桨和桨角的配比与脚蹬板力 F_{foot} 相关。

$$F_h=(F_{foot}-F_{in.boat})[L_{out}/(L_{in}+F_{out})]/\cos\theta \quad (91)$$

其中，$F_{in.boat}$ 是艇的惯性力（相对较小），L_{in} 和 L_{out} 是桨内柄长和桨外柄长，θ 是桨角度。

在测功仪上，桨柄力和脚蹬板力的差等于 RP 上的移动体质量（较小）或 C2 上运动员体重（较大）的惯性力 F_{in}。

$$F_{in}=F_{foot}-F_h \quad (92)$$

在水上训练时，如果运动员对脚蹬板施加了一个力，那么相应的桨柄力就会经由配比变得更小。在测功仪上，桨柄力和脚蹬板成对出现，所以它们力度相近。因此，当在水上训练和测功仪训练使用相同的力蹬脚蹬板时，水上划桨的桨柄力大约比测功仪上的桨柄力低 30%，约等于桨的配比（单人艇上的配比为 2.00m/2.88m=0. 695）。

水上训练的桨柄力与脚蹬板力的比取决于划桨的角度 [公式（91）]。例如，以 50° 的桨角入水时，其公式为 0.695/cos50°=1.08，也就是说，桨柄力和脚蹬板力几乎相等。这解释了水上训练和测功仪训练在入水时的桨柄力差异较小的原因。因此水上训练和测功仪训练平均力的差会小于最大力的差。水上拉桨过程中的配比是动态变化的，而两种测功仪上的配比与桨柄位置无关 [公式（92）]。这就解释了桨柄速度曲线的差异，且这个差异会极大地影响运动员拉桨时的感觉。

水上拉桨距离和手臂运动距离更长，这是因为水上训练的桨柄运动轨迹是曲线，而测功仪划的轨迹是直线。

水上和 RP 测功仪上的桨柄力和蹬腿速度的增加更快，这是因为更轻的移动设备对运动员的惯性力抵消得更少。同样，C2 更长的蹬腿距离会带来更大的惯性力，这有助于在固定式的测功仪上实现更好的效果。

RP 测功仪相当精确地模拟了入水时艇的负加速度。然而，在拉桨过程中，水上训练的加速度比移动式测功仪 RP 的加速度显著高出 20%~30%。后者在回桨阶段的加速度高于水上训练的加速度，该差异明显影响了运动员的前庭知觉。

测功仪的主要价值是可以实现生理学上的精确训练。使用测功仪对教学和提高基本划船技术也是有用的，例如身体环节的动作顺序、力曲线的一致性、姿态等。利用移动式测功仪可以更多地练习水上划船的专门技术，如发力于脚蹬板的入水。通过将多个移动式测功仪连接在一起，有助于训练运动员的同步性。当然，生物力学差异也会影响运动员的动作控制模式和划船技术，这些技术不能直接从测功仪迁移到水上。大量的固定式测功仪训练后会出现一些常见的技术错误，如测功仪练习中运动员更容易在入水时过早“打开”躯干，使腿部驱动速度变慢，入水变“轻”，力的峰值会推迟出现。

由于在测功仪上训练时桨柄力相对较大，所以上肢肌肉更强壮的运动员更具优势，而腿部肌肉强壮、具有快速蹬腿能力的运动员在水上运动时会有更好的表现。对于同一批运动员，水上单人艇成绩和测功仪成绩的决定因素 R^2 为 59.2%[38]，这意味着测功仪训练的结果仅能解释水上成绩的 60%，剩余的 40% 取决于艇的特殊因素。实际观察表明，水上和测功仪成绩的差异高达 ±3%~4%，这就意味着水上成绩相近的运动员在测功仪上的成绩可能会有 10~15s 的差异，反之亦然。

水上和测功仪是两种不同的练习，测功仪训练可以视为水上训练的跨项训练，是一个比跑步、骑自行车或举重更专项化的练习。要想在水上获得最好成绩，需要在测功仪上取得一定的成绩，这表明运动员具备足够的生理学做功能力。然而，测功仪训练成绩最好的运动员在水上训练中并不一定是最快的。

5.2 测功仪结果的体重调整

由于测功仪训练的表现取决于运动员的体重：体重更大的运动员会表现更好，所以并不十分清楚哪名运动员更强壮，练得更好。也就是说，肌肉水平和供能系统与运动员的体重有关。因此，体重调整系数被用来比较不同体重运动员的测功仪表现。

尽管这个话题在赛艇界很重要，也得到了广泛讨论，但是在这方面并没有共识。最早的研究 [39] 出现在测功仪还未被广泛用于运动员做功能力的标准测试中。相关研究分析了运动员的水上表现，推测有氧能力 P_{ae} 与 $m^{2/3}$ 成正比（相对体表面积），这种能力与细胞膜面积和氧气转运有关。因为速度与功率的立方根成比例，$v \approx P^{1/3}$，所以 $v \approx m^{2/9} \approx m^{0.222}$。

目前，该比例被广泛地用于体重调整。在 C2 和 RP 测功仪官网上被转变成“体重调整系数” K_w（图 5.3），其乘以速度 v，或用时间 t 除以 K_w，得到“调节后”的时间 t_{ad} 和速度 v_{ad}：

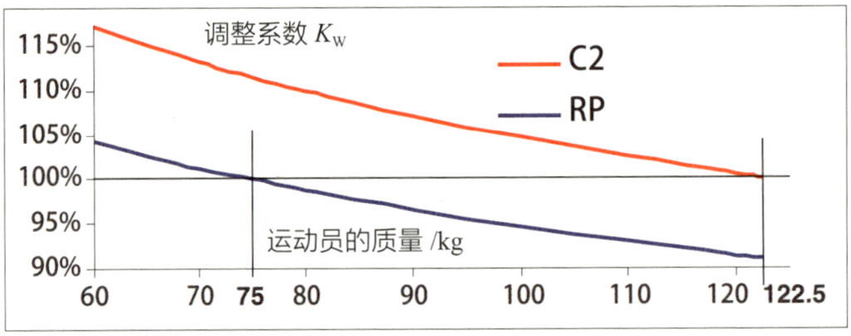

图 5.3 C2 和 RP 的体重系数

$$v_{ad}=K_w v, \quad t_{ad}=t/K_w \qquad (93)$$

在 C2 中，K_{C2} 的值根据“标准”体重 122.5kg 调节制定和反转，因为“体重调整后的分数对一名运动员在八人艇上的潜在速度有很好的预测”。

$$K_{C2}=(m/122.5)^{0.22} \qquad (94)$$

RP 测功仪使用“标准”体重 75kg，并在运动员的体重和标准体重上各增加 15kg，很可能是为了调节带有移动 RP 测功仪的惯性损失。

$$K_{RP}=[(75+15)/(m+15)]^{0.222} \qquad (95)$$

体重 60kg 时 C2 上的权重系数比 RP 上的速度大约快 13%，在 120kg 时差异则降低到 9%。

下一个重要步骤是由杜迪亚（Dudhia）[24] 做的，他将有氧能力和无氧能力分离开来：第一个公式和上述的相一致，但是第二个公式被推导为与运动员体重直接成正比，因为“它是由肌肉重量来定义的”。所以，简单的相对功（W/kg）应该是功率与质量的比值 $P_r=P_{an}/m$。

因为标准赛艇比赛距离 2km 的持续时间为 5.3~7.5min，有氧能量贡献率为 67% 到 84% 不等[40, 41, 42]。假定以 6.5min 完成 2km，有氧能量消耗为总能量的 75%，按比例加上上述系数 0.222 和 0.333，则 $v \approx m^{0.25} \approx m^{1/4}$。佩尔茨（Pelz）[40] 发布的最新研究里涉及了完全相同的函数，他和韦尔格（Verge，2014）[10] 根据布里奇曼基本原理（Bridgman，1922）提出，“几何相似性”是物理相似性的一种特殊形式。他们引用的是克莱伯定律（Kleiber，1932，1975）（一种异速缩放比例），该定律指出新陈代谢率和有机体系的机械功率及其体重成正比，最多提高到总功率的 3/4 位。整个生物界都保持着这种实证关系，从细菌到蓝鲸都是如此。如果 $P \approx m^{3/4}$，则 $v \approx m^{1/4} \approx m^{0.25}$。

为了将理论和实践做比较，我们使用了 C2 测功仪测得的世界纪录数据（图 5.4）。

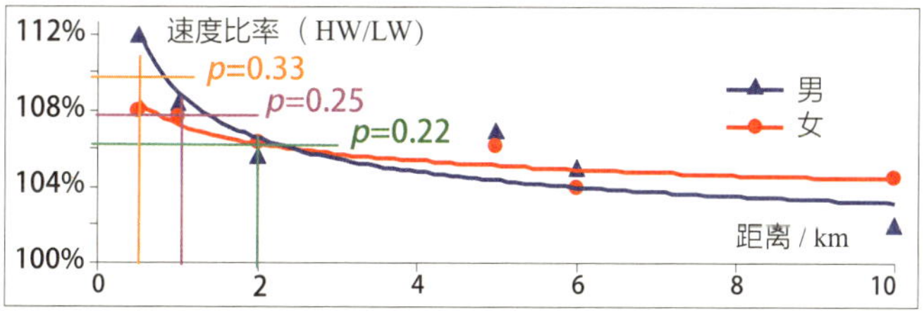

图 5.4　在（0.5km 至 10km）不同距离的比赛中，男女公开级（HW）和轻量级（LW）的速度比率

假设轻量级和公开级男子运动员的体重分别是 75kg 和 103kg，女子为 60kg 和 76kg，平均速度（HW/LW）的比率在公式 $v \approx m^p$ 中，当 p=0.22 时，比率应为 106.3%；当 p=0.25 时为 107.2%，当 p=0.33 时为 109.7%。在距离为 2km 的比赛中，实际平均比率为 106.4%，因此，当 p=0.22 时，数据最佳。系数高于 0.22 时，适用于较短距离的训练。当 p=0.25 时，可以用在 1km 的比赛训练中；当 p=0.33 时，可以用在 500m 的比赛训练中，这反映了无氧供能比率的提高。

调整公式中应该使用什么样的标准质量，所有运动员采用同一原则是非常重要的，但是系数的选择又与喜好有关：系数更低可以让轻量级运动员的结果保持一致，但公开级运动员的速度会降低；系数更高会使轻量级运动员的速度变快（表 5.1）。附加质量会降低体重调整系数，且并没有实际意义，尤其是在使用固定式测功仪 C2 时。

表 5.1　在各标准质量 M 下，使用测功仪训练时，体重调整系数的百分比

标准质量 M	$k=(M/m)^{0.222}$，m 为运动员质量						
	60kg	70kg	80kg	90kg	100kg	110kg	120kg
60kg	100.0	96.6	93.8	91.4	89.3	87.4	85.7
70kg	103.5	100.0	97.1	94.6	92.4	90.4	88.7
80kg	106.6	103.0	100.0	97.4	95.2	93.2	91.4
90kg	109.4	105.7	102.7	100.0	97.7	95.6	93.8
100kg	112.0	108.2	105.1	102.4	100.0	97.9	96.0
110kg	114.4	110.6	107.3	104.6	102.1	100.0	98.1
120kg	116.7	112.7	109.4	106.6	104.1	102.0	100.0

结论：测功仪速度应乘以以下体重调整系数 K_w 或时间成绩除以 K_w。

$$K_W=(M/m)^p \quad (96)$$

其中，m 为运动员质量，M 是标准质量，在 2km 和 5km 测试中 p=0.222，而 p=0.25 和 p=0.333 用在较短距离的测试中。

5.2.1 功率——体重比与艇速

单位体重测功仪的输出功率如何影响运动员的水上表现？应该如何应用测功仪区分和选拔运动员？

大体重运动员能够输出更多的功率，但艇的排水量也更大，因而会产生更大的阻力，这些不会发生在测功仪上。水阻占总阻力的 87%[43]，剩余的 13% 是空气阻力（在无风情况下）。在第一种阻力中，85% 是表面摩擦阻力 D_{fr}，与船体表面成正比，并与排水量和系统的质量相关，即 $D_{fr}{\approx}m^{2/3}$。如果只考虑摩擦阻力（省略形状和兴波阻力），那么动力和阻力的反比可以使二者相互抵消，$v=m^{0}$，任何体重的运动员都不会有优势，这是杜迪亚[24]对有氧能力的陈述。麦克马洪[39]推测如果艇的尺寸和运动员的体重成正比，那么 $v \approx m^{1/18}$，这会使一个 95kg 的运动员比一个 70kg 的运动员获得 1.7% 的优势。佩尔茨的最新研究中[10]，使用纯粹的测量尺度法和非标准矩阵变换，得出 $v \approx \mathrm{m}^{1/36}$，这对大体重运动员来说只有 0.7% 的优势。

影响阻力的其他因素包括以下几项。

① 艇载重量。国际赛艇联合会为所有级别的比赛规定了最小艇重，所以设备与运动员重量比在轻量级运动员中更高。这会引起下面三个方面的不均衡，因此轻量级的运动员会：

- 更大的排水量导致每公斤体重的水阻相对更大。运动员每增加 20kg 的体重艇速会慢 0.23%。
- 更低的能量损失，因为运动员的移动质量较轻，艇速的波动减小（轻量级选手获得 0.42% 的优势）。
- 相对更多的惯性损失，因为运动员必须来回移动相对更重的艇（轻量级运动员增加 −0.91% 的劣势）。

以上三个与艇载重相关的因素，总体对轻量级运动员来说有 0.73% 的劣势。

② 只有 35% 的空气阻力取决丁运动员的体态[43]，空气阻力与运动员的体表面积成正比，约为 $m^{2/3}$，并且会被反向功率比抵消。赛艇器材导致了另外 65% 的空气阻力（桨占 50%，艇占 15%），所有类别的运动员都非常相似。因此，总阻力的 8.5% 并不取决于运动员的体态，应该通过轻量级运动员的低功率克服，因此艇的速度会降低 2.68%。这种影响在逆风中更

明显，因为空气阻力的比例会上升，而在顺风时这种影响会降低。以上四个系数的总和表明，轻量级运动员应该比公开级运动员速度慢 3.4%。

对赛艇比赛的世界纪录进行比较后发现：男子公开级双人双桨运动员比轻量级运动员快 1.56%；男子公开级四人单桨运动员比轻量级快 1.54%；女子公开级双人双桨运动员比轻量级快 2.77%。比较过去 21 年里世界大赛中优秀运动员的平均速度也得出了相似数值：男子公开级双人双桨运动员比轻量级快 1.45%；男子公开级四人单桨运动员比轻量级快 1.34%；女子公开级双人双桨运动员比轻量级快 2.38%。

内维尔（Nevill）对 49 名运动员进行了水上单人艇和陆上测功仪测试，发现了与艇速 v_b 相关的最佳等式，阐明了测功仪速度 v_e 和运动员体重 m 的关系：

$$v_b \approx v_e M^{-0.23} \qquad (97)$$

假设 $v_e \approx m^{0.22}$，和 5.1.2 中一致，得出了 $v_b \approx m^{0.01}$，这意味着轻量级运动员仅有 0.25% 的劣势。

利用功率趋势对运动员的质量及艇与桨（+ 18kg）的阻力系数 DF 进行推导。单人艇（n=2296）阻力系数 DF=$M^{0.50}$（图 5.5），双人双桨组 / 双人单桨（n=1895）和四人单桨 / 四人双桨（n=119）阻力系数相近，DF ≈ $M^{0.63}$（R^2=0.35 及 R^2=0.26），而八人单桨（n=728）在统计上不具相关性（R^2=0.006）。

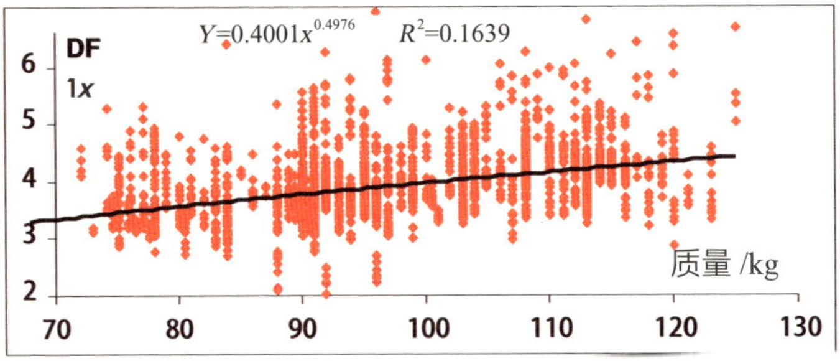

图 5.5　阻力系数 DF 与单人艇系统质量的关系

因为速度 v、功率 P 和阻力系数 DF 的关系为 $v=(P/DF)^{1/3}$，那么单人艇的速度：

$$v \approx (M^{0.66}/M^{0.50})^{0.33} \approx M^{0.054} \approx M^{1/18} \quad (98)$$

这意味着，在单人艇中 70kg 的轻量级运动员和 95kg 的公开级运动员之间的速度差异为 1.76%。双人和四人艇速度 $v \approx m^{0.011} \approx M^{1/90}$，这意味着只有 0.28% 的速度差异。因为第一个比例值是最接近世界最优秀运动员的观察数据，这符合麦克马洪的理论，因此它应该作为调整权重的校正系数。

结论：为了确定水上成绩，应将测功仪速度乘以体重调整系数 K_W：

$$K_W=[(M_{st}+m_b)/(m+m_b)]^{0.054} \quad (99)$$

其中，m 是运动员的体重时，M_{st} 是“标准”质量，比如 95kg，m_b 是艇加桨的质量。当 m_b=18kg 时，基于上述公式，可以得到表 5.2 中的数据。100% 以上的数值表示更快的速度和更短的比赛时间，而低于 100% 则表示速度更慢、时间更长。

表 5.2 也可用于不同体重的运动员间进行直接比较。例如，一名 90kg 的运动员使用测功仪比 60kg 的运动员速度快 1.8% 时，那么他们在水中的结果应该是相似的。

表 5.2　在各标准质量 M_{st} 下进行水上训练时体重调整系数的百分比

（单位：%）

	运动员质量 m						
标准质量 M_{st}	60kg	70kg	80kg	90kg	100kg	110kg	120kg
60kg	100.0	99.3	98.7	98.2	97.7	97.3	96.9
70kg	100.7	100.0	99.4	98.9	98.4	97.9	97.5
80kg	101.3	100.6	100.0	99.5	99.9	98.5	98.1
90kg	101.8	101.1	100.5	100.0	99.5	99.1	98.6
100kg	102.3	101.6	101.0	100.5	100.0	99.5	99.1
110kg	102.8	102.1	101.5	100.9	100.5	100.0	99.6
120kg	103.2	102.5	101.9	101.4	100.9	100.4	100.0

5.2.2 移动式测功仪

固定式测功仪的主要缺点是惯性力大，会导致膝关节损伤。卡斯·雷克斯（Cas Rekers）[44] 于 1991 发明了移动式测功仪 RP，以克服这个问题。此后，市场上出现了其他款式的移动式测功仪：C2 引入了滑轨，可以将静止的测功仪转换为移动的测功仪；然后是动态室内划船机（DIR）、滑轨（Oartech，Australia）和其他一些不太流行的样式。所有的移动式测功仪都有一个浮动脚蹬板，它要么直接连接到滑轨和浮动动力单元（飞轮，在 RP 中）上，要么通过变速器（在 DIR 中）连接到固定的飞轮上。由于移动脚蹬板的质量比运动员体重低得多（从 DIR 的 7kg 到 C2 测功仪的 35kg），因此其惯性力明显低于固定式测功仪。这使更高的桨频得以维持，并构建更类似于水上划的生物力学条件。

前文中已经进行了 RP 与水上划和固定式测功仪的比较，因此这里将讨论 DIR 的主要特点，将其与 C2 测功仪和水上划做比较。使用 DIR 划与移动式测功仪划非常相似：入水时力的增长速度比固定式测功仪 [图 5.6（a）] 更快，这是由较小的质量和更低的惯性力引起的。由于艇上配比的存在，

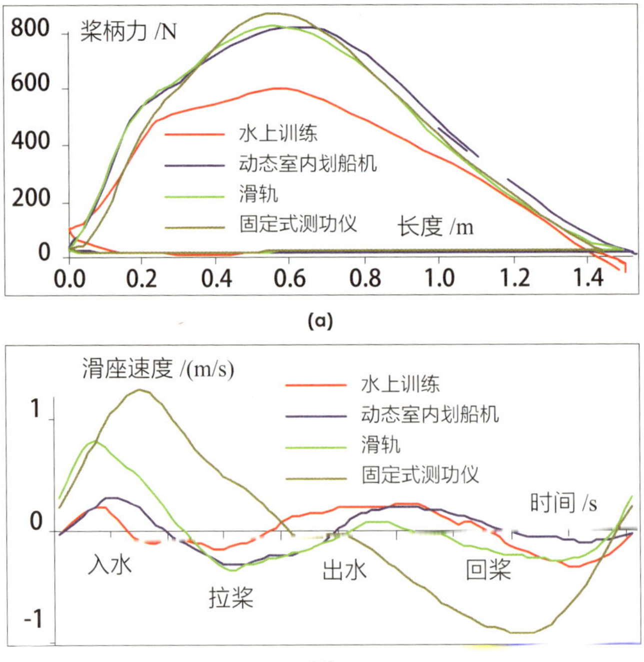

图 5.6 测功仪和水上划的力值曲线（a）、滑座速度（b）的比较

桨柄力的幅值在所有类型的测功仪上都相似，而且明显高于水上。

在桨频为 37str/min 时，相对于水上训练（95.3%）、滑轨（91.6%）和固定式测功仪（82.1%）来说，DIR 具有最大的惯性效率，为 98.1%。这使得在 DIR 上有更高的桨频，并且使用的时间可能比固定式测功仪更短。

需要注意的是，在 DIR 上移动滑座的运动模式可能会有很大的不同。对于一些赛艇运动员来说，在一个划桨周期内，滑座的方向会改变四次，而对另外一些运动员来说只有两次。

滑座速度与运动员的质心速度密切相关。在水上，会显示出相对于某参考系的速度值，该参考系以恒定速度运动，等于艇在划桨周期内的平均速度。这种情况下，在水上、动态室内划船机上及滑轨上，滑座速度的模式都是相似的。

运动员质心速度和艇速（或 DIR 的移动脚蹬板，或有滑轨的测功仪）是他们加速度的积分，取决于桨柄力和脚蹬板力的比。强调脚蹬板力的运动员，能提高他们质心的速度，但会使艇的质心减速，反之亦然。运动员可以通过采用不同的划桨风格来控制这些力。利用腿部力量驱动拉桨过程可以增加脚蹬板的力和运动员质心的加速度，但会使艇减速。在拉桨过程的早期使用躯干，能增加桨柄力并加快艇的速度，但会降低运动员质心的速度。

图 5.7 给出了两种划桨风格，运动员 1 展示了先后划桨风格，其用腿部发力拉桨。滑座（和运动员的质心）首先向船头移动，然后向船尾移动，当运动员的蹬腿速度慢下来的时候，上身开始变得更加主动。入水时脚蹬板向艇尾急剧减速，但之后速度增加得更快，这类似于在水上时艇的加速度。在回桨过程中，运动员 1 先回躯干，腿随后，但速度更快。然后他更早触压脚蹬板，滑座从船头转向船尾。

运动员 2 在入水后采用腿和躯干同时做功的同步划桨风格。滑座在整个拉桨过程中缓慢地向艇尾运动。此外，脚蹬板的速度更加均匀：入水时没有剧烈的减速，拉桨过程中也没有快速的加速。回桨过程中，运动员 2 收腿和躯干复位这两个动作靠得很近，这使滑座持续向船头运动。运动员 1 比运动员 2 的桨柄力增加得更快，这可以被认为是一种优势，表明先后划桨风格具有更大的有效性。

结论：C2 式测功仪的滑座运动是确定划桨风格的一个很好的指标。先

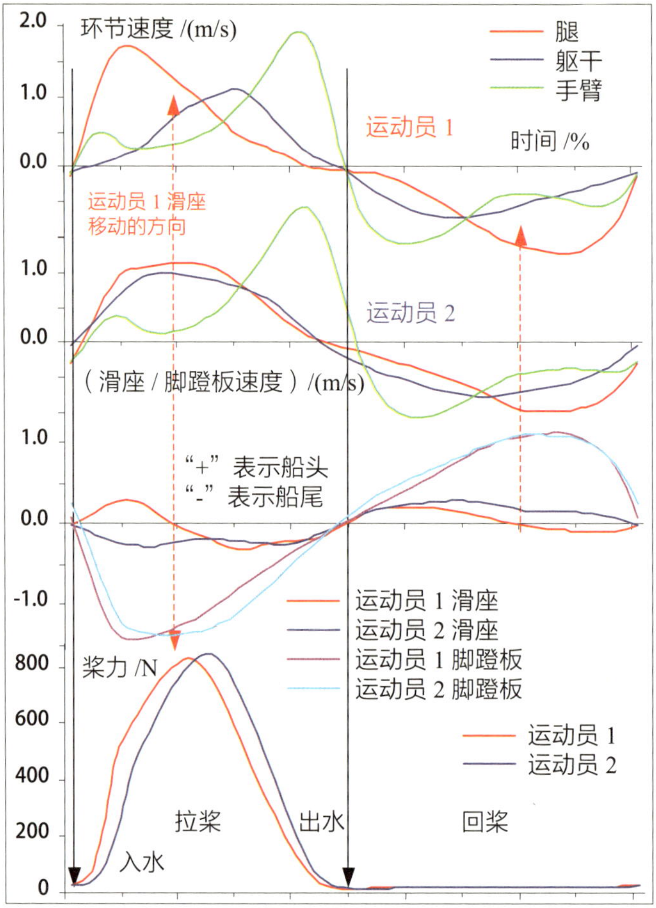

图 5.7　动态室内划船机上桨频为 37str/min 时，两种不同划桨风格的生物力学变量

后划桨风格在拉桨和回桨过程中会引起滑座运动方向的变化；对于同步划桨风格而言，拉桨过程中滑座持续向船尾移动，回桨过程中滑座持续向船头运动。在水上和带滑轨的测功仪上可以看到类似的现象，但是由于滑座是相对于固定滑轨移动的，所以在 DIR 上更明显。

5.2.3 桨柄阻力系数（HDF）

大多数测功仪是可以调整阻力系数（DF）的，同时还能保持速度和功率的准确标示。低阻力系数会使飞轮在回桨过程中的减速程度降低，因此，在拉桨过程中，桨柄速度更高，运动员会感觉“更轻松”，类似于顺风条件下在更大更快的艇上划桨或用一个配比更小的桨。高阻力系数在拉桨过程中使桨柄速度变慢，这会让运动员感觉“更重”，产生更大的力，类似于在较慢的小艇逆风中或在较大的配比下划桨。赛艇界曾讨论过在测功仪上进行测试和训练的最佳阻力系数，但没有达成共识。

为了对力学条件和运动员感觉进行客观分析，我们引入了“桨柄阻力系数”（HDF）的概念，可以用类似于艇的阻力系数的方法算得：

$$HDF=P/v_{h.av}{}^{3}=P/(L/t_d)^{3} \qquad (100)$$

其中，P 为划船功率，$v_{h.av}$ 为拉桨过程中桨柄的平均速度，等于拉桨长度 L 与时间 t_d 的比，简单来说，HDF 表示拉桨柄的感觉：如果功率高，但桨柄速度低，则感觉很重，反之亦然。

在不同阻力系数下测量了两种测功仪（固定式测功仪和 DIR）的桨柄力和速度。将调节阀分别设置在 1，4，7 和 10 处，采集了比赛强度下的 4 组样本数据，测功仪监视器上记录了阻力系数（图 5.8）。当阻力系数增大时，两个测功仪上的拉桨时间也随之增加，作用力增加，平均桨柄速度减慢。

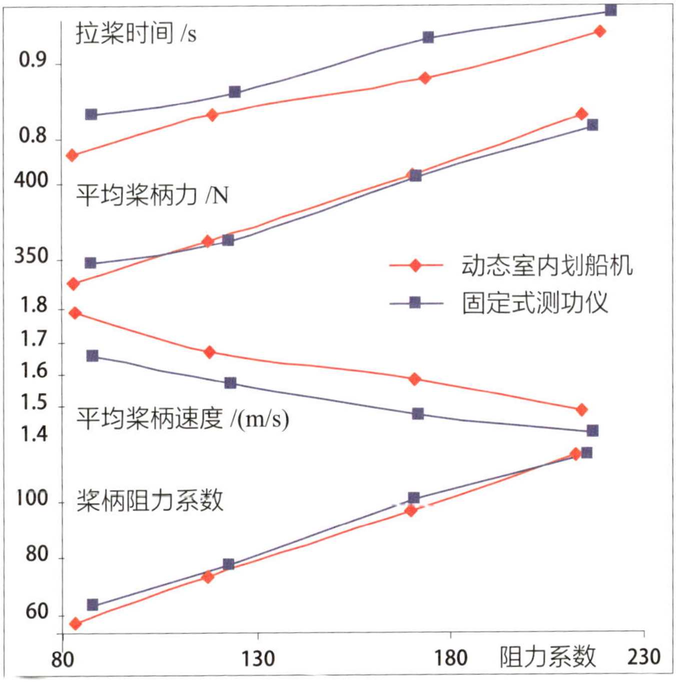

图 5.8　两种型号测功仪上桨柄力桨柄速度、桨柄阻力系数与阻力系数的依存关系

在不同的 DF 下，与固定式测功仪相比，DIR 的拉桨时间较短，桨柄速度更高。平均而言，在相同的阻力系数下，DIR 的 HDF 比固定式测功仪低 5%，这可以用更低的惯性力来解释。计算得到的 HDF 和从测功仪监控器记录的 DF 之间存在很高的相关性（r=0.998），这证明了测量的有效性和相关性：

$$DF=2.34HDF-51.0 \text{（对于 DIR），}$$
$$DF=2.48HDF-69.1 \text{（对于固定式测功仪）} \qquad (101)$$

为了比较两种测功仪与水上划的生物力学条件差异，借助 BioRowTel 测试系统中的数据库（总 n=5712），计算出不同艇型的桨柄阻力系数（表 5.3），使用公式（101）可以计算得出在 DIR 和固定式测功仪环境下的阻力系数值，阻尼器设置 S 可通过实验推导出来：

$$S=0.065DF-4.32 \qquad (102)$$

表 5.3　不同艇型的桨柄阻力系数（HDF）与阻力系数（DF）及阻尼器设置的对应关系

	1x	2x	4x	2-	4-	8+
样本量 n	2214	1235	385	500	657	721
HDF	86.0	71.5	59.0	62.8	50.8	46.8
± SD	12.7	17.6	8.3	14.6	7.9	7.2
DF（固定式测功仪）	144	108	77	87	57	47
DF（DIR）	150	116	87	96	68	58
阻尼（固定式测功仪）	5.0	2.7	0.7	1.3	–0.6	–1.3
阻尼（DIR）	5.4	3.2	1.3	1.9	0.1	–0.5

注：1× 为单人双桨，2× 为双人双桨，4× 为四人双桨，2 – 为双人单桨，4 – 为四人单桨，8 + 为八人单桨有舵。

然而，DF 和阻力箱的相关性取决于环境条件和设备质量（新的或旧的），因此公式（102）只能用于微小的调整。确切的阻力系数应该从监测仪中得到。

通常，单人艇训练可以在 C2 测功仪上将阻尼器设置为 5 进行模拟，双人艇训练模拟时设置为 3，四人单桨和双人单桨模拟时可以设置为 1，四人双桨时可以关闭阻尼器。八人艇划桨时一般要比用测功仪上设置的最小阻力值训练还要“轻”。

人们通常觉得双桨比单桨“更重”，这是因为大的入水角度（配比更大）、低桨频时力更大。表 5.3 显示了一些平均训练条件下的 HDF，而“轻快”或“沉重”的感觉则受许多其他因素的影响：

① 阻力（风、水温、水深、使用水阻）；

② 桨配比，包括动态配比和桨叶尺寸、效率；

③ 划桨技术细节和运动员同步性（同步性差会增加惯性力并使划桨时“更重”）；

④ 桨频、节奏与拉桨长度、功率相关。

为了在低桨频下获得同样的功率，运动员必须更加用力拉桨，将桨拉得更长，才会感觉更重。而且，低桨频下的回桨时间更长，人艇系统或测功仪的飞轮减速更多，因此运动员必须在入水时以更低的速度起动，这样可以增加更多的“重量”。

例如，两个样本数据以同样的阻力系数（DF=118）、速度（1:46.6 / 500m）和功率（288W）在 C2 固定式测功仪上测得，但桨频不同，分别为 31.4str/min 和 20.1str/min。若想产生与高桨频相同的功率和速度，低桨频的拉桨长度应多 11 cm（8%）、平均力高 110N（26%）。HDF 分别为 71.6 和 79.3，这意味着“重量”在高桨频下接近双倍，但在低桨频下与单人艇相近。结论：以相同艇速或测功仪速度划桨时，低桨频下拉桨长度更长、力更大、感觉更重，反之亦然。

HDF 可以作为一个总体评估参数，评估运动员对水上训练和测功仪训练的感知度，即划船的感觉“沉重”或“轻快”。

⑥ 器材和调艇

赛艇是一项技术性很强的运动，它的器材可以通过多个变量的调整来控制。这些变量具体值的设定以及它们的测量和调整过程，通常称为“调艇”。

6.1 调艇的定义

重要的调艇变量，双桨和单桨分别有 12 种和 11 种。常见的设备都有典型变量（表 6.1、表 6.2）。但若设备和运动员的类别不同，这些变量也会有所不同（例如，Fat2 型桨叶的桨长要短得多）。

表 6.1　桨的典型变量及其含义

（单位：cm）

变量	1x	2x	4x	2−	4−	8+	缩短	加长
桨长 (1)	287	288	289	373	374	375	配比小，桨柄速度快，力小	配比大，桨柄速度慢，力大
内柄长 (2)	88	88	88	116	115	114	配比大，桨角大	配比小，桨角小

表 6.2　艇设置的典型变量值及生物力学含义

变量	范围	低值	高值
双桨桨栓距 (3)	158~160cm	角度更大，配比更大	角度更小，配比更小
单桨桨栓距	84~86cm	同 < 3	同 < 3
双桨重叠 (4)	19~21cm	入水更长，脚蹬板位置更远	出水更长，脚蹬板位置更近
单桨重叠	30~32cm	同 < 4	同 < 4
桨栓高度 (5)	14~18cm	桨更短、力更大	桨更长、力更小
双桨桨栓高度差异 (6)	1~2cm	桨柄高度一致，艇摇摆大	桨柄高度不一致，艇摇摆小
鞋跟高度 (7)	15~19cm	同 5	同 5

续表

变量	范围	低值	高值
脚蹬板位置 (8)	55~65cm	入水更短、配比更小	入水更长、配比更大
做功距离 (9)	10~20cm	同 8	同 8
桨叶倾斜 (10)	4°~8°	桨叶更深，需要更高的桨栓	桨叶更浅，需要更低的桨栓
横向倾斜 (11)	0°~2°	入水桨叶倾斜更少，出水桨叶倾斜更多	入水桨叶倾斜更多，出水桨叶倾斜更少
脚蹬板角度 (12)	40°~44°	同 5	同 5

6.1.1 桨的设置

桨长（图 6.1）是从桨柄的顶部沿轴线到桨叶外沿的距离（1），内柄长是从桨柄顶部到桨栓外侧的长度（2）。

实际的内柄长和外柄长是通过桨挂栓（桨相对于艇的旋转中心）到合力作用的假想点来定义的，即在桨柄和桨叶的中心处。实际的内柄长和外柄长可以用来定义桨的配比 [公式（22）]。

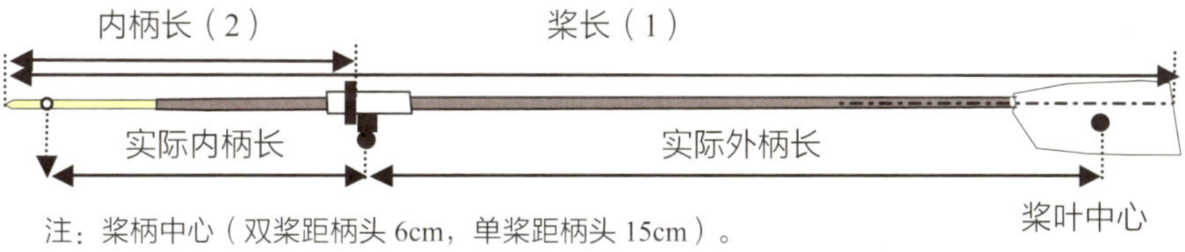

图 6.1　桨的调艇变量

6.1.2 艇的设置

双桨桨栓距（3）（图 6.2）是双桨艇中两个桨栓中心底部之间的距离（因为横向倾斜的节距会影响桨栓柱顶部的距离），单桨桨栓距（3）是从艇的中心线到桨栓柱中心的距离。重叠（4）部分可以直接测量或计算：

在双桨艇中：重叠部分 = 内柄长 ×2− 桨栓距 +4

$$\text{Overlap}=\text{Inboard}\times 2-\text{Span}+4 \quad (103)$$

在单桨艇中：重叠部分 = 内柄距 － 桨栓距 +2

$$\text{Overlap}=\text{Inboard}-\text{Spread}+2 \quad (104)$$

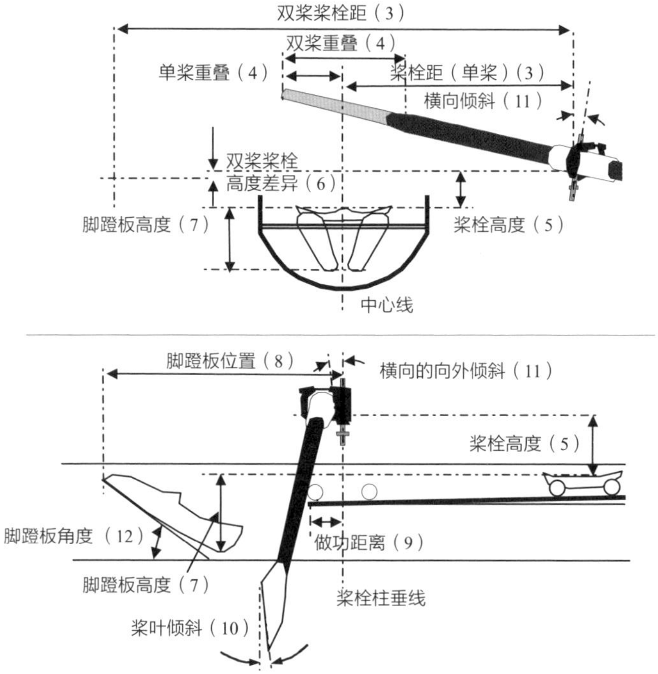

图 6.2　调艇变量

桨栓高度（5）是从桨栓的底部到滑座上表面的垂直距离。通常用其距艇舷上缘的高度代替，然后用这个高度加上或减去从滑座到艇舷上缘的高度即可。在双桨艇中，左右两个桨栓的高度（6）是可以分别计算的。脚蹬板高度（7）是指从滑座的上表面到鞋子底角的垂直距离。桨栓柱连线位置应在艇上进行标记以做参考，脚蹬板位置（8）是从参考线到鞋子的脚趾处，做功距离（9）是从参考线到滑座在船尾的顶点。

桨叶倾斜（10）可以通过将桨的护皮固定在桨栓上，测量桨叶轴线在水平位置倾斜的距离；或者测量护皮与桨叶的斜度，将其与桨栓的斜度相加。当艇水平时，借助特殊的电子节距计可以很容易地通过桨叶或做功面测得这个斜度。横向的向外倾斜（11）可在桨栓柱处或桨栓的背面测得。脚蹬板角度（12）借助艇的水平轴线测得。

6.2 调艇的主要原则

6.2.1 配比

配比的标准定义是指输出速度与输入速度的比值。在自行车或汽车中大配比意味着在低发动机转速下可以获得更高的输出速度，但驱动力更小，反之亦然。在赛艇中，总配比可以定义为艇速（相对于水）与桨柄速度（相对于艇）的比。总配比可以定义为以下几个部分的乘积。

① 静态桨配比是实际桨外柄长与内柄长的比［公式（22）］。该配比定义了桨叶速度与桨柄速度比。然而，桨叶速度的方向和幅值与艇速不同。静态桨配比的范围从小型艇的 2.0 到大型艇的 2.3 不等。

② 桨叶在水中打滑会降低桨叶效率，但也会使划桨时更轻，因为在相同艇速下它增加了桨叶的速度。由于桨叶的效率范围从 70% 到 90%[20]，桨叶打滑会使桨叶配比降低 10%~30%，因此，较大的桨叶面积及其在水中较深的位置能使其产生更大的桨叶配比，使艇有更快的推进速度。

③ 桨角配比是桨叶角度和艇速的比值。这使得桨角配比加大多了一个因素，该因素在拉桨过程中是变化的，从入水时的 70° 到桨垂直位置的 0° 要变化三次（图 6.3）。

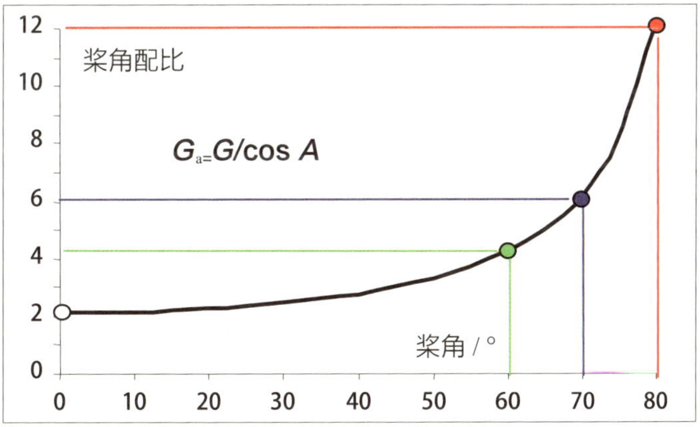

图 6.3　不同桨角下的动态桨角配比

④ 桨栓距的配比，运动员的腿和躯干通常平行于艇运动，但是桨柄的路径是弧形的。因此，桨柄力的矢量不总是平行于桨柄速度（垂直于桨轴），但是从腿和躯干传递到桨柄的力与轴形成一定角度，在入水过程中会发生变化。因此桨柄的速度高于肩膀的速度，意味着将产生更大的桨栓距配比（A=60° 时为 13.3%）。拉桨的角度受桨栓中心距与桨栓距比值的影响，因此通常被用来定义桨栓距的配比。

各配比的参数中只有一个是固定的，即桨的尺寸。其他三个都是动态的，并随着拉桨过程发生变化。由于总配比是各配比的乘积，因此它的值也会从入水位置的 6~7 变化到拉桨中间的 1.7~2.0。

在寻找最佳配比时，上述所有的因素都要考虑在内。在这里，划桨技术比调艇更重要。例如，增加拉桨长度，增大入水角度会使桨角配比变得更大，效果比小范围改动桨的设置更显著。

6.2.2 案例研究：桨长

本研究的目的是验证以下假设：较矮的运动员可以使用较短的桨吗？我们用四名轻量级双桨运动员（平均身高 1.76m，体重 65.5kg）进行了 4 次测试，每次测试都使用不同的调艇参数，其中实际的艇桨配比控制在 2.07~2.08。每次测试距离为 1km，以每 250m（20str/min、24str/min、28str/min、32str/min）递增一次桨频。Win Tech 四人艇和四套双桨测功仪 Concept2 与 BioRowTel 系统一起使用，收集以下数据：

- 艇的速度、加速度、倾斜度和俯仰角度；
- 垂直方向和水平方向的桨角；
- 桨柄力和桨栓力（正向和轴向）；
- 滑座和躯干的位置；
- 风速和方向。

与假设一致，使用较短的双桨可以实现更大的桨角：桨内柄距缩短 10cm 会使总角度增加 12°（表 6.3）。

表 6.3　不同桨长测试的调艇数据和生物力学数据

N	桨长 / m	内柄长 /m	桨栓距 /m	拉桨时间 /s	总角度 /°	平均桨柄速度 /（m/s）	平均力 /N	功率 / W	HDF	桨叶效率 /%	艇速 /（m/s）
1	2.89	0.890	1.59	1.093	108.7	1.49	285.2	249.7	74.4	74.3	4.02
2	2.79	0.860	1.53	1.118	111.9	1.44	272.1	233.8	76.3	75.3	3.94
3	2.69	0.825	1.47	1.145	115.6	1.39	278.0	233.1	85.3	75.5	3.93
4	2.59	0.790	1.41	1.198	120.9	1.33	275.6	223.2	95.2	76.3	3.88

总角度的增加主要是由于入水角度的增大（平均为 9°），在双桨运动员中记录的值最高超过了 80°，更大的入水角度增加了实际的配比，会使拉桨时间增加 10%，同时，平均桨柄速度会相应减慢。

在所有参数的设置中，平均力都非常相似（差异为 3%），虽然在调艇过程中桨叶的效率提高了 2%，但较慢的桨柄速度会使输出功率下降 10%，使艇速降低 3.5%。

为寻找最佳的调艇参数，我们用风速和风向对艇速进行校正，获得静水条件下的预测艇速，从而推导出预测艇速四次测试中实际所测得数据的平均值的比例。桨长和运动员身高的比例与艇速有关，我们对此进行了二阶多项式拟合（图 6.4 中的红线）。对总桨角（蓝线）的相应数据也进行了类似的分析。结果发现，最大艇速在 114° 的总角度下实现，桨长与运动员身高的比例为 157%（在这种情况下平均桨长为 2.76m）。

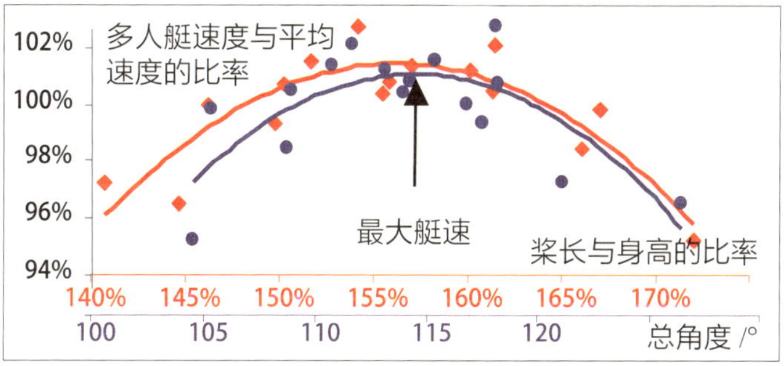

图 6.4　艇速对桨长和相应的拉桨长度（总角度）的影响

利用 BioRowTel 数据库中（n=4600）的数据进行验证分析发现，该结果是正确的，其中总角度在 114° 时可以实现最大艇速。运动员的身高 H 与弧长 L_{arc} 成正比，且存在线性趋势：

$$L_{arc}=0.297H+109 \quad (105)$$

这意味着运动员身高每增加 1cm，弧长就会增加 0.3cm。实际的内柄距 $L_{inb.a}$ 可以使用已知的弧长 L_{arc} 和总桨角 A 求出：

$$L_{inb.a}=(180/\pi)(L_{arc}/A) \quad (106)$$

使用上述最佳总角度 A=114°，通过公式（103），用运动员的身高来求得弧长 L_{arc}，然后用公式（106）求得实际内柄距 $L_{inb.a}$，同时使用常规的配比 2.11，根据表 6.4 中不同身高的运动员的最佳调艇参数进行调艇。

表 6.4　桨长的最佳调艇数据

（单位：cm）

运动员高度	160	170	180	190	200
弧长	157	160	163	166	169
桨长	272	277	281	286	291
内柄长	83.0	84.5	86.0	87.5	89.0
桨栓距	149	152	155	158	161

6.2.3 案例分析：桨配比和外柄长

这组测试是通过两名单人艇运动员进行的，使用 Corcept2 vortex-smoothie 型桨，但桨长不同：分别为 271.5cm，266.5cm，261.5cm。所有双桨的内柄长均设定为 86.5cm。每一组的测试都从 20str/min 开始，分别以 20str/min，24str/min，28str/min，32str/min 的桨频递增（表 6.5）。

表 6.5　桨传动实验中生物力学变量的平均值

	桨长 /cm		
	271.5	266.5	261.5
配比	1.95	1.88	1.82
平均桨频 /（str/min）	28.2	30.7	31.5
拉桨时间 /s	10.51	0.966	0.930
角度 /°	108.5	107.9	111.8
桨叶效率 /%	78.5	77.2	73.7
平均桨柄速度 /（m/s）	1.52	1.64	1.77
平均力 /N	336.8	368.7	370.5
划船功率 /W	299.0	349.0	375.9
艇速 /（m/s）	4.17	4.32	4.38
桨柄阻力系数	81.6	75.8	64.5

在这些不同的调艇设置中，多数变量都非常相似（图 6.5）。桨最短的艇的加速度在拉桨中段略高，但在拉桨的前半部分略低。其主要区别在于桨叶的效率随着桨长变短而有所下降，特别是在拉桨的前半部分。

较短的桨能带来更快的桨柄速度，这样使得即使在相对较大的划桨角度下也可以有更短的拉桨时间，从而带来更高的桨频和划船功率。然而，在相同的内柄长下较短的外桨长可以使艇减轻约 12%，这意味着在相同的拉力下桨叶的力将变得更大。在桨叶入水位置相同的情况下，更高的桨叶力增加了每平方厘米的水压，同时也增加了桨叶在水中滑动的力。因此，较小配比会使桨叶效率变得更低，运动员需要消耗更多的力来拉桨。

但是，较小的配比可以使运动员的运动速度更快，从而增加其能量的消耗。桨柄阻力系数表明，最短双桨的“沉重”与四人艇和测功仪 Concept2 阻力系数设置为 1 时相似。当桨长为中等长度 266.5cm 时与双人双桨或测功仪 Concept2 阻力系数为 2 时相仿，对于双桨运动员来说是最佳设置，这与调艇计算产生的结果是相符的。结论如下：

- 较短的桨和较小的配比可以更快地拉桨，因此可以获得更高的桨频，但同时会降低桨叶效率；
- 最佳的配比是运动员效率和桨叶之间的平衡，同时也取决于运动员的身高和艇速。

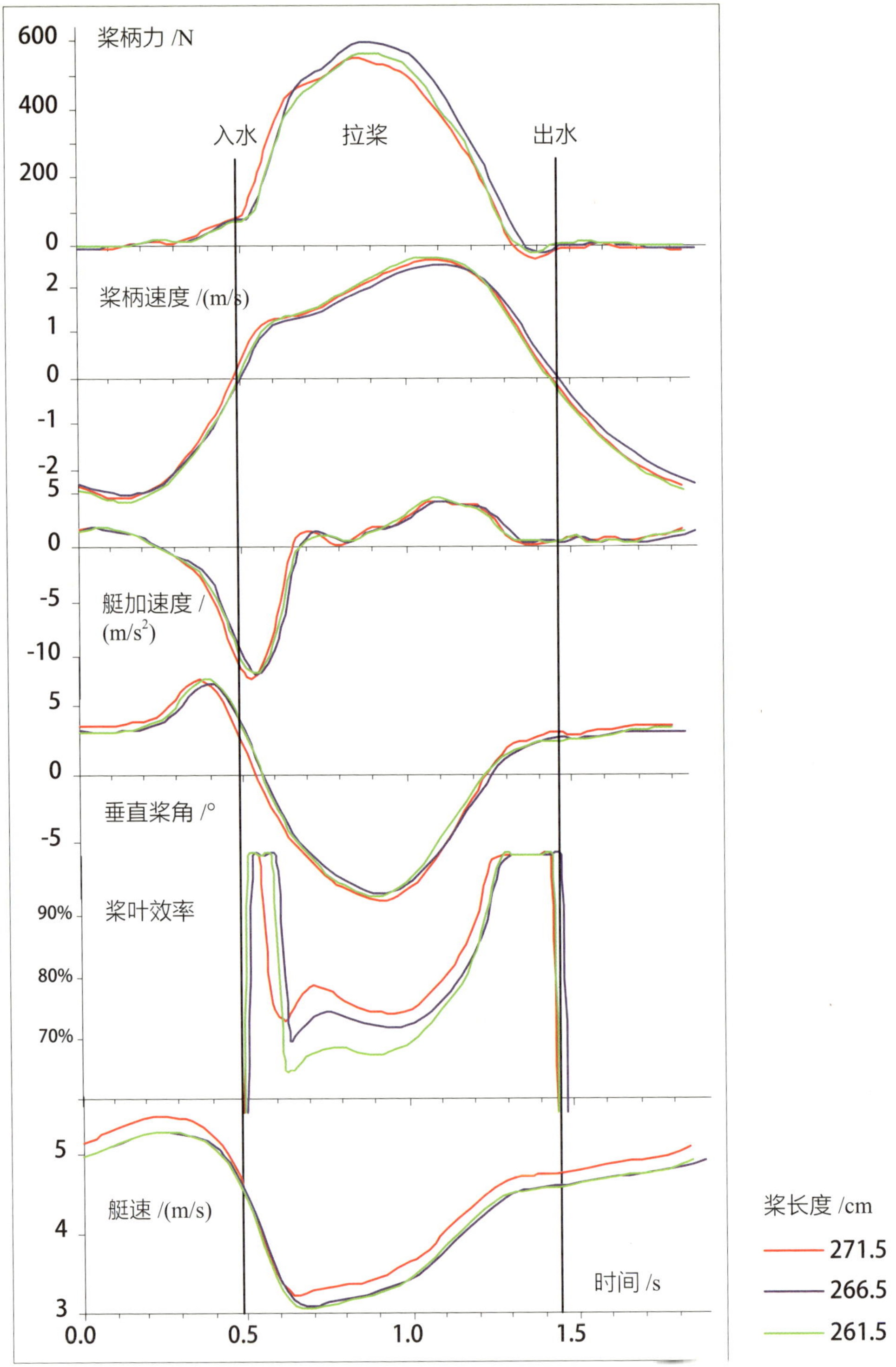

图 6.5　不同桨长下男子单人艇桨频为 32str/min 时的生物力学参数

6.2.4 桨的硬度

桨的硬度是选择桨的重要变量。制造商通常会提供三种硬度等级：软、中、硬，并提供相应的测量方法（在桨叶或桨柄上悬挂重物并测量挠度）。一般认为桨的硬度必须与运动员的力量相匹配：力量较大的男子公开级运动员应使用较硬的桨，而力量较小的女子轻量级运动员应使用较软的桨。然而，一些教练员认为桨越硬越好，因为“桨弯曲会导致能量的损失”。另一些教练员则建议使用较软的桨以防止受伤。

当桨的弯曲度达到 10° 时，在拉桨过程的前 15~20cm 内会消耗运动员能量的 25%。

图 6.6（a）中的红线表示施加在桨柄上的功率（桨柄力和速度的乘积）。在拉桨开始时，力增加，桨弯曲，并且桨柄功率的一部分存储在桨的弹性势能（黑线）中。因此，传递到桨叶处的功率（蓝线）小于桨柄功率，当桨柄力开始减小时，桨回弹将能量释放到系统中。此时，桨叶功率

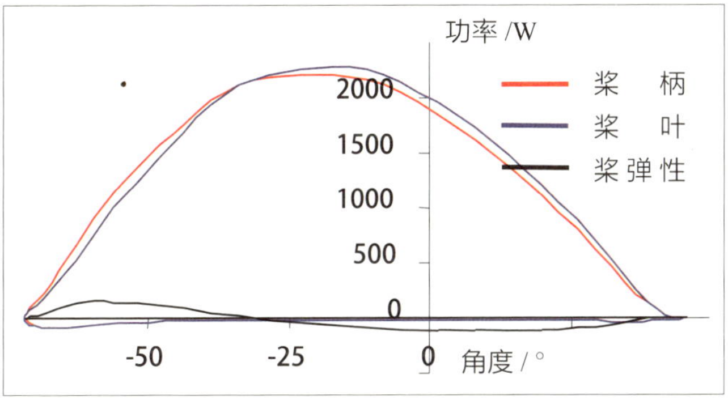

(a)

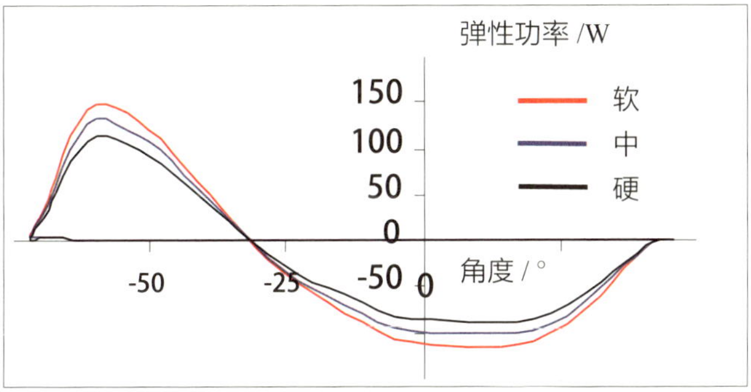

(b)

图 6.6　桨频为 35str/min 时，男子单人艇的划船功率与桨的各种硬度

高于桨柄功率，图 6.6（b）显示了在相同的桨柄力曲线下，软、中、硬三种桨之间的弹性势能存储的差异。硬的桨杆存储然后释放大约 26J 的能量，中等硬度的桨杆能到 30J（多 15%），软的桨杆能到 34J（多 30%）。该运动员每一划桨周期做功总量为 1022J，弹性势能的占比范围为 2.5% ~3.3%（硬桨和软桨）。然而，在 34° 桨角处桨力达到峰值时，储存的弹性势能最大，占总能量的 6.4% ~8.4%。在桨杆中间位置测量得到的最大弯曲范围为 5.8~7.6cm（硬桨和软桨），此时每只桨的最大力为 450N。

当动态配比约为 4 且桨角大于 50° 时，大多数弹性势能被存储起来。当配比约为 2 时，弹性势能的释放主要发生在桨的垂直位置附近。这意味着人艇系统更快的加速度和更高的效率（“鞭打效应”）。桨杆不仅在桨叶处反弹，而且还在中间反弹，在中间反弹时它向前推动桨栓柱，加速艇的前行并在脚蹬板上产生“蹦床效应”。早期峰值力和拉桨的最佳节奏对于有效利用桨的弹性势能至关重要。

6.2.5 桨栓距和桨栓中心距

在赛艇领域，桨栓距或桨栓中心距被认为是重要的调艇变量。普遍的观点是，桨栓距与桨栓中心距越宽划桨“越轻”，越窄“越重”。在一些手册中 [13, 14]，配比也被定义为桨栓距或桨栓中心距与外桨长的比值，尽管这在实际中是不正确的。

在单桨艇中，桨栓中心距是桨栓力转动力矩的杠杆。在双人单桨艇上，当桨栓距较宽时，运动员在相同的力下能产生相对于艇中心的更大的扭矩 [图 6.7（a）]。在入水阶段，它有助于平衡船头运动员的扭矩，使艇在航道上保持直线行驶；在出水阶段它能提高领桨运动员的优势，在另一侧转动艇。国际赛艇比赛中的调艇调查结果显示，超过一半的双人单桨艇中，船尾运动员（无论哪一侧）的桨栓距都比船头运动员的宽 0.5~1cm。

在双桨艇中 [图 6.7（b）]，桨栓距改变了运动员手臂和内柄的几何形状并影响了桨和拉桨的角度。在桨栓距较小的情况下，入水时的桨角 α 变大，拉桨角 β 变得更窄。这些因素使拉桨配比变得更大，但仅体现在开始入水时，而划过 20°~30° 后这种现象就会消失。

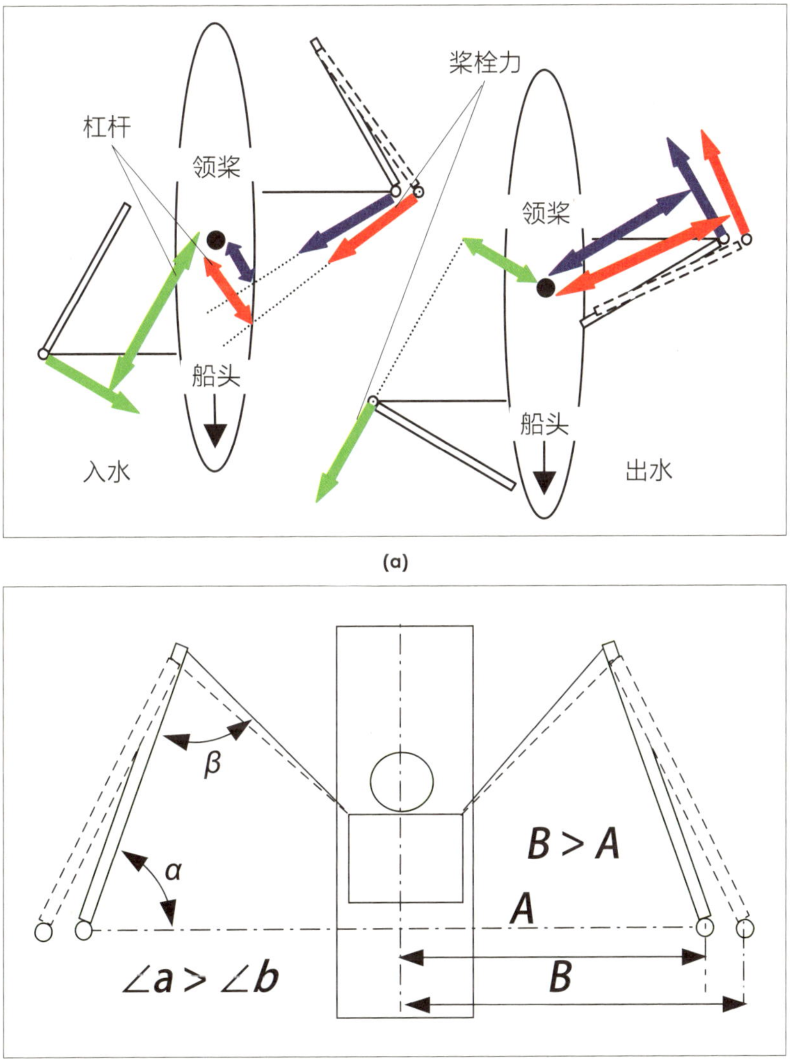

图 6.7　单桨艇桨栓距手双桨艇桨栓距的影响

结论：桨栓距和桨栓中心距通过动态桨角分配和拉桨角度间接影响配比。较宽的桨栓距和桨栓中心距使入水的前半部分更轻，而较窄的桨栓距和桨栓中心距则使其变得更重。

6.2.6 调艇计算

与其他运动项目相比，赛艇装备尺寸的变化范围小得多。装备的尺寸通常与运动员的身材变化成比例，例如，越野滑雪中滑板长度的变化达到 17%（177~207cm），自行车运动中车架的尺寸变化超过 30%（43.18~58.42cm）。赛艇运动员的身高变化超过 20%（从女子轻量级的 1.60m 到男子公开级的 2.00m），但桨的长度变化不到 3%（单桨范围从 367~378cm，双桨范围从 282~292cm）。

可能这些数值与赛艇本身的运动特点及历史有关，通常赛艇装备可以在不同身高的运动员之间共享，而在自行车和滑雪运动中，装备通常属于个人。然而如今，俱乐部中许多优秀赛艇运动员也开始使用个人装备，在国家队中，也能看到运动员有属于自己的装备。因此，我们很可能在不久的将来会看到更加个性化的赛艇装备。

类似的变化可以在相对于艇速的配比中看到。在自行车运动中，可以立即改变配比，适应运动员的速度，因此节奏始终保持在最佳的 90rev/min ± 5%。在赛艇运动中，男子八人艇和女子单人艇最快速度之间的差异高达 25%，若加入天气情况这个差异可能高达 40%~50%。然而，实际配比（表 6.1）的差异通常仅为 2~3%。这使得在大艇中桨柄速度更快，拉桨时间更短，桨频更高，可达 40~42str/min，而小艇通常以 32~34str/min 的速度进行比赛。最慢和最快的艇之间的桨频差异为 20%~22%，这意味着赛艇运动员要在不同的生物力学条件下运动，而这可能会超出最佳的调整范围：比如顺风条件下大艇的运动速度会太快，逆风条件下小艇的运动速度会太慢。

我们开发了一个艇速和调艇的模型，形成了一个在线程序 [45]，以便根据艇速和运动员身材来对桨频、桨尺寸和配比进行建模。该模型由两部分组成：艇速模型和调艇参数。

艇速模型基于艇的型号，划船功率（取自测功仪数据）和运动员体重，按照以下算法计算。

① 根据每种艇型的运动员的质量（体重）W_r 计算阻力系数 DF（系数 a_1 和 b_1 来自 BioRowTel 系统测量数据库）：

$$\mathrm{DF}=a_1W_\mathrm{r}+b_1 \quad (107)$$

② 桨功率 P 来自测功仪得分 T_e：

$$P=2.8v^3=2.8(2000/t_\mathrm{e})^3 \quad (108)$$

③ 预测速度 v_p 和时间 t_p 由划船功率 P 和 DF 计算得出：

$$v_\mathrm{p}=(P_\mathrm{n}E_\mathrm{b}/\mathrm{DF})^{1/3}，\ t_\mathrm{p}=2000/v_\mathrm{p} \quad (109)$$

其中，n 是艇上运动员的数量，E_b 是桨叶效率（所有艇型的平均值为 81.5%）。或者，预测时间 t_p 可以直接输入图表并根据风速和风向进行调整。

④ 基于菲尔特的公式对风向和风速进行校正 [43]。

第二个调艇模型由两部分组成：传统和创新。传统部分根据国际赛艇比赛调查的平均数据，给出了特定艇型的典型调艇参数 [46]。创新部分的调艇参数算法如下。

① 弧 L_arc 的长度是根据运动员身高 H_r 的线性函数算出的，其中系数 a_2 和 b_2 来自公式（105）。

$$L_\mathrm{arc}=a_2H_\mathrm{r}+b_2 \quad (110)$$

② 实际的内桨长 $L_\text{in-a}$ 和测量内侧 L_in 的计算如下：

$$L_\text{in-a}=(180L_\mathrm{arc})/(\pi A)$$
$$L_\mathrm{in}=L_\text{in-a}-2cm+W_\mathrm{h}/2 \quad (111)$$

其中，双桨的桨柄宽度 W_h=12cm，单桨的桨柄宽度 W_h=30cm。划桨角度 A 对于每个类型的运动员都有其相应的参数，对于 U23 其角度设置为优秀运动员的 98%，对于青少年其角度调整为优秀运动员的 96%。

③ 拉桨时间 t_{dr} 作为桨频 R_r 的函数，其中系数 a_3=0.000202×60= 0.01212，b_3=0.0195×60=1.17。

$$t_{dr}=a_3R_r+b_3 \quad (112)$$

④ 平均桨柄速度 v_h 来自弧 L_{arc} 和拉桨时间 T_{dr}：

$$v_h=L_{arc}/t_{dr} \quad (113)$$

⑤ 配比 G 通过 v_h 和 v_p 计算得出：

$$G=(v_pE_d{}^{1/3}K_aB_{TF})/v_h \quad (114)$$

其中，K_a 是桨叶运动的校正因子，与艇的直线运动相比，其取决于桨角 B_{TF}，桨叶类型因子对于大桨片来说为 100%，根据不同桨叶类型进行调整。

⑥ 实际外桨长 $L_{out\text{-}a}$ 和测得到的 L_{out} 如下：

$$L_{out\text{-}a}=g\times L_{in\text{-}a}$$
$$L_{out}=L_{out\text{-}a}+L_{bl}/2 \quad (115)$$

其中，L_{bl} 为桨叶长度。

⑦ 最后计算出桨长 L_{oar}：

$$L_{oar}=L_{in}+L_{out} \quad (116)$$

创新的调艇模型基于以下三个假设。

① 弧的长度应与运动员的身高成正比，该比例应为所有赛艇运动员类型的平均值；

② 每一类运动员都应有一个最佳的总桨角；

③ 拉桨过程中的平均桨柄速度应与艇速成正比。该比例基于所有艇型的平均速度和平均调艇参数。

这些假设并没有严格地嵌入到程序中，因此用户可以通过使用各种参数约束和目标角度来改变它们。需要强调的一点是，调艇表格中没有给出运动员的身高、艇速、桨频和调艇参数（内桨长和桨长）的最佳数据，因而没有研究得出相应的结果。能够得出的结论是，如果以运动员的身高和艇速去保证生物力学条件的话，那么调艇变量会有巨大的不同。

6.2.7 桨栓高度

桨栓高度是一个重要的调艇变量，它与拉桨长度、力、桨叶斜度、垂直角度及划桨的具体情况有关。在入水时，由于运动员的手臂是直的，他可以更自由地改变桨柄拉力的高度。因此，桨柄的高度和桨栓高度主要由出水时运动员的位置决定。

经验法是定义最佳桨栓高度最简单的方法。运动员在出水位置，将桨叶放入水中，并找到最舒适的高度。然而，分析值和常规值可用于预测各艇型运动员的正确高度，以便了解技术的有效性并找出错误的原因（图 6.8）。

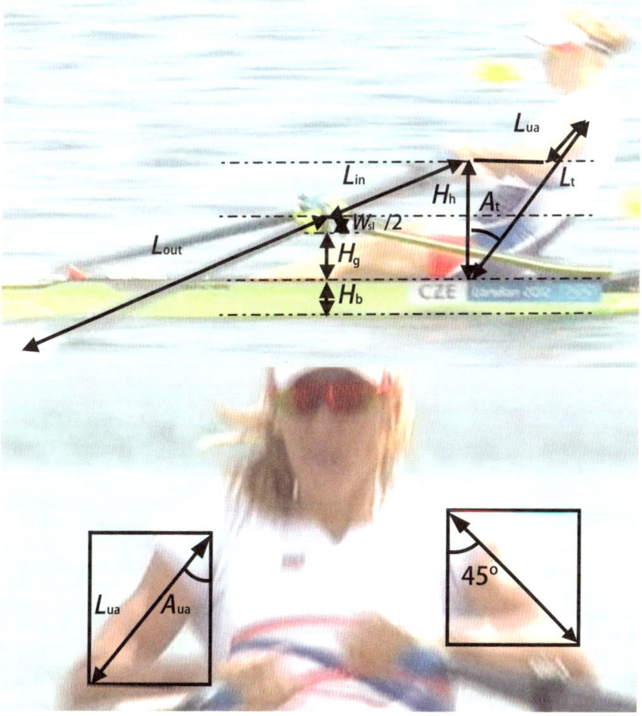

图 6.8　男子单人艇捷克奥运冠军米尔卡·克纳普科瓦 (Mirka Knapkova) 的桨栓高度分析

运动员在出水位置保持正确姿势的主要要求是前臂保持水平，即肘和桨柄必须处于同一水平面内，因为只有在这个位置才能有效地发出水平拉力。桨柄距离滑座的高度 H_h 可以计算为：

$$H_h = L_t \cos A_t - L_{ua} \cos A_{ua} \cos A_t \quad (117)$$

其中，L_t 是滑座到肩关节中心的躯干长度，A_t 为躯干与垂直位置的角度，L_{ua} 为肩关节中心和肘关节之间的上臂长度，A_{ua} 为上臂与垂直位置的角度，其最佳角度应为 45° 左右，因为这样可以最大限度地让肩部肌肉（背阔肌、斜方肌和三角肌后束）发力。在限定桨柄高度 H_h 后，最佳桨栓高度 H_g 可以计算为：

$$H_g = [H_h + H_b + \sin(-A_v)L_{in}] \times L_{out}/(L_{in}+L_{out}) - W_{sl}/2 - H_b = [H_h + \sin(-A_v)L_{in}] \times L_{out}/(L_{in}+L_{out}) - W_{sl}/2 - H_b[L_{in}/(L_{in}+L_{out})] \quad (118)$$

其中，L_{out} 是从桨栓柱到桨叶中心的实际外桨长，L_{in} 是从桨栓柱到桨柄中心的实际内桨长，W_{sl} 是桨护皮的宽度（厚度），A_v 是相对于水面的垂直角度，对于完全浸没在水中来说 A_v 应该低于 −3°，H_b 为水面的高度。虽然模型变得相当复杂，但基于以下参数：L_t=50cm，A_t=30°，L_{ua}=25cm，A_{ua}=45°，A_v=−3°，L_{in}=84cm，L_{out}=175.5cm。W_{sl}=5.6cm，H_b=10cm，我们得到了相当合理的桨栓高度 H_g=15.8cm。

模型中存在的大量变量有无限种组合的可能。例如，更长的躯干倾斜可以通过上臂更加水平的位置进行补偿。此外，一些变量本身不是固定的，并不适用于特定的运动员。例如，躯干的长度 L_t 取决于坐姿（躯干的直线程度）和肩部的位置（锁骨和肩胛骨）。

该模型也适用于单桨艇（图 6.9），但上臂通常会有不同的角度：内侧手臂具有更高的垂直位置（肘部低），因为它要在出水时产生更大的力。通过公式我们可以得到以下结论：

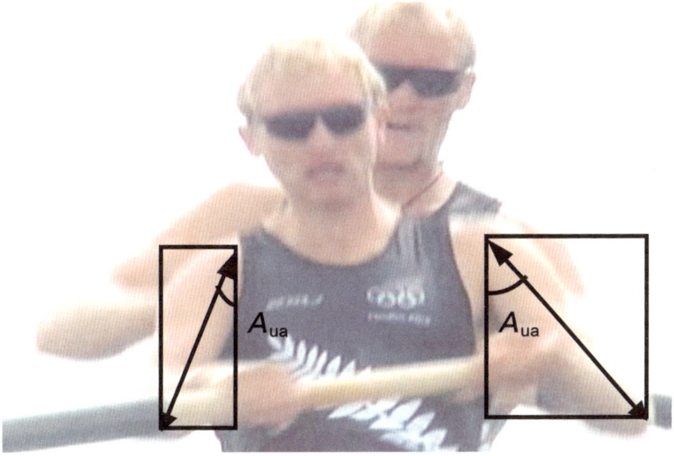

图 6.9　单桨艇的桨栓高度分析

- 相对于水面，（较大的艇上）滑座的高度加大，需要减少大约 1/3 的桨栓高度；
- 躯干在出水位置时，如果倾斜度大，则需要更低的桨柄和桨栓高度，反之亦然。这是因为 $\cos A_t$ 随角度的变大而值变小。其他数据如上图所示，躯干角度为 20°，桨栓高度为 17.5cm，而躯干角度为 10°，这个值为 18.5cm；
- 配比越小，桨栓越低，反之亦然。但是，这个效果非常小。如上图所示，外桨长 L_{out} 减少 10cm 只需要将桨栓高度降低 0.5cm；
- 最佳的桨栓高度对于桨叶做功和出水位置的发力非常重要。如果桨栓太高，会导致桨叶出水打滑。

6.2.8 桨叶斜度

桨叶斜度（桨叶垂直轴倾斜的角度，图 6.10）是必要的，因为在拉桨的前半部分，桨柄比肩部低得多，这使运动员难以进行水平拉桨。桨柄处力的矢量可以正交分解为两个部分：水平和垂直。当把桨作为一类杠杆传递时，这两个部分大小（根据配比）和方向（相反）是会发生变化的。水平方向的力在桨叶上产生推进的力，垂直方向的力产生向下的力，使桨叶沉入水中。这时候就需要桨叶处的正俯仰角来克服该垂直力并允许桨叶进行水平运动。

入水时 [图 6.10（a）] 手臂是伸直的，力的矢量角接近 12°。如果将这个设定为俯仰角，那么总力的 20%转为垂直方向（sin12°=0.208）且推进力减少 2.2%（cos 12°=0.978），这对桨来说是重大的能量损失。

(a)

(b)

图 6.10 男子单人艇挪威奥运冠军拉夫·图夫特（Olaf Tufte）在入水和出水时的桨叶斜度分析

还有另一种观点：弯曲手臂并使其更加水平地向肘部拉动，该动作需要桨叶斜度更小。通常运动员会将这两种方法相组合：他们在手臂弯曲的同时仍以较小的角度把桨拉到水平方向上，而这需要一个小的桨叶斜度。在最常见的 4° 俯仰角的情况下，该方法只有 0.24%的推进力损失（比 12° 俯仰小 9 倍），且其垂直分量仅为 7%。

因此，没有必要将斜度设置为零以实现完全水平拉桨，这样做需要肌肉释放更多能量，但所获得的推进力非常小。这样做会完全消除垂直分量，从而向上推动艇，减少与水面接触的面积从而减少阻力，起到积极的作用。此外，我们不可能将桨柄（和桨栓）的高度增加到足以消除手臂弯曲的程度，出于其他原因桨柄应该始终处于最佳的水平位置。

当改变桨栓高度时，力矢量 dp 的方向变化度可以定义为：

$$dp=180dH_gL_{oar}/\pi L_{arms}L_{out} \quad (119)$$

其中，dH_g 是桨栓高度的变化，L_{oar} 是实际桨长，L_{arms} 是从肩部到桨柄的臂长，L_{out} 是实际的外桨长度。对于上述参数的常规值，每增加 1cm 的桨栓高度会使力矢量的方向更偏向垂直 0.6°，反之亦然。因此，更低的桨栓高度需要更大的斜度和更显著的曲臂，反之亦然。

桨栓柱的横向斜度（桨栓柱向外倾斜）有助于克服桨柄舒适高度和保持一个恒定的力矢量带来的差异，这是因为它增加了入水处桨叶斜度，同时在出水时斜度也会减小（图 6.11）。

建议使用 1°~2° 的横向倾斜，这样可以在入水处将桨叶斜度增加到 5°~6°（中间 4°），并在出水时将其降到 2.5°~3°。

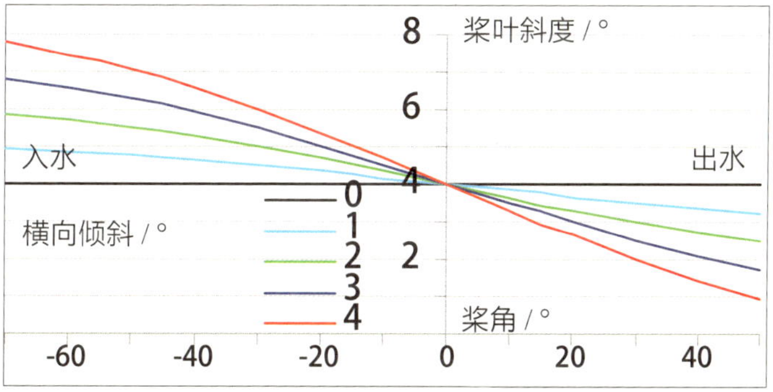

图 6.11　桨叶斜度与桨栓柱横向倾斜的依存关系

6.2.9 脚蹬板

与桨栓的高度相似，脚蹬板的精确设置不易通过等公式来表达，这是因为它受运动员、艇和桨等许多变量的影响，需要测量和建模。最有效的方法是使用经实践检验的方法，脚蹬板力的测量在前文中已定义。下面仅给出设置的主要原则。脚蹬板各变量间相互影响测量，因此，它们的调整应按以下顺序进行：

- 脚蹬板的角度；
- 深度；
- 水平的位置。

① 脚蹬板的角度在 37°~47°，平均值是 42° [46]，建议值是 40° [29, 46]。调整需要遵循以下原则：

- 更平的角度可以使运动员在拉桨期间更快地将脚跟放置在脚蹬板上（因此，可以更早地使用臀大肌和腘绳肌）。但是，伸展时踝关节的灵活性会受到限制：太平的角度不能使膝关节在出水时完全伸展。
- 较陡的角度可以使运动员在拉桨开始时有更大的水平拉力，但屈腿时会受到踝关节柔韧性的限制：太陡的角度会使运动员在入水时腿部弯曲更加困难，并且可能使拉桨长度变短。

将上述优点进行整合的一个简单解决方案就是使脚蹬板的脚趾部分更陡而脚跟部分更平。这也可以从一些赛艇设备制造商的设计中看到，建议将脚蹬板的角度设置得平一些，因为这样不会在出水时使脚踝产生张力。

② 脚蹬板高度的计算，传统上是鞋内底角与滑座顶部之间的垂直距离。推荐范围为 15~19cm，但实际测量发现这个数值可以在 12~22cm，平均为 17cm。以下规则会影响个体设置（图 6.12）：

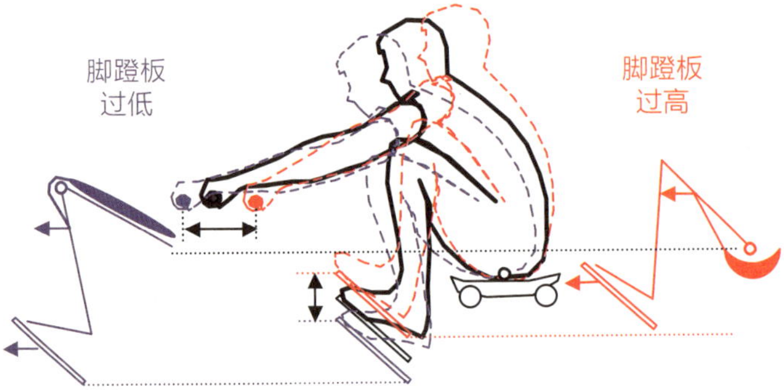

图 6.12　脚蹬板高度对拉桨长度和肌肉参与度的影响

- 更低的脚蹬板可以使桨柄的抓水位置更远，但会限制桨柄的拉力，因为运动员要从座位上抬起桨柄，因而会失去力。此外，更低的脚蹬板使屈腿抓水更加容易，增加了股四头肌的利用率，但是臀大肌和腘绳肌的利用会受到限制。

- 更高（和较陡）的脚蹬板会使水平拉桨的力变得更大，但也会使抓水时的屈腿收缩变得更难[47, 48]。它使运动员更早地利用臀大肌和腘绳肌发力，但也会使股四头肌的发力变得更加困难。

结论：设置脚蹬板高度以便在入水位置获得最佳屈腿发力的位置——胫骨应垂直，膝盖处于腋下位置，并且运动员要完全坐在滑座上。

③ 脚蹬板水平位置的设置应在其他设置完成之后再进行，可以（从桨栓柱开始）在脚趾 L_t[49] 或脚跟 L_h[50] 处进行测量。因为它可以快速地调整并且不影响其他设置。由于二者是相互关联的，所以两种方法都可以使用：

$$L_t=L_h+L_s\times\cos\alpha \qquad (120)$$

其中，L_s 是鞋子的长度，α 是脚蹬板角度。从脚趾处开始测量，L_t 应在 50~70cm，并且它取决于许多因素：运动员的身高、腿长，肩宽和躯干宽度，内桨长、桨栓距、桨柄重叠部分及出水位置的躯干角度。脚蹬板的位置会影响抓水和出水角度：

- 将脚蹬板朝向船尾移动会增加入水角度，如果保持出水角度不变，总角度会增加。但是，脚蹬板设置得太远，以致桨柄抵住运动员的胸部，限制出水角度。
- 将脚蹬板朝船头移动会增加出水角度，减少出水时躯干的活动，使入水时有一个合理的屈腿收缩。出水角度过大可能会导致桨向内拉，对于肩更窄、桨栓距更大、桨柄更低的双桨运动员来说更是如此。

传统的建议：最佳的脚蹬板位置是，当腿伸直、躯干垂直时桨柄的顶部与肋骨接触。正确的脚蹬板位置的良好指示是出水时前臂与桨柄垂直。

另一个脚蹬板变量是展开角，即两鞋子之间的开口角度，这个值通常是固定的，没有重新设计鞋子就不会改变。只有“New Wave 划船鞋固定系统”才能轻松地调整展开角。虽然手册显示的展开角为 25°[29]，但实际测量结果通常为 0°~12°，平均为 6°[46]。展开角会影响脚的压力分布，较大的角度能将压力移动到脚的内侧，反之亦然。

7 表现分析

7.1 表现趋势

7.1.1 耐力项目的长期趋势

由于赛艇比赛中艇速会受到天气条件的影响，因此每年的赛艇成绩会有较大差异。为了更加客观地分析运动表现，我们分析了从 1900 年到 2005 年间类似的耐力项目（如 1500m 跑[51]、400m 自由泳[52]等）世界纪录的长期趋势，并与赛艇世锦赛纪录做了比较 [图 7.1（a）]。

所分析项目的长期趋势都十分相似。在 20 世纪，这些运动可以被分为 5 个共同发展阶段。

第一阶段，1920 年之前。成绩快速上升，每年进步 1%~1.5%，这归功于专项技术和训练方法的初步发展。有意思的是男子八人艇（M8+）在这个阶段的趋势已经趋于平稳，从亨利皇家赛艇比赛（Royal Henley Regatta）的纪录可见，这个项目的初期发展始于 1900 年之前 [图 7.1（b）]。

第二阶段，1920—1949 年。受两次世界大战的影响，运动员水平较业余，东西方体育系统的隔离使得竞赛交流减少，该阶段成绩上升缓慢（每年约 0.5%）。

第三阶段，1950—1979 年。成绩上升得非常快速，每年进步 1%~2%。这一时期，女运动员的成绩上升更为迅速。

第四阶段，1980—1995 年。增速放缓，每年 0.5%~0.8%。训练的效果逼近生理学的极限。高效的训练方法已被广泛使用，对违禁药物的管控变得更加严格。相较于田径和游泳，赛艇的成绩提高仍旧相对较快，每年约 1.5%。这被认为是由先进的装备引起的，如原本木质的艇和桨改为由塑料制造、大桨叶，等等。另外，国际赛艇联盟对赛艇运动的大力推广，以及现代训练科技普及也功不可没。

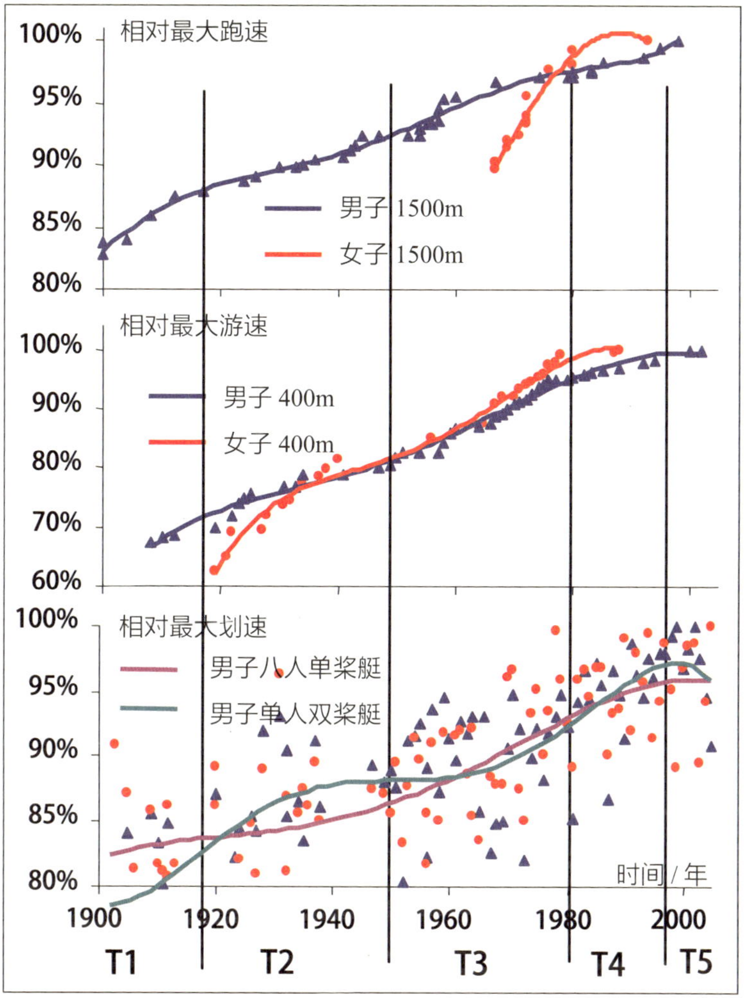

(a)

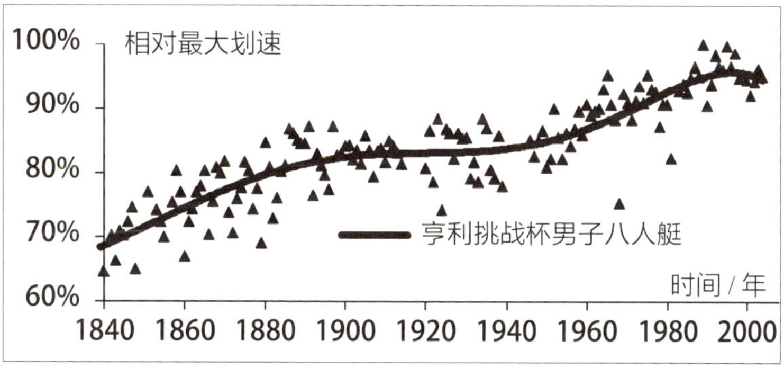

(b)

图 7.1　20 世纪跑步、游泳和赛艇的表现分析和 165 年来亨利皇家赛艇比赛成绩和田径世界最好成绩

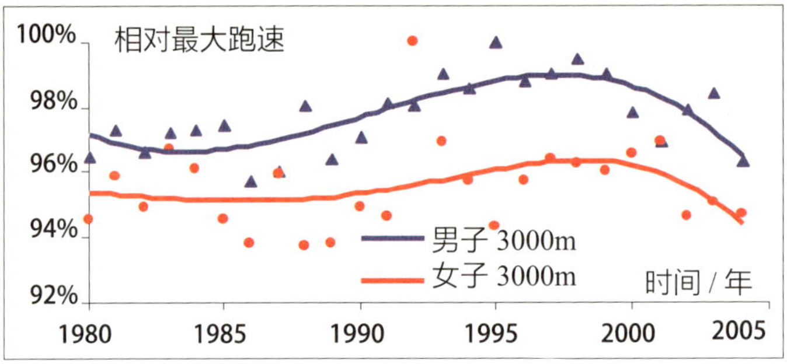

续图 7.1　20 世纪跑步游戏和赛艇的表现分析和 165 年来亨利皇家赛艇比赛成绩田径世界最好成绩

第五阶段，1996 年至今，稳定期，甚至稍有退步——由每年田径最好成绩的最新趋势可见 [图 7.1（c）]。这被认为是由于违禁药物监管力度的加大（如血液检测）和其他社会学因素引起的。内维尔和怀特 [51]（Nevill，Whyte）认为许多耐力跑的世界纪录接近运动员的极限，运动和科研领域或将从药理学和基因方面入手，进一步扩展运动能力。

7.1.2 赛艇运动成绩的最新趋势

赛艇成绩正在逼近人类运动的极限，小艇的成绩增速放缓这一现象可证明此观点（图 7.2）。然而，大艇的成绩仍在大幅增长，这是由于训练方法持续发展所致。越来越多的国家建立了高水平运动训练中心，大量天赋异禀的运动员被集中起来，使用先进的训练手段。

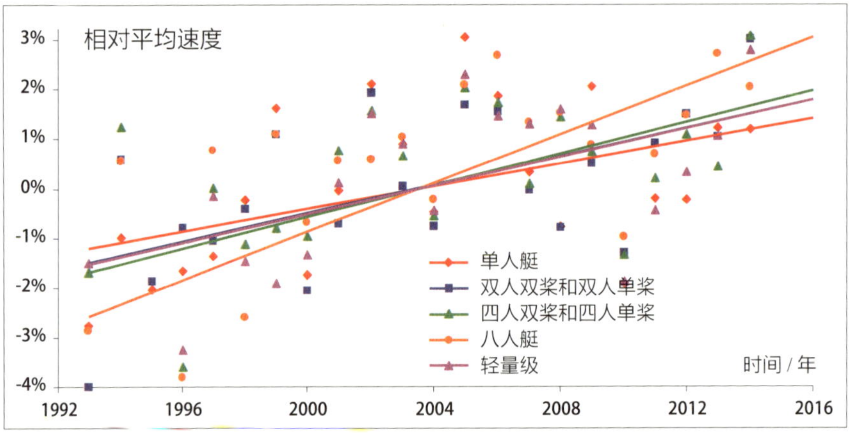

图 7.2　14 个奥运艇型年度最好成绩趋势（1993—2014 年）

通过世锦赛和奥运会冠军及决赛运动员的成绩可以分析赛艇的速度趋势。但世界最好成绩（以下简称 WBT）未必总是出现在决赛中，而是出现在最有利的天气条件下，有时候是预赛，有时候则是半决赛。因此我们采取下列方法：获取从 1993 年到 2014 年这 21 年间的年度最好成绩，然后基于这些数据进行线性回归分析。我们发现奥运会 14 个项目的平均艇速每年增长 0.85%（表 7.1）。时间因素占到成绩波动的 27%，余下的则由其他因素引起，其中主要是天气条件。

表 7.1　2014 年的世界最好成绩（WBT）、表现增长、对新的最好成绩年份的预测及对 2016 年最好金牌成绩的预测

比赛	2014 年 WBT/min	增长率 %	WBT 预测 / 年	2016 年金牌成绩 的预测 /min
W8+	05:54.2	1.54	2016	05:53.9
M8+	05:19.3	1.28	2015	05:20.4
LM4−	05:45.6	1.27	2019	05:45.3
M4x	05:33.2	1.21	2019	05:34.2
LW2x	06:49.4	0.95	2016	06:48.3
M2−	06:08.5	0.94	2022	06:12.4
LM2x	06:10.0	0.89	2022	06:08.9
M4−	05:37.9	0.82	2024	05:44.1
W2−	06:53.8	0.71	2023	06:55.1
W4x	06:09.4	0.65	2028	06:12.4
M1x	06:33.3	0.65	2028	06:35.6
W2x	06:38.8	0.64	2025	06:41.6
M2x	06:03.3	0.61	2032	06:06.0
W1x	07:07.7	0.42	2035	07:14.9
平均		0.85		

男子和女子八人艇均出现每年 1.3%~1.5% 的最大增幅，预计在接下来的两年内会再创新的世界纪录。单人艇增幅最小，为每年 0.4%~0.6%，预

计要 15~20 年后才能创造新的世界纪录。

在预测下届奥运会的金牌成绩时，我们使用了不同的计算方法。根据世锦赛和奥运会冠军成绩的线性趋势进行预测——这未必是当年的最好成绩，但代表了平均天气条件下的速度趋势。金牌成绩（GT）可使用下列线性公式进行计算：

$$\mathrm{GT}=aY_{\mathrm{p}}+b \quad (121)$$

其中，a 和 b 每个项目线性趋势的斜率和截距，而 Y_{p} 指的是要预测的年份。

7.2 决赛运动员间的差距

分析决赛运动员间的差距有助于比赛策略的安排及参赛成员的选择。如果目标是决赛中的某个特定名次，它可帮助我们找到预测时间的百分比。这项分析基于 1993 年到 2009 年（n=3760）间世锦赛和奥运会的成绩数据库。但问题是决赛 A，B，C 不在同一天进行，这意味着天气条件不同，所以也就无法可靠地比较艇速。所有决赛运动员间的差距（他们与冠军成绩的比值）与其排名相比，做线性趋势分析，取 ±3SD 内的数据（图 7.3）。

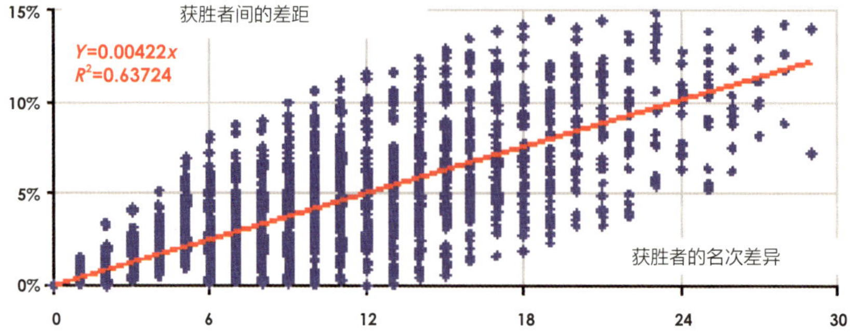

图 7.3　14 个奥运艇型艇速随排名的变化及趋势

线性趋势的斜率表明，排名每下降一位，艇速慢 0.42%。例如，第 1 名和第 12 名之间相差 11 个名次，他们的艇速应该相差 4.64%。这个值在不同艇型间存在差异，体现了参赛运动员的同质性（表 7.2）。男子双人双桨比赛中缺乏实力出众的运动员，运动员间的差距很均匀。但女子双人单桨比赛中则有运动员大幅领先，拉开了差距。

表 7.2　14 个奥项目中艇速与排名趋势线的斜率

M2x	M4x	M2−	W1x	M4−	M1x	M4+
0.30	0.36	0.39	0.40	0.42	0.42	0.43
W4x	W2x	M2x	W2−	W8+	M2+	W4−
0.44	0.44	0.45	0.48	0.49	0.50	0.53

决赛 B 的冠军通常比决赛 A 中最慢的运动员要快一些（表 7.3），这反映出决赛中第一名的竞争激烈。同样的规律也存在于决赛 C 和决赛 B、决赛 D 和决赛 C 的比较中。男子项目中，运动员之间的差距要比女子小。总体分析未发现明显的时间趋势。

表 7.3　1993—2009 年世界锦标赛和奥运会各名次与冠军的平均差距

（单位：%）

平均	金牌	银牌	铜牌	第 4 名	第 5 名	第 6 名
决赛 A	0.0	0.5	0.8	1.4	2.1	3.0
决赛 B	2.8	3.1	3.4	3.8	4.3	5.1
决赛 C	4.8	5.2	5.8	6.9	7.7	8.1
决赛 D	7.6	8.2	8.9	9.4	10.6	12.6
男	金牌	银牌	铜牌	第 4 名	第 5 名	第 6 名
决赛 A	0.0	0.4	0.8	1.3	2.0	2.9
决赛 B	2.5	2.9	3.2	3.5	4.0	4.7
决赛 C	4.5	4.9	5.5	6.5	7.1	7.3
决赛 D	6.8	7.7	8.2	9.2	9.7	10.4

续表

女	金牌	银牌	铜牌	第 4 名	第 5 名	第 6 名
决赛 A	0.0	0.5	0.9	1.5	2.3	3.2
决赛 B	3.1	3.5	3.8	4.1	4.8	5.5
决赛 C	5.0	5.5	6.2	7.3	8.4	9.0
决赛 D	8.3	8.8	9.7	9.6	11.4	14.9

在青年组中，绝大多数年份只有前两场决赛有数据可用，这就使得对趋势的分析变得不太可靠。斜率比成年组稍陡一些，不同名次间的差距平均为 0.443%（图 7.4）。

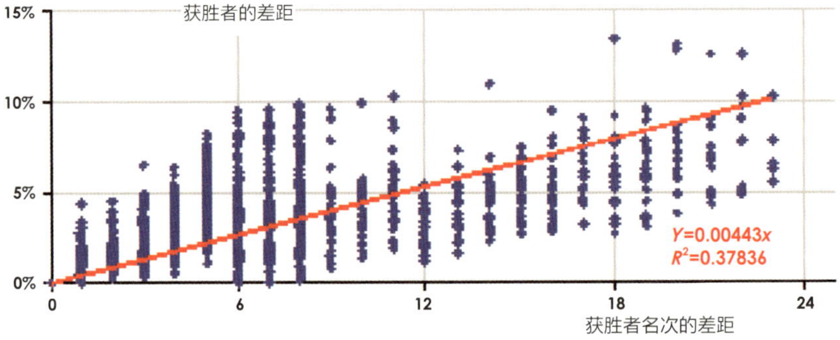

图 7.4　青年组别中排名与艇速之间的依存关系

有趣的是，在青年组中，名次间差距最小（成绩高度同质化）的项目是男子双人双桨（JM2x）和男子四人双桨（JM4x），与成年组一致（表 7.4、表 7.5）。

表 7.4　青年比赛艇型艇速与排名趋势线的斜率

JM2x	JM4x	JM2−	JW1x	JM4−	JM1x	JM4+
0.29	0.33	0.34	0.38	0.38	0.39	0.42
JW4x	JW2x	JM2x	JW2−	JW8+	JM2+	JW4−
0.43	0.51	0.52	0.53	0.67	0.74	0.82

表 7.5　1993—2009 年青年世界锦标赛各名次与冠军的平均差距

（单位：%）

决赛	1	2	3	4	5	6
决赛 A	0.0	0.8	1.3	2.0	3.0	4.1
决赛 B	3.2	3.9	4.4	4.3	4.2	5.1
决赛 A 男	0.0	0.6	1.2	1.8	2.7	3.8
决赛 B 男	2.7	3.4	4.0	3.4	3.9	4.8
决赛 A 女	0.0	0.9	1.6	2.4	3.4	4.5
决赛 B 女	3.8	4.6	4.9	5.5	4.8	5.6

对 U23 组的分析得到了与成人组和青年组一致的结果，但由于数据较少，统计结果不太可靠。

总的来说，在男子项目中，如果运动员成绩低于冠军的成绩不超过 2.5% 则有机会进入决赛 A，在女子项目中这个值为 3%。对决赛 B 来说，这个值分别为 4.5% 和 5%；决赛 C 分别为 6.5% 和 8%。男子双人双桨和男子四人双桨项目中运动员间的差距最小，而女子双人项目中运动员的差距最大。

7.3 比赛中的桨频

在比赛中，桨频是唯一可被裸眼观察和测量的指标。在赛艇比赛中，对桨频的分析往往通过人工记录或视频拍摄的方式进行[53]。近年来，通过 GPS 计时系统记录桨频的技术得到发展，使得其精度大幅提高。上述两种方法相互兼容，在过去十年中通常共同使用，用于不同艇型的桨频分析。

在 2014 年世锦赛中，14 个奥运艇型的前三名的平均桨频为 37.7str/min，比 2010 年（37.1str/min）和 2004 年（37.3str/min）略高，但比 2002 年（38.1str/min）和 2000 年（38.3str/min）低一些。其趋势不明显，因此每年比赛的桨频变化不大。

决赛运动员的平均桨频无统计学上的显著差异（表 7.6）。基于 2014 年世锦赛决赛运动员的速度和桨频数据，可以计算得到每桨相对的有效做功（EWPS）（表 7.7）。

表 7.6　2014 年世锦赛决赛的平均桨频

（单位：str/min）

艇型	金牌	银牌	铜牌	第 4 名	第 5 名	第 6 名	平均
LM2x	38.8	38.1	37.1	39.6	39.2	37.3	38.4
LM4−	40.7	39.9	39.7	39.7	39.8	40.3	40.0
LW2x	36.1	34.4	38.0	36.0	36.9	38.2	36.6
M1x	36.0	33.5	35.7	34.0	34.2	35.8	34.9
M2−	40.2	39.4	38.6	38.9	38.0	37.6	38.8
M2x	37.9	40.4	38.6	38.4	38.1	38.0	38.6
M4−	39.7	39.2	39.8	39.9	38.5	39.7	39.4
M4x	36.7	38.9	37.8	39.8	36.9	37.4	37.9
M8+	39.2	40.0	40.1	40.4	39.8	40.1	39.9
W1x	33.9	34.2	31.3	33.3	338	32.9	33.2
W2−	37.1	36.3	38.9	36.2	37.6	36.5	37.1
W2x	37.0	36.2	39.9	37.7	35.8	37.7	37.4
W4x	36.6	39.1	37.2	37.7	37.1	35.8	37.2
W8+	36.5	38.4	39.4	38.3	36.0	39.0	37.9
平均	37.6	37.7	38.0	37.8	37.3	37.6	37.7

表 7.7　2014 年世锦赛决赛每桨相对有效做功

（单位：%）

艇型	金牌	银牌	铜牌	第 4 名	第 5 名	第 6 名
LM2x	3.2	3.9	7.2	−2.5	−6.0	−5.0
LM4−	2.7	2.6	2.2	2.5	−2.7	−7.0
LW2x	5.2	8.3	−3.5	1.7	−2.7	−7.8
M1x	2.5	11.3	−1.4	1.3	−1.7	−10.8

续表

艇型	金牌	银牌	铜牌	第 4 名	第 5 名	第 6 名
M2−	5.3	3.0	2.1	−2.9	−2.1	−5.2
M2x	5.6	−3.7	0.7	1.0	0.9	−4.2
M4−	5.7	4.5	2.7	0.3	−2.6	−10.0
M4x	8.2	1.9	1.5	−4.9	0.4	−6.2
M8+	6.2	3.6	1.4	−1.8	−3.2	−5.7
W1x	4.4	1.8	7.8	0.6	−7.1	−6.5
W2−	6.8	5.7	−2.8	1.5	−5.8	−4.7
W2x	5.3	5.7	−4.8	−2.1	1.2	−4.5
W4x	7.1	−3.1	1.0	−3.0	−2.3	0.7
W8+	9.1	2.1	−2.4	−1.9	1.8	−7.7
平均	5.5	3.4	0.8	−0.7	−2.3	−6.0

平均来说，冠军的每桨相对有效做功明显更高，这意味着赢得比赛的关键在于每桨更高的有效做功：每桨有效做功每提高 2%，名次就会上升 2 位。但也有例外的情况：LM2x、LW2x、M1x 和 W1x 的冠军，比起其他某些奖牌获得者，这些项目中的桨频高，但每桨有效做功低。

7.4 比赛策略

比赛策略是指比赛中全艇运动员的体力分配。它可以用 4 个顺序排列的比值来表示，该比值为 2000m 的比赛中，每 500m 的平均艇速与整个 2000m 的平均艇速之比[54]。

世界大赛中获胜者常用的比赛策略为：第一个 500m 比全程平均速度快 3.1%，第二个和第三个 500m 比平均速度分别慢 1% 和 1.8%，最后一个 500m 接近整个 2000m 的平均艇速。决赛运动员的比赛策略没有显著差异，第 6 名除外，其第一个 500m 明显要更快，而最后一个 500m 则明显更慢（图

7.5）。第 2、3、4 名运动员的最后一个 500m 比冠军和第 5 名要稍快一点。这意味着，要赢得比赛，就需要在每个 500m 分段都能够领先对手一点。总体而言，所有参加决赛运动员使用的比赛策略都很接近。

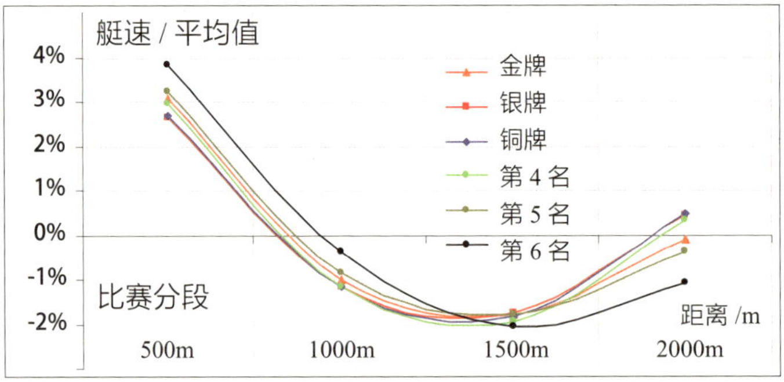

图 7.5　1993—2014 年奥运会和世锦赛决赛运动员的平均比赛策略

我们分析了近几年比赛策略的变化趋势（图 7.6），发现冠军们所采用的艇速分段策略越来越平均化：20 世纪 90 年代早期常见的 500m 分段策略为 +3.5%，−1%，−2%，−0.5%，但近年来的演变为 +2%，−1%，−1.5%，+0.5%。这意味着比赛中 500m 分段的艇速越来越相近。

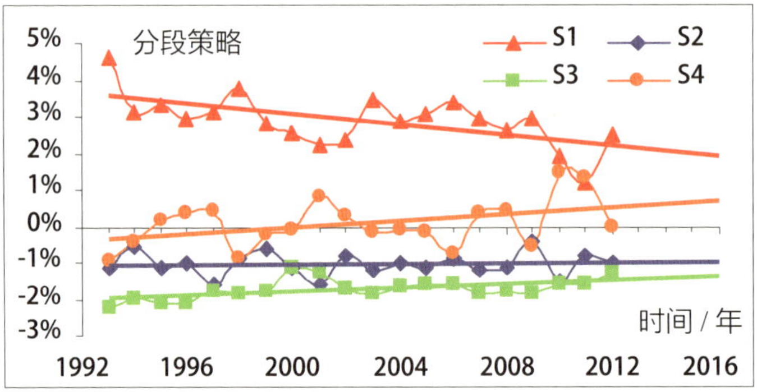

图 7.6　世锦赛和世界杯金牌获得者的比赛策略（S1, S2, S3, S4 为比赛分段）

7.5 桨位赛与配艇

桨位赛是大艇选拔运动员的一个常用方法。这个过程必须要以最为客观的方式进行，因为其结果既影响运动员的职业生涯，也影响队伍的成绩和士气。

7.5.1 案例：桨位赛

教练员已为一条八人艇选定了 6 名运动员，剩下的 2 个名额将从其余 4 名运动员中决出。这 4 名运动员将进行四次 2000m 比赛，在 2 个位置上轮换，按照每名运动员 4 场比赛的平均时间来排名。艇上装了 BioRowTel 系统，可以测量拉桨力、拉桨角度及其他数据，从而计算出划船功率(表 7.8)。

表 7.8　多人艇桨位赛的结果

比赛	时间	划船功率 /W				
		运动员(A~F)	运动员 G	运动员 H	运动员 I	运动员 J
1	6:33.0	267.4	267.3	272.5		
2	6:33.7	253.1		259.1	284.8	
3	6:43.0	247.3			277.1	271.2
4	6:39.8	244.5	259.2			279.5
平均时间 / min		6:36.4	6:36.4	6:33.3	6:38.3	6:41.4
平均功率 /W		253.1	263.3	265.8	280.9	275.4

结果发现随着这四场比赛的进行，6 名已选定运动员(运动员 A~F)的平均功率逐渐下降了 22.9W，或 8.6%，导致艇速下降 2.7%，或增加了 10s 完赛时间。原因很明显：运动员出现了疲劳，所以在最后一场比赛中他们无法维持第一场比赛时所输出的功率。因此，参加前两场比赛的运动员 H 的平均时间为 6:33.3，而参加后两场比赛的运动员 J 的平均时间为 6:41.4，然而后者的功率(275.4W)要高过运动员 H(265.8W)。如果没有这些生物力学的指标，运动员 H 就会获得参赛资格，但这显然不公平。只使用一

条艇，无法公平地进行参赛资格竞争。应该在两条或者多条艇之间进行此类竞争，这样所有运动员受到疲劳的影响都非常类似，能够保证公平性。

在参赛资格竞争中另一个需要考虑的重要因素是天气状况，如风速和风向。因为天气状态很有可能严重影响比赛的最后结果。有必要再次强调上面的结论：重要的是比较艇与艇之间的相对成绩差别，而不是一条艇的绝对时间。另外，在顺风情况下比赛要优于逆风情况，因为顺风对艇速影响的程度要远小于逆风。上述例子中的比赛是在逆风条件下进行的，加重了结果的不确定性。

尽管生物力学测量可以提供非常有用的信息，但将其作为选拔运动员的工具也具有一些局限性：

① 即便进行最为详尽的测量也无法在一条艇中测到所有信息。存在其他已知和未知的变量影响着成绩和测量结果，比如：一名运动员的功率输出经过船体影响另一名运动员。此外也存在测量误差的风险。

② 运动员的生物力学和生理学指标可以被测量。然而，竞赛中还有不少心理学因素可能起决定性作用。有些运动员在训练和测试中表现出色，但在压力之下会稍显逊色。另一些运动员则会随着比赛重要性和压力的增加而表现得越来越好。

心理学因素可能会影响运动员参赛资格的竞争：已经被选定的运动员，无论是有意识地还是下意识地，可能会因其对特定运动员的偏见而影响到后者的发挥。这就使得现有的参赛资格竞争对于新加入的运动员来说不那么公平。如果这种可能性存在，就应该对所有运动员在同一时间进行参赛资格竞争，以确保每个人都会竭尽全力。

对大艇运动员进行的客观选拔必须在小艇（单人艇和双人艇）上进行，使用 2km 的距离，以实际成绩为准。如果几名运动员之间的成绩非常相近，那可以将他们在测功仪上的功率纳入参考范围。完成选择后，教练员应该对运动员个体的技术动作进行调整，以便更好地进行团队配合。这应当是生物力学指标发挥作用的时刻。相对于小艇来说，影响大艇运动员表现的因素有：运动员动作的同步性和拉桨的时机，对桨柄和脚蹬板施力的协调性，船体的平衡及两边拉桨的对称性。

7.6 天气对艇速的影响

很显然，风速、风向和水温会对艇速产生影响。20 世纪 70 年代，克劳斯·菲尔特（Klaus Filter）在东德进行的实验使得数据分析成为可能。菲尔特发现，“水的物理特性会随着温度而变化……水分子的流动性随着温度的下降而降低”，这会增加摩擦阻力。当水温从 20℃下降到 5℃时，艇速会下降 1.3%（2000m 距离上约 4s）（图 7.7）。如果水温从 20℃变暖至 30℃，艇速则会增加 0.6%（2000m 距离上约 1.8s）。功率趋势对实验数据的拟合度非常好（R^2=0.99）。

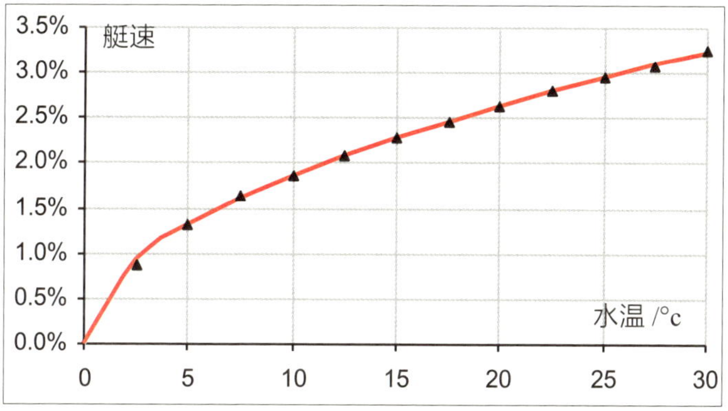

图 7.7 艇速与水温的关系（点：测试数据；线：拟合趋势线）

风阻数据是通过风洞进行测定的。菲尔特认为“运动员和艇这个系统在水线以上的部分产生的阻力，占到总流体阻力的 13%”，这意味着风阻占到总阻力的 11.5%。其中，船体和桨架占风阻的 15%（总阻力的 1.7%），运动员的身体和桨分别占风阻的 35% 和 50%（总阻力的 4% 和 5.7%）。上述风阻会在逆风条件下上升 4 倍，而在足够大的顺风条件时下降至零。

逆风和 30° 的侧逆风对小艇的影响更大（图 7.8）：5m/s 的逆风会使单人艇的速度下降 17.4%，使八人艇的速度下降 12.2%；同样大小的顺风会使单人艇的速度增加 7.5%，使八人艇的速度增加 5.1%。菲尔特的数据显示，60° 的侧逆风对所有类型的艇的影响很相似（在 5m/s 的风速下，艇速下降 10%），而同样大小的侧顺风则对小艇更为有利。侧顺风对大艇的影响更大：

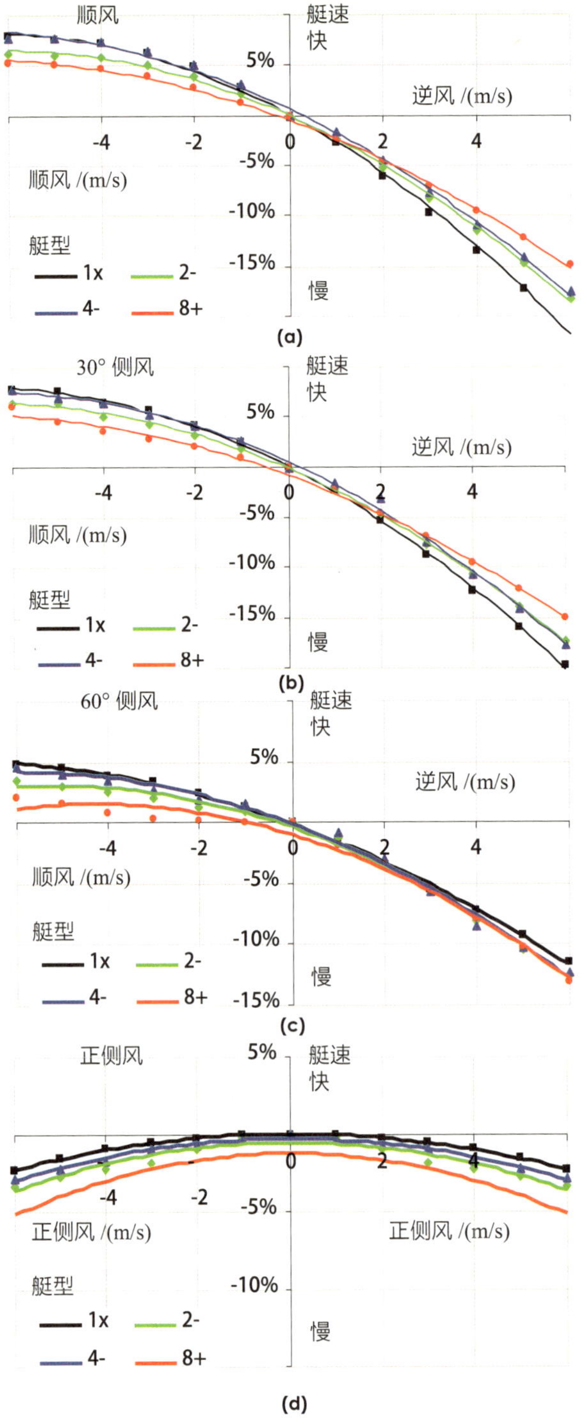

图 7.8 不同艇型速度随风向和风速的变化关系（点：测试数据；线：二阶多项式拟合数据）

注：正侧风时，从左侧吹时风速为负值，从右侧吹时风速为正值。

5m/s 的侧顺风会使单人艇速度下降 1.6%，使八人艇的速度下降 4.1%。使用二次多项式对数据进行拟合，拟合度很高（R^2>0.99），60° 侧风和逆风时的八人艇除外（拟合系数分别为 0.93，0.53）。

是否可以使用世界赛艇比赛的成绩来验证上述的数据？冠军的速度通常在比赛平均速度的 ±5% 范围内。根据上述数据，最慢速度（通常比平均速度慢 8%）和最快速度（比平均速度快 3.9%）分别对应了风速 3~4m/s 的逆风和顺风。我们可以估计比赛中的最强风力有更高的风速（例如：5m/s 的风速只能为列为“微风”，在蒲福风级中为 3 级风）。因此，上述数据可能稍微高估了风的影响。值得注意的是，逆风对轻量级的影响最大，考虑到他们较轻的体重和更低的功率输出，这完全在情理之中。另外，相比双人单桨，双人双桨受风的影响似乎更小。

通过上述数据，我们可以建模来预测不同风速、风力和水温条件下的艇速。这个模型连同器材检查表一起被做成了网络应用的形式。

如何才能降低风阻呢？菲尔特认为一组运动员中如果坐高明显不同，那么最高的运动员应当坐于船头，给予其他运动员最佳的遮挡……在逆风条件下，运动员应当佩戴帽子，压住头发；只要不过于宽松兜风，服装的影响不大。

BioRowTel 系统 [55] 可以非常准确地测量风速和风向（图 7.9）。在零风速下，它可以计算出绝对速度。通过比较绝对艇速可以评估技术动作，准确判断运动员组合、器材及技术风格的影响。

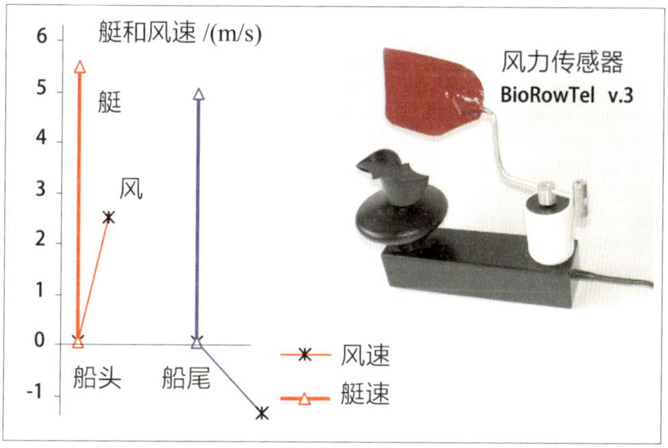

图 7.9　风效应的测量与评估

⑧ 其他跨学科问题

8.1 运动持续时间的影响

训练实践中普遍的问题是：如果已知某一段距离的速度、桨频数据，那么如何推断出另外一段距离的输出功率呢？为了回答这个问题，我们用一个公式来描述速度和功率对距离和时间的关系。以前使用幂函数或对数函数来表述这种关系[56, 57]。为了简便，与采用速度 v 和距离（D）、时间（t）的绝对值不同，此处采用 2km 比赛中获得的相对应的百分比（百分数）：

$$rv=rD^{p} \qquad (122)$$

$$rv=rt^{q} \qquad (123)$$

数据都是在 Concept2 测功仪上测得的，它有两种来源：不同距离的世界最好成绩，以及 20 名世界优秀运动员数据的平均值。后一个样本与功率回归线非常吻合（R^2=0.99），但世界最好成绩的拟合度要低（R^2=0.96），这主要是因为有离群值（例如，世界男子公开级 500m 的纪录是 1:10.5，比数值是 2km 纪录 5:36.6 的 119.4%。

如图 8.1 所示，在公式（122）中，男性运动员（p=−0.08385）比女性运动员（p=−0.07104）有更高的因子。这表明男性运动员更为擅长短距离，而女性运动员则更适合长距离。应用所有的研究组数据获得的因子分别为：p=−0.07748，q=−0.07228。

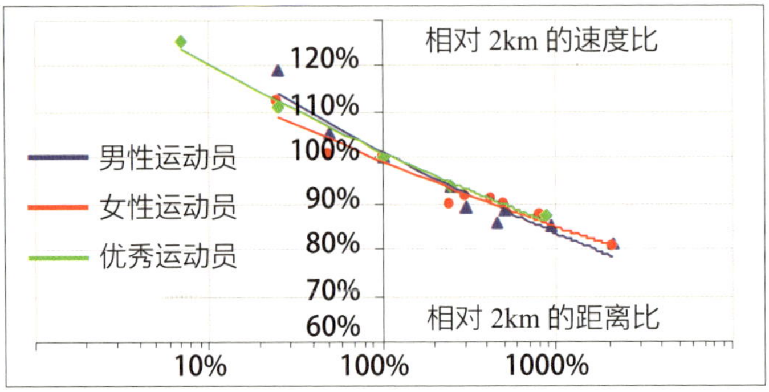

图 8.1 输出功率的速度与距离比

不同距离下的能量代谢问题是生理学关注的焦点，所以这里只讨论力学方面的问题。表 8.1 的第二列和第三列显示了不同距离划桨的速度与功率百分比的常规趋势。

表 8.1　不同测试距离条件下的艇速、功率和桨频

距离 /m	速度 /%	功率 /%	桨频的贡献率			
			25%	50%	75%	100%
250	117.5	162.2	39	45	50	55
500	111.3	138.0	37	40	44	47
1000	105.5	117.5	35	37	38	40
2000	100.0	100.0	34	34	34	34
5000	93.1	80.8	32	31	29	27
6000	91.8	77.5	32	30	28	26
20000	83.7	58.6	30	27	23	20

为了实现不同距离下功率 P 的变化，运动员有两种选择：改变桨频 R 或每一桨划桨功率 WPS：

$$P=\mathrm{WPS}/T=60\ \mathrm{WPS}\times R \quad (124)$$

其中，T 是一个划桨周期。实际上，WPS 指的是每一桨划桨功率，因为划桨长度通常不会有太大的变化，甚至会显示出相反的趋势，随着桨频的增加，划桨长度反而会减小。通常情况下，运动员会同时使用两种方法（提高桨频和增加每一桨划桨做功），在增加桨频的同时，通过减小划桨距离来提高划桨力量，反之亦然。所以说“恒定的 WPS”方法实际上是不存在的。

有很多种方法可以改变（划船）功率和速度。一些运动员和团队更喜欢改变桨频并维持力量恒定，另一些人则更喜欢改变划桨力量。而且不同的距离下也会采取不同的策略。

- 在短距离条件下，运动员没有足够的能力和技术来提高艇速和桨频，因此不得不通过提高划桨力和每一桨做功来达到目的；
- 在长距离条件下，力和每一桨做功都可能因为肌肉的疲劳而导致下降，这种情况可以通过提高桨频来进行补偿。

无论桨频还是桨力都应按照个体技术动作的最佳化来实现。表 8.1 中的最后四列列举了应用不同方法时对应的桨频和桨力的实际变化情况。其中，“桨频贡献率”表示其对功率和速度变化贡献率的百分比。

- 百分之百意味着在每一桨做功保持不变的情况下，功率的改变是完全通过改变桨频实现的；
- 百分之五十的意思是功率的改变是通过桨频和每一桨做功两者的平均变化实现的。

在 2km 的比赛中，34str/min 是比较常见的桨频。

在训练中，运动员通常以低于比赛的强度进行练习（比赛强度对应的速度或功率为 100%），因此，强度的百分比对应相应强度下的速度。表 8.1 给出的是在测功仪上获得的非常完美的数据，因为测功仪上获得的数据只受到功率的影响，但实测艇速还受天气状况的影响。

8.2 赛艇生物力学和心理学

教练员们会经常提到生物力学信息和方法的心理学效应。他们说，客观的测量有助于教练员以积极的方式与运动员进行沟通。他们的反馈证明了生物力学评估是如何帮助运动员建立信心并明确改进目标。在此，我们总结了生物力学测量和评价过程对运动员产生的积极心理效应。尽管这些观察的结论没有采用心理学的研究方法，但结论具有相当的一致性。赛艇技术的生物力学测试可以在三个主要方面帮助运动员激发训练动机、减少参赛焦虑和提升团队合作意识。

① 动机。对生物力学规律和原理的理解，以客观数据为基础的技术实验，能为赛艇团队构建创造性的氛围，激励教练员和运动员寻找新的方法

来提高竞赛成绩。将个人数据与最好成绩进行比较，可能会给赛艇运动员带来挑战，并提高他们的动机。

② 焦虑。在评估生物力学数据时，我们最初总是试图找到并强调技术中的一些积极因素，并结合目标数据，进行点对点的技术改进，协助运动员制定明确的技术改进目标，帮助运动员和教练员养成积极的思维习惯。首先，在 2 月至 4 月期间，尽管力的曲线稍微降低，但入水时幅度得到了提高（图 8.2，第 1 指点）。然后，在 4 月至 6 月期间，力值有显著增加，力曲线变得更“前发力”（第 2 指点），但划幅保持不变。这一客观证据表明，运动员和教练员在正确的（技术改进）道路上，这有助于提高运动员的参赛意识，减少焦虑。

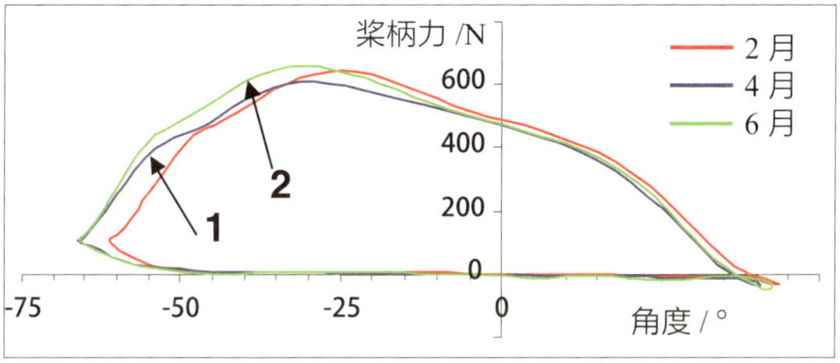

图 8.2 奥运冠军在整个赛季的技术改进

③ 合作。当今年青一代的赛艇运动员都是在技术高度发展的条件下成长起来的，所以他们对图表和数字的信任胜过口头语言的解释。有时教练员会让我来告诉运动员一些具体的事宜，用数据让他们信服。教练员们说：“我每天都对他们重复这些内容，但他们更容易理解和接受你的科学术语。”因此，客观测试数据可以帮助教练员证实他们的技术训练理念，并改善团队之间的沟通和合作。

④ 对技术变化的感知。在重复测量过程中，第一次测试、分析和反馈之后，运动员会试图改进他们的技术，并希望在技术测试中得到体现。但在测试中发现，如果运动员要提高 10% 的划桨幅度，而他也非常努力地去改进，测试结果往往显示只有 1% 的改进，我们把这种现象称为“十分之一的变化率”。这就意味着，如果想要将运动员的技术变量改变 10%，你

必须尝试将其改变 100%。当然，不同运动员的这一变化率也是不同的。

⑤ 技术改变的长期性。在与很多优秀的赛艇运动员合作后，我发现他们都希望重建之前帮助他们获得成功的技术动作，然而，他们的技术训练却越来越差：快速蹬腿驱动变成了“跑滑座”；长而有力的倒体变成了在完成时所谓的“体操”，即躯干尽管继续向船头倾倒，但由于桨叶已经离开水面，所以这些都是徒劳无功的，等等。人的身体和心理很聪明，它们总是试图寻找最简单的方法去做每一件事。如果一个运动员仅仅依靠感觉，并试图重复以前的技术，那么，一桨一桨，日复一日，年复一年，他每一桨的长度将越来越短，越来越没有力和效率。从实际的测试数据可以清晰地看到这一点，所以运动员需要不断尝试新的事物，不断突破技术的限制，并试图每一桨都划得比上一桨好。

参考资料

[1] Atkinson, E. 1896. A rowing indicator. Natural Science, 8: 178.

[2] Caplan, N., Gardner, T. 2006. A fluid dynamic investigation of the Big Blade and Macon oar blade designs in rowing propulsion. Journal of Sports Sciences, 25(6):643-650.

[3] Dal Monte, A., Komor, A. 1988. Rowing and sculling mechanics. Biomechanics of Sport, 54–119.

[4] Kleshnev, V. 2004. Technology for technique improvement. in: Nolte V. (ed.) Rowing Faster. Human Kinetics, 209–228.

[5] Garland, S., Hibbs, A., Kleshnev, V. 2007. Analysis of speed, stroke rate and stroke distance for a world class breaststroke swimmer. Proceedings of BASES Annual Conference, Bath, UK, 125.

[6] Bartlett, R. 1999. Sport Biomechanics: Preventing Injury and Improving Performance. New York: Routledge, 11–21.

[7] Kleshnev, V. 2002. Moving the rowers: biomechanical background. Australian Rowing, 25(1): 16–19.

[8] Kunz, C.O., Kunz, N.M. 2005. Stroke cycle phase shift rowing. US Patent. No. 6881112.

[9] Sanderson, B., Martindale, W. 1986. Towards optimizing rowing technique. Medicine & Science in Sport and Exercise , 18(4) : 454–468.

[10] O'Neill, T. 2014. Coaching Manual: Oarsport, Nottingham, UK. www.oarsport.co.uk /co-aching.

[11] Rodriguez, R.J., Rogriguez, R.P., Cook, S.D. , Sandborn, P.M. 1990. Electromyographic analysis of rowing stroke biomechanics. Journal of Sports Medicine and Physical Fitness, (30): 103–108.

[12] Kleshnev, V. 2010. Boat acceleration, temporal structure of the stroke cycle, and effectiveness in rowing. Journal of Sports Engineering and Technology, 233: 63–73.

[13] Adam, K., Lenk, H., Nowacki, P., Rulffs, M., Schroder, W. 1977. Rudertraining. Limpert Verlag GmbH., Germany, 98–99, 170.

[14] Adam, K., Lenk, H., Schroder, W. 1982. Kleine Schriften zum Rudertraining. Bartels & Wernitz Druckerei und Verlag KG, Germany, 268–272.

[15] Affeld, K., Schichl, K., Ziemann, A. 1993. Assessment of rowing efficiency. International journal of sports medicine, 14:S39-S41.

[16] Gjessing, E. 1979. Kraft, Arbeids og Bevegelsesfordeling I Roing en Analysemodell. Presented during FISA seminar in Tata, Hungary.

[17] Kleshnev, V. 2006. Method of analysis of speed, stroke rate and stroke distance in aquatic locomotions. Scientific proceedings: XXII International Symposium on Biomechanics in Sports, Salzburg, 104–107.

[18] Fairbairn, S. 1934. Chats on Rowing. Hefner & Sons, Cambridge, 69.

[19] Fukunaga, T., Matsuo, A., Yamamoto, K., Asami, T. 1986.Mechanical efficiency in rowing. European Journal of Applied Physiology, 55(5):471–475.

[20] Kleshnev, V. 1999. Propulsive efficiency of rowing. In Sanders, R.H. and Gibson, B.J. (eds.). Scientific proceedings: ISBS 99 : XVII International Symposium on Biomechanics in Sports, 224–228.
[21] Cabrera, D., Ruina, A., Kleshnev, V.2006.Simple 1+dimensional Model of Rowing Mimics Observed Forces and Motions. Human Movement Science, 25(2): 192–220.
[22] Nolte, V. 1991. Introduction to the biomechanics of rowing. FISA Coach, 2 (1): 1–5.
[23] Atkinson, B. 2001. Effect of Deadweight. http: / / www.atkinsopht.com / row / deadwght. htm.
[24] Dudhia, A. 2008. Effect of Weight in Rowing. http: // www. atm . ox . ac . uk / rowing / physics / weight.html#section7.
[25] Toussaint, H.M. , Beek, P.J. 1992.Biomechanics of competitive front crawl swimming. Sports Medicine, (13): 8–24.
[26] James, S.L. , Brubaker, C.E. 1973. Biomechanical and neuromuscular aspects of running. Exercise and Sport Science Reviews, (1): 189–216.
[27] Shimoda, M., Kawakami, Y. , Fukunaga, T. 1995. An application of acceleration analysis to evaluation of a rowing technique. Proceedings of the XIII International Symposium for Biomechanics in Sport (edited by T. Bauer), 95–100.
[28] Klavora, P. 1977. Three predominant styles: the Adam style; the DDR style; the Rosenberg style. Catch (Ottawa), 9: 13.
[29] Nilsen, T., Nolte, V. 2002. Basic Rigging. Be a Coach FISA handbook, Level 1.
[30] Lazutkin, V.M. 1980. Coordination of oarsman movement at catch. Annual Grebnoi sport
[31] Williams, R. 2011. All together now. Rowing & regatta, 50: 34–35.
(Rowing sport), Moscow, 23–26.
[32] Barrow, J.D. 2009. Rowing and the Same-Sum Problem Have Their Moments. DAMTP, Centre for Mathematical Sciences, Cambridge University. http: / / arxiv.org / abs / 0911.3551.
[33] McGregor, A.H., Patankar, Z., Bull, A.M.J. 2005. Spinal kinematics in elite oarswomen during a routine physiological "step test". Medicine & Science in Sport and Exercise, 37(6): 1014–1020.
[34] McLaughlin, S. 2004. A Comparison of two Methods for Teaching Beginners the Sport of Rowing. Masters Thesis, University of Western Ontario.
[35] Nolte, V., McLaughlin, S. 2005. The balance of crew rowing boats. Malaysian Journal of Sport Science and Recreation, 1 (1):51–64.
[36] Kleshnev, V. 2005. Comparison of on-water rowing with its simulation on Concept2 and Rowperfect machines. Scientific proceedings: XXII International Symposium on Biomechanics in Sports, Beijing, 130–133.
[37] Nevill, A., et. al. 2010. Scaling concept II rowing ergometer performance for differences in body mass to better reflect rowing in water. Scand J Med Sci Sports , 20: 122–127.
[38] Martindale W., Robertson D. 1984. Mechanical energy in sculling and in rowing an ergometer. Can J Appl Sport Sci, 9: 153–163.
[39] McMahon, T.A. 1971. Rowing: a similarity analysis. Science, 173(3994): 349-351.
[40] Pelz, P., Vergé, A. 2014. Validated biomechanical model for efficiency and speed of rowing. Journal of Biomechanics, 47: 3415–3422.

[41] Russell, A.P., Le Rossignol, P.F., Sparrow, W.A. 1998. Prediction of elite schoolboy 2000m rowing ergometer performance from metabolic, anthropometric and strength variables. Journal of Sports Sciences, 16: 749–754.
[42] Schwanitz, P. 1991. Applying Biomechanics to Improve Rowing Performance. FISA Coach, 2(3): 2–7.
[43] Filter, K. 2004. The system crew–boat. Lecture.
[44] Rekers, C. 1993. Verification of the RowPerfect rowing ergometer. Proceedings of the Senior Coaches Conference. British Amateur Rowing Association, London.
[45] Rowing Speed & Rigging Chart. 2010. http: / / www.biorow.com / RigChart.aspx.
[46] Aitken S., et al. 2011. Rigging survey at World Rowing Junior Championships 2011. British Rowing RowHow Rigging Forum. http: / / www. britishrowing.org / education-training / rowhow.
[47] Caplan, N., Gardner, T.N. 2005. The Influence of Stretcher Height on the Mechanical Effectiveness of Rowing. Journal of Applied Biomechanics, 21: 286–296.
[48] Soper, C., Hume, P. 2004. Towards an Ideal Rowing Technique for Performance. Sports Med, 34 (12): 825–848.
[49] Burnell, R. 1973. The Complete Sculler. Simpson of Marlow.
[50] Daigneault, T., Smith, M., Nilsen, T. S. 2002. FISA Intermediate Rigging Level 2.
[51] Nevill, A., Whyte, G. 2005. Are there limits to running world records? Medicine & Science in Sport and Exercise, 37(10): 1785–1788.
[52] Volkov, N., Popov, O. 1999. Current development of sport records. RGUFK, Moscow, 82.
[53] Kleshnev, V. 2001. Stroke Rate vs. Distance in Rowing during the Sydney Olympics. Australian Rowing, 25(2): 18–21.
[54] Kleshnev, V. 2001. Racing strategy in Rowing during the Sydney Olympics. Australian Rowing, 24(1): 20–23.
[55] BioRowTel Rowing telemetry system. http: / / www.biorow.com / PS_tel.htm.
[56] Gordon, S.M. 2008. Sport training. Moscow, FK, 256.
[57] Secher, N.H. 1993. Physiological and biomechanical aspects of rowing. Sports Medicine., 15: 24–42.